对俄投资特点和解决机制研究

DUIE TOUZI TEDIAN HE JIEJUE JIZHI YANJIU

岳　强◎著

中国政法大学出版社

2024·北京

图书在版编目（ＣＩＰ）数据

对俄投资特点和解决机制研究 ／ 岳强著. －－ 北京 ： 中国政法大学出版社，2024. 7.
ISBN 978-7-5764-1620-6

Ⅰ. D996

中国国家版本馆 CIP 数据核字第 20240A6F30 号

出 版 者	中国政法大学出版社
地　　址	北京市海淀区西土城路 25 号
邮寄地址	北京 100088 信箱 8034 分箱　邮编 100088
网　　址	http://www.cuplpress.com (网络实名：中国政法大学出版社)
电　　话	010-58908285(总编室) 58908433 （编辑部）58908334(邮购部)
承　　印	固安华明印业有限公司
开　　本	720mm×960mm　1/16
印　　张	15.75
字　　数	260 千字
版　　次	2024 年 7 月第 1 版
印　　次	2024 年 7 月第 1 次印刷
定　　价	72.00 元

总 序

　　四秩芳华，似锦繁花。幸蒙改革开放的春风，上海政法学院与时代同进步，与法治同发展。如今，这所佘山北麓的高等政法学府正以稳健铿锵的步伐在新时代新征程上砥砺奋进。建校40年来，学校始终坚持"立足政法、服务上海、面向全国、放眼世界"的办学理念，秉承"刻苦求实、开拓创新"的校训精神，走"以需育特、以特促强"的创新发展之路，努力培养德法兼修、全面发展，具有宽厚基础、实践能力、创新思维和全球视野的高素质复合型应用型人才。四十载初心如磐，奋楫笃行，上海政法学院在中国特色社会主义法治建设的征程中书写了浓墨重彩的一笔。

　　上政之四十载，是蓬勃发展之四十载。全体上政人同心同德，上下协力，实现了办学规模、办学层次和办学水平的飞跃。步入新时代，实现新突破，上政始终以敢于争先的勇气奋力向前，学校不仅是全国为数不多获批教育部、司法部法律硕士（涉外律师）培养项目和法律硕士（国际仲裁）培养项目的高校之一；法学学科亦在"2022软科中国最好学科排名"中跻身全国前列（前9%）；监狱学、社区矫正专业更是在"2023软科中国大学专业排名"中获评A+，位居全国第一。

　　上政之四十载，是立德树人之四十载。四十年春风化雨、桃李芬芳。莘莘学子在上政校园勤学苦读，修身博识，尽显青春风采。走出上政校门，他们用出色的表现展示上政形象，和千千万万普通劳动者一起，绘就了社会主义现代化国家建设新征程上的绚丽风景。须臾之间，日积月累，学校的办学成效赢得了上政学子的认同。根据2023软科中国大学生满意度调查结果，在本科生关注前20的项目上，上政9次上榜，位居全国同类高校首位。

　　上政之四十载，是胸怀家国之四十载。学校始终坚持以服务国家和社会需要为己任，锐意进取，勇担使命。我们不会忘记，2013 年 9 月 13 日，习近平主席在上海合作组织比什凯克峰会上宣布，"中方将在上海政法学院设立中国-上海合作组织国际司法交流合作培训基地，愿意利用这一平台为其他成员国培训司法人才。"十余年间，学校依托中国-上合基地，推动上合组织国家司法、执法和人文交流，为服务国家安全和外交战略、维护地区和平稳定作出上政贡献，为推进国家治理体系和治理能力现代化提供上政智慧。

历经四十载开拓奋进，学校学科门类从单一性向多元化发展，形成了以法学为主干，多学科协调发展之学科体系，学科布局日益完善，学科交叉日趋合理。历史坚定信仰，岁月见证初心。建校四十周年系列丛书的出版，不仅是上政教师展现其学术风采、阐述其学术思想的集体亮相，更是彰显上政四十年发展历程的学术标识。

著名教育家梅贻琦先生曾言，"所谓大学者，有大师之谓也，非谓有大楼之谓也。"在过去的四十年里，一代代上政人勤学不辍、笃行不息，传递教书育人、著书立说的接力棒。讲台上，他们是传道授业解惑的师者；书桌前，他们是理论研究创新的学者。《礼记·大学》曰："古之欲明明德于天下者，先治其国"。本系列丛书充分体现了上政学人想国家之所想的高度责任心与使命感，体现了上政学人把自己植根于国家、把事业做到人民心中、把论文写在祖国大地上的学术品格。激扬文字间，不同的观点和理论如繁星、似皓月，各自独立，又相互辉映，形成了一幅波澜壮阔的学术画卷。

吾辈之源，无悠长之水；校园之草，亦仅绿数十载。然四十载青葱岁月光阴荏苒。其间，上政人品尝过成功的甘甜，也品味过挫折的苦涩。展望未来，如何把握历史机遇，实现新的跨越，将上海政法学院建成具有鲜明政法特色的一流应用型大学，为国家的法治建设和繁荣富强作出新的贡献，是所有上政人努力的目标和方向。

四十年，上政人竖起了一方里程碑。未来的事业，依然任重道远。今天，借建校四十周年之际，将著书立说作为上政一个阶段之学术结晶，是为了激励上政学人在学术追求上续写新的篇章，亦是为了激励全体上政人为学校的发展事业共创新的辉煌。

党委书记　葛卫华教授

校　　长　刘晓红教授

2024 年 1 月 16 日

前 言 / PREFACE

  党的十八大以来，我国海外利益持续拓展，在国家整体利益格局中的比重显著提高，成为密切我国与外部世界关系的重要因素、关系国计民生的重大议题。海外利益安全是新时期我国发展和安全利益的重要组成部分，事关国家发展和安全大局。随着我国深入推进高水平对外开放，尤其是共建"一带一路"高质量发展不断取得新成效，维护海外利益安全的战略重要性持续上升。党的二十大报告提出，应统筹外部安全和内部安全、国土安全和国民安全、传统安全和非传统安全、自身安全和共同安全，统筹维护和塑造国家安全。当前，我国海外利益安全面临的风险与挑战复杂严峻，必须坚持以总体国家安全观为统领，统筹开放与安全，全面构建海外利益保护体系。

  《中共中央关于制定国民经济和社会发展第十四个五年规划和二〇三五年远景目标的建议》中提到，"健全促进和保障境外投资的法律、政策和服务体系，坚定维护中国企业海外合法权益，实现高质量引进来和高水平走出去"。习近平总书记在中央全面深化改革领导小组第二次会议发表重要讲话，强调建立"一带一路"争端解决机制和机构，要坚持共商、共建、共享原则，依托我国现有司法、仲裁和调解机构，吸收、整合国内外法律服务资源，建立诉讼、调解、仲裁有效衔接的多元化纠纷解决机制。本选题是对中央重大战略决策的直接响应，具有重要的参考价值。

  2022 年爆发的俄乌冲突引发全球关注，冲突定会对我国"一带一路"的基础设施投资和建设、对外投资业务开展、资产价值和安全带来一定的影响。首先，俄罗斯既是上合组织重要成员国，也是"一带一路"建设的重点区域，还是中欧班列的重要合作伙伴之一，乌克兰是我国"一带一路"沿线，尤其是中欧班列的过境国之一。其次，近年来俄罗斯与我国有很多大项目的业务合作，特别是能源方面。虽然地缘政治形势非常复杂，但中国仍是俄罗斯重要的投资和贸易伙伴。近年来，中俄经贸关系发展顺利，双边贸易额从最初（1992 年）的 58.6 亿美元增长到 2018 年的 1070.6 亿美元，突破 1000 亿美元大关。截至 2021 年年末，中国对俄直接投资存量 106.4 亿美元，创 9 年来新高，同比增长 32.6%，较当年外贸整体增速提高 2.6 个百分点。

中欧班列于 2011 年正式开行，共铺划了西中东 3 条通道中欧班列运行线，是往来于中国与欧洲及"一带一路"沿线各国的集装箱国际铁路联运班列，中国—吉尔吉斯斯坦—乌兹别克斯坦线路是中欧班列南通道的重要组成部分，中欧班列途经哈萨克斯坦、阿塞拜疆、格鲁吉亚等，因此俄语国家对于中欧班列、对于中国的对外投资业务的开展地位重要。如今中欧班列已成为国际物流中陆路运输的骨干方式。2021 年，中国与"一带一路"共建国家货物贸易额达 1.8 万亿美元。

与此同时，投资贸易持续增长，伴随而来的投资、商事争端也逐渐增多。而投资俄语国家，特别是俄罗斯，除了面临一般的商业风险以外，还面临着一定的政治风险与投资法律风险。投资者与东道国之间的关系是合作与冲突，互利与争端并存的。投资争端能否有效预防及解决，投资者的利益能否得到有效救济，关系着中国企业对外投资的成败。

本成果深入探讨了中国对俄罗斯直接投资的特点、投资环境现状、风险评估，并针对中俄投资争端提出了解决机制。研究发现，自中俄建立友好国家关系以来，两国经贸合作不断加强，尤其在 2019 年升级为新时代全面战略协作伙伴关系后，中国已成为俄罗斯最大的贸易伙伴。中国对俄投资在"一带一路"倡议下展现出广阔前景，投资领域广泛，包括农业、林业、制造业等。然而，投资过程中中国企业面临多重风险，包括政治政策的不稳定性、法律法规的矛盾、知识产权保护差异、投资保护协定的不合时宜、环境保护的高标准要求、税负和税制的复杂性以及社会文化差异等。这些风险点可能导致投资效率降低，甚至投资损失。为应对这些挑战，研究提出了完善解决中俄投资争端的法律基础及机制问题，包括加强双边协商机制、构建多元化的国际仲裁解决机制、建立中俄联合投资争端解决平台等。同时，研究还分析了上海打造亚太仲裁中心的潜力和挑战，并探讨了如何利用多边合作机制框架下区域投资争端解决机制。此外，研究还涉及了中俄双边投资协定、国际投资相关制度的对比分析，并指出了中国现有国际投资争端解决机制的不足，提出了相应的完善建议。研究的结论强调，通过加强法律基础和机制建设，可以有效解决中俄投资争端，促进两国投资合作的健康发展。

目 录 ／CONTENTS

绪　论

1. 文献综述

目前国内外现有文献中涉及本课题研究领域的，主要关注两个方面：

1.1 关于俄罗斯国际商事仲裁的研究

（1）国内研究现状

从研究角度看，黄道秀教授的《俄罗斯仲裁法院、公断庭和争议的公断审理》（2001）是该领域的拓荒性著作；张冬（2006），梁敏燕（2007）对改革前的俄罗斯仲裁法院进行了评析；方俊（2017）的《俄罗斯仲裁制度新发展述评》是当前国内极少数介绍俄罗斯仲裁制度改革近况的文献。

从研究程度来看，上述涉俄商事仲裁研究成果以资料介绍、案例分析、比较分析为主，理论层面的深入探讨不多。特别是关于 2016 年改革之后的俄罗斯仲裁制度研究极为匮乏，可见，国内对于俄罗斯国际商事仲裁的研究尚处于起步阶段，许多资料的获得有赖于俄文出版物。

（2）国外研究现状

俄罗斯对俄罗斯国际商事仲裁制度的研究比较成熟，既有对俄罗斯国际商事仲裁制度总括性的专著，例如：А. С. Данилевич 的«Международный коммерческий арбитраж»等；也有就某一专门问题进行论述的专著，例如：С. В. Николюкин 的«Специфика признания и исполнения решений третейских судов»；M. M. Богуславский 的《Связь третейских судов с государственными судами»等。

1.2 关于中俄投资争端、贸易争端及其解决机制的研究

（1）国内研究现状

中国学者中，既有关注中俄投资、贸易具体领域及对策的，例如：刘青杨、金鹏（2018）的《民商事在线非诉纠纷解决机制的构建——以中国和俄罗斯的贸易往来为例》；也有学者愿意在"一带一路"大背景下探讨涉俄投资争端，例如：张丽娜（2018）的《"一带一路"国际投资争端解决机制完善研究》，殷敏（2018）的《"一带一路"倡议下中国对俄投资的法律风险及应对》等；还有学者对中俄双边投资贸易竞争性与互补性进行分析（唐丽，2019）。此外，个别留俄博士生提交的学位论文也涉猎中俄两国投资贸易争端领域研究，如 Ван Ялин（2012）的《Девелоперская деятельность иностранных компаний в России: на примере китайских инвестиционных корпораций, диссертация кандидат экономических наук, Российский университет дружбы народов»等。

（2）国外研究现状

俄罗斯学者近年来对该领域的研究成果大多聚焦中俄投资争端具体领域及仲裁实践，例如：И. П. Грешников（2018）的《Международный коммерческий арбитраж и вопросы частного права. Сборник статей»；Ахмадова Марьям Абдурахмановна（2019）的《Гражданско-правовой механизм регулирования инвестиционной деятельности в странах БРИКС（на примере Индии, Китая, ЮАР)»等。

2. 研究重点

本研究对俄罗斯投资环境现状及风险进行全面评估，强调了中国企业在俄投资所面临的包括但不限于仲裁裁决执行、知识产权保护、税务争议、环保规范、管辖权、征收补偿等方面的挑战。

本研究分析了中企对俄投资争端的具体特点，指出在面对投资争议时，中企需诉诸多元化的解决渠道，包括司法机构、仲裁机构和税务机构等。

本研究分析了中俄国际投资争端的现有仲裁解决机制及存在问题，结合实际案例，探讨通过国际仲裁解决投资争端的可操作性。目前，"一带一路"共建国家可供使用的争端解决机制主要有双边投资条约（BIT）及区域贸易协定（RTA）中的争端解决机制、WTO 争端解决机制（DSB）、国际投资争端解决中心（ICSID）以及部分商事仲裁机制。本研究结合具体案例，对其进行逐一分析，重点对 ICSID 及商事仲裁机制的利弊进行客观评价。

依据俄罗斯政府以往在国际仲裁和 WTO 争端解决机构的实践案例分析，适度运用国际投资仲裁机制仍是目前中国企业解决涉俄投资争端的重要途径。同时，为实现争端解决的效益性，投资争端解决机制应当包含多元化组成要素，从而形成法律救助竞争机制。有鉴于此，本研究提出：构建基于商事仲裁机构的中国投资仲裁机制、探索上合组织等多边合作机制框架下区域投资争端解决机制、构建新型中俄联合投资争端解决平台、建设中俄国际投资仲裁智库等对策。

3. 创新点

本研究关注并系统梳理了中国对俄罗斯投资领域的新特点，尤其是在风险评估和争端解决机制方面的最新动态和实证研究。

针对中俄投资争端的特殊性，本研究提出具有前瞻性和实用性的解决方案，包括运用现代科技手段建立在线争端解决平台和多元化争议解决机制。由于中俄双边关系以及双边投资争端的特殊性，中俄间在选择仲裁途径解决投资争端时，可以不局限于 ICSID 投资仲裁以及国际商事仲裁框架，而是尝试构建一个新型的中俄联合投资争端解决平台，该平台的原则与现有 ICSID 原则不发生冲突，并且能够克服现有仲裁机制的短板，同时可以发挥中俄两国作为"一带一路"和"欧亚经济联盟"倡议国的影响，在制定区域性国际商事仲裁公约方面进行探索和尝试。

结合"一带一路"倡议的大背景，本研究深入探讨如何通过国际合作机制和政策创新来提升中俄投资争端解决的有效性和公正性。

4. 研究方法

本研究综合运用案例、实证、比较、文献、归纳等方法开展。

（1）案例研究方法

本研究尽可能收集各投资争端解决机构在处理中企涉俄投资争端中所形成的第一手材料，即判决、决定、裁定等法律文书，通过详细分析仲裁庭推理的方式和过程，对研究中涉及的中企涉俄投资争端实体法律问题和程序法律问题进行较为细致的分析。

（2）实证研究方法

本研究结合具体的中俄投资案例和统计数据，对投资环境、争端特点和解决机制的实际运行情况进行实证分析，而不是停留在宏观概括性研究分析的层面，使得论证更加具有说服力，同时也通过实证研究的方法，将中企涉俄投资争端较为可靠的数据、图表、资料等内容作为论证的支撑。

（3）比较研究方法

在论证的过程中注重通过比较分析的方法得出相应的结论，对比中俄两国在投资争端解决机制上的优缺点，借鉴国际成功经验，提出针对性的改进策略和创新措施。

（4）文献研究方法

研究过程中参考大量的中外文献资料，特别是俄文文献，包括但不限于专著、编著成果、期刊、论文、报纸、案例汇编、原始案例、网络资料等。查找资料的方式包括国内图书馆以及国外知名研究机构的资料室、网络资源数据库、官方网站的数据整理、研究成果汇编、知名讲座报告等，文献种类较为丰富、涵盖范围较为广泛。

（5）归纳研究方法

为了得出较为精准的结论，研究过程中通过大量原始资料包括数据、法律文献的阅读、归纳得出客观的表述方式。如在对中企涉俄投资争端的法律基础等进行论证时，采用归纳推理的方法，力求全面客观地对相关法律问题进行梳理和分析。

俄罗斯投资环境现状及风险评估

自中俄在 1992 年缔结为 "互相视为友好国家" 后，两国的联系就得到了进一步的提升，2019 年两国关系升级成为 "中俄新时代全面战略协作伙伴关系"。多年来，中国稳居俄罗斯贸易伙伴国之首，中俄间经贸合作的发展取得了长足进步，两国经贸关系变得越来越紧密。而在中俄经济和贸易的发展过程中，两国也开始重视中国在俄罗斯的投资状况，探索两国之间新的经济和社会发展模式，从而加快两国经济和社会发展的步伐。

随着我国政治、经济、科学技术和文化教育卫生事业的进步，我们的外贸制度也在逐步健全。尤其是十八大以后，我们的公司抓住机遇，创业水平不断提升。据中华人民共和国商务部、国家统计局和国家外汇管理局联合发布的《2018 年度中国对外直接投资统计公报》显示，中国 2018 年度的对外直接投资达到了 1430.4 亿美元，在世界范围内的份额已经持续三年突破 10%，达到了 14.1%，位居世界上最大的外商投资国家之列。中国对外直接投资存量（OFDI）在世界国家和区域中的排行从 2002 年的第二十五名上升到第三名，达到 19 822.7 亿美元。据商务部、国家统计局和国家外汇管理局联合发布的《2019 年度中国对外直接投资公报》显示，截至 2019 年末，中国拥有超过 2.75 万个国内投资者，在世界 188 个国家拥有 4.4 万个 OFDI 公司，超过 80% 的国家（地区）都有中国的投资。虽然面临着错综复杂的世界金融形势，但经过俄罗斯当局不懈的努力，俄罗斯商业环境的优化已经取得了初步成果。世界银行最新公布的《2019 年营商环境报告》显示，俄罗斯的排名较上一年提升 4 位，在 190 个经济体中位列第 31 位。[1]

---

〔1〕 胡明、李彦：《新时代中国企业对俄投资挑战及对策研究》，载《国际贸易》2019 年第 11 期。

2020 年，据中国海关总署统计，中俄双边货物贸易额达到了 1077.7 亿美元，[1] 即使在受到全球新冠疫情等因素影响的情况下，两国贸易额仍保持在较高水平，并且连续三年超过千亿美元。2021 年，中俄贸易继续保持强劲增长态势。根据多个来源的数据显示，2021 年全年中俄贸易额进一步增长至 1468 亿美元左右，具体数额存在微小差异，如中国海关总署公布的数据为 1468.87 亿美元，增长率为 35.8%。[2] 中国商务部发布的数据为 1468.7 亿美元左右，增长率为 35.9%。[3] 这一年中俄双边贸易表现出色，不仅实现了正增长，而且创下了历史新高。中俄贸易总量继续攀升，再次验证了两国之间紧密的经贸合作关系。俄罗斯驻中国大使杰尼索夫于 2023 年 6 月在新闻发布会上表示，到 2023 年，中俄经贸关系将继续保持，中俄不会放弃 2024 年双边贸易额达到 2000 亿美元的目标。

1.1 俄罗斯和中国在全球欧亚经济中的作用

应当特别指出的是，当前全球天然气竞争的核心战场主要集中在两个关键区域：欧亚大陆与北美地区。欧亚大陆因其丰富的石油和天然气储量，扮演着举足轻重的角色。尤其是俄罗斯和中国在这片全球最大陆地上所占据的独特地位，进一步提升了欧亚大陆在世界天然气博弈中的重要性。

俄罗斯与中国之间的经贸关系正稳健推进，两国间的贸易联系不断加强，且俄罗斯正致力于强化与中国的基础设施国际合作，以扩大对亚洲地区的石油和天然气出口规模。贸易流量的实质性增长不仅体现在商品交易层面，还表现在广泛的经济合作方面，包括投资领域。进入 21 世纪以来，中国在俄罗斯对外贸易中的地位显著提升。在 2000 年至 2010 年的十年间，中国在俄罗斯外贸总额中的占比从 4.5% 跃升至 7.6%，仅次于德国和荷兰，位居第三。其中，进口份额更是激增至 13.0%，从而超越德国，长期稳居俄罗斯进口来

---

〔1〕 参见《2020 年中俄贸易额下降 2.9%》，载 https://m.mofcom.gov.cn/article/tongjiziliao/fuwzn/oymyti/202102/202102035817.shtml，最后访问日期：2024 年 4 月 13 日。

〔2〕 参见《2021 年中俄贸易额达 1468.87 亿美元》，载 https://petersburg.mofcom.gov.cn/jmxw/art/2022/art-d44a701af20548a793a63025ab5c408f.html，最后访问日期：2024 年 4 月 13 日。

〔3〕 参见《中国连续 12 年稳居俄罗斯第一大贸易伙伴国——中俄经贸合作成果丰硕》，载 https://www.gov.cn/xinwen/2022-02/09/content_5672647.htm，最后访问日期：2024 年 4 月 13 日。

源国首位。中俄之间高达 4000 亿美元的天然气大单，正是两国快速发展的全面战略协作伙伴关系的具体体现。

中俄之间的全面战略协作伙伴关系具有深远的双边意义以及全球影响力，对推动地区乃至全球国际关系的发展与安全稳定起到了至关重要的作用。正如两国在联合声明中所强调的，中俄的战略目标在于将空前的政治互信转化为经济、人文等多领域的务实合作。

在欧亚乃至全球经济体系中，俄罗斯凭借其丰富的自然资源供应占据了极高地位，而中国作为全球能源需求最大的进口国和世界制造业中心，共同决定了两国在全球经济格局中的特殊角色。当前欧亚大陆紧张局势的加剧，很大程度上源于美国试图通过深度介入并宣称自己是欧亚大陆新霸主的长远战略，由此引发了日趋激烈的全球天然气争夺战，这实质上是对全球能源储备进行重新洗牌的尝试。不容忽视的是，全球范围内的外国直接投资在此过程中发挥了决定性作用。

随着整个亚太地区（特别是中国、日本、韩国等地缘政治力量的崛起），以及西欧国家一体化程度的加深，自 20 世纪末开始，美国在世界舞台上的影响力已逐步下滑。美国似乎已经度过了其最为辉煌的时代，全球见证了"美国世纪"的逐渐衰退。早在 1975 年，在美国独立 200 周年之际，美国著名社会学家丹尼尔·贝尔在其著作《美国例外论的终结》中，就预言了这一趋势。贝尔认为，美国人普遍意识到其国家在全球舞台上可能不再扮演独一无二的角色。

美国的地缘政治战略旨在通过重组全球能源资源分布来塑造世界范围内的霸权态势，然而这一企图遭到了俄罗斯和中国的有力挑战。依据兹比格涅夫·布热津斯基的观点，美国欲稳固欧亚大陆的地缘政治多元性，首要策略在于运用精巧的政治与外交手段，防止任何反美联盟的形成。尽管如此，作者指出，在欧亚大陆现有的国家结构下，没有任何单一国家能完全符合美国的战略需求。在推进欧亚大陆"美国化"的第二阶段中，美国期望发展出战略上可接纳的合作伙伴，并以此为基础建立一个以美国为主导的跨欧亚安全架构。

欧亚大陆作为地球上最大的连续陆地，对于全球三大经济重心——西欧、东亚以及中东和非洲——具有决定性影响。历史上，欧亚大陆涵盖了欧洲和亚洲，而美国的利益根基则位于美洲大陆。尽管如此，欧洲仍是美国地缘政治考量的首要焦点，作为连接欧亚大陆的关键桥梁。北约组织作为美国在欧洲的强大军事和政治工具，赋予了美国对欧洲本土及其周边欧亚大陆国家施加政治和军事压力的能力。例如，美国通过推翻乌克兰合法政府以及触发乌克兰内战事件，成功将其侵略性的地缘政治触角延伸至欧洲联盟国家。

与此同时，中国在欧亚大陆的经济角色日渐凸显。作为联合国安理会常任理事国，中国在全球和地区各级政府间组织中发挥了重要作用。如今，中国的工业化进程已步入具备国际竞争力的新阶段，经济竞争力的核心在于经济活动的有效组织、市场竞争机制的优化以及市场结构的合理构建。在全球化背景下，提升中国经济竞争力已成为工业化和现代化的核心议题。

自20世纪70年代末期以来，中国从根本上调整了社会经济政策，对原有的中央计划经济进行了深刻的系统性改革，并积极推行改革开放政策。中国经济体制的转型旨在构建中国特色社会主义市场经济。开放政策不仅推动了对外贸易的发展，更通过广泛引进外资促进了中国市场大门的敞开。

相较于俄罗斯，中国拥有更为清晰的对外经济战略。众多学术研究机构和智库人员参与制定了这一战略，并不断对其进行深化和发展。自20世纪90年代以来，中国经济结构经历了重大变革。当前，中国经济呈现出快速增长和高效率特征，对国际资本资源配置方式产生了深刻影响。工业制成品已成为中国最主要的出口品类，而在进出口结构调整过程中，工业产品的出口比重高于进口比重，尤其是机械和电子产品已取代纺织品和服装，成为首要出口商品。

中国经济以每年9%~10%的速率高速增长，使中国一跃成为新的世界经济强国。从1950年占全球GDP的3.3%，到1992年的10%，再到预计2025年超过20%，中国经济在全球的地位不断提升。自2005年起，中国在全球GDP总量中位列第四，仅次于美国、日本和德国。中国对外直接投资达到500亿美元，若中美两国增长率保持现状，预计到2050年中国经济将超越美国，位居世界第一。此外，截至目前中国的外汇储备规模为33 164亿美元，位居世界第一。

迈入21世纪，中国推行积极的对外经济活动规划，涉及对外贸易、外国直接投资、跨国公司建设等多个领域。当前全球地缘政治局势的一大特点是中国因素的显著增强，不仅限于欧亚大陆，而且呈现出如下特点：国际体系变迁的活跃度不断提高，诸如上海合作组织、金砖国家、20国集团等国际组织纷纷涌现，中国在其中扮演建构体系并引领潮流的角色；中国在全球经济和金融领域地位持续攀升，显示出越来越有利且主导的趋势。

但是，在全球化进程加速演进的当下，欧亚地缘政治局势正面临着极为复杂的挑战。俄罗斯、中国以及众多其他国家对本地区的稳定抱有深切关注。如同其他地域一样，国际投资是确保欧亚大陆可持续发展的关键要素之一。

1.2 中国对俄罗斯直接投资现状

1.2.1 中国对俄投资历程

俄罗斯作为一个横跨亚欧两大洲的广袤国家，其辽阔的疆域内蕴含着丰富的自然资源，并且保持着相对稳定的社会环境，从而为"一带一路"倡议的实施提供了不可或缺的支撑。作为该倡议中关键的参与成员国，俄罗斯与中国长期以来保持着紧密而友好的双边关系，两国在新的战略机遇期不断深化和拓宽各领域的交流与合作。中国企业在面对新时代的国际化布局时，尤其在"一带一路"倡议的框架下，对俄罗斯的投资展现出了前所未有的广阔前景。[1]

中俄两国双边战略合作关系逐步递进并深化。自 1992 年确立"互相视为友好国家"关系后，短短两年内即提升至"建设性伙伴关系"。至 1996 年，两国关系再度升级为"平等信任、面向 21 世纪的战略协作伙伴关系"。至 2010 年，这一关系得到进一步强化，转变为"全面战略协作伙伴关系"。随后在 2014 年，两国关系正式迈入"全面战略协作伙伴关系新阶段"。2008 年发生的国际金融危机对全球投资格局造成显著冲击，中国对俄罗斯的直接投资在此后两年呈现紧缩态势。然而，2010 年至 2013 年期间，中国对俄罗斯的投资热情并未减弱，持续保持高位运行。2014 年乌克兰危机的发生，加之欧美国家对俄罗斯实施的多轮制裁措施，对俄罗斯经济构成了严重冲击，导致该年度中国对俄直接投资大幅度减少，降至上年度的一半左右。转折点出现在 2015 年 5 月，《中华人民共和国与俄罗斯联邦关于丝绸之路经济带建设和

―――――――――

〔1〕 参见杨雅茹：《"一带一路"背景下中国对俄罗斯直接投资的现状与经济风险分析》，载《今日财富》2020 年第 1 期。

欧亚经济联盟建设对接合作的联合声明》的签署标志着两国合作进入了崭新阶段，有力推动了中国对俄直接投资的强势反弹。2015 年见证了中国对俄直接投资存量与流量双双达到峰值，尽管其后有所波动并出现小幅回调，但整体依然保持上升态势，显示中国对俄罗斯直接投资规模的持续扩大，两国在投资领域的对话与合作异常活跃。2016 年，在全球经济增长疲软的大环境下，中国对俄直接投资量稍有减少。至 2017 年，得益于俄罗斯国内经济形势趋于稳定并呈现良好发展势头，中国对俄直接投资流量攀升至 22.2 亿美元。2018 年末，中国对俄直接投资存量恢复并超过了历史最高水平，彰显出两国在投资合作领域的紧密互动与坚实基础。

近年来，中国对俄罗斯直接投资净额始终保持正值状态，这一数据充分说明了中国对俄罗斯直接投资总量显著超越了俄罗斯对中国直接投资的总额。2019 年，随着"新时代中俄全面战略协作伙伴关系"的确立，两国合作关系步入了历史最佳阶段。这些现象从侧面验证了在中俄两国投资合作的过程中，中国资本输出力度强劲，对外直接投资活动表现得尤为活跃。据统计，已有超过一千家中国企业在俄罗斯设立了分公司，积极参与到俄罗斯林业、服务业等多个领域的投资活动中。2020 年 11 月 17 日，中共中央政治局常委、国务院副总理、中俄投资合作委员会中方主席韩正与俄罗斯联邦第一副总理、委员会俄方主席别洛乌索夫，通过视频连线共同主持召开了中俄投资合作委员会第七次会议。韩正在会议中提出，面对新的发展机遇，应积极推动两国企业把握数字经济和公共卫生防疫等新兴领域的合作机会；充分利用中俄科技创新年这一契机，强化双方在高科技产业、信息通讯技术、生物安全等尖端领域的投资合作；深化两国地方层面的合作交流，引导与鼓励中小企业的互动合作；提倡金融创新，扶持扩大本币支付与结算规模，充分发挥金融服务对投资合作的支撑效能；共同努力营造公正、公平、稳定的营商环境，持续巩固投资者的信心。别洛乌索夫副总理回应称，面对全球疫情的严峻挑战，中俄两国守望相助，紧密配合，确保了重点投资合作项目的持续推进。中俄关系已树立起国家间相互尊重、互利共赢的国际合作典范。他表示，俄方愿意同中方一起，切实履行两国元首达成的重要共识，共同应对当前困境，充分发挥双边投资合作机制的优势，推动全面务实合作迈上新台阶。

2021 年是《中华人民共和国和俄罗斯联邦睦邻友好合作条约》签署满二十周年的历史性节点，两国在此基础上进一步深化了科技领域的合作。2020

年至 2021 年间，中俄两国共同启动了"中俄科技创新年"这一大型国家级主题年活动，其间规划并执行了超过一千个合作项目，创下了两国举办主题年以来合作项目数量的新纪录。这一系列合作项目涵盖了诸多前沿科技领域，体现了双方合作的广度与深度。在此期间，中俄两国还签署了一份涵盖 2020年至 2025 年的科技创新合作路线图文件，旨在指导和推动未来五年的具体合作事宜。其中，双方特别强调了在大科学项目 NICA 等重大项目上的协作，这些举措不仅展现了中俄两国在科技创新领域的高度互信与战略协同，也预示着双方将在未来一段时期内持续深化科技合作，共同应对全球科技挑战，推动科技创新成果服务于两国经济社会发展与人类科技进步。[1]

1.2.2 中国对俄直接投资行业特点

2008 年至 2018 年期间，《中国对外直接投资统计公报》针对中国在俄罗斯 13 个行业的投资状况进行了详尽的数据统计，数据显示，在俄罗斯注册的逾 350 家中国公司，其业务活动主要聚焦于与俄罗斯存在互补优势的农林牧渔业等实体经济领域。在中美两国经济力量的双重影响下，房地产业与商业服务业的投资逐步复苏；然而在全球经济危机的冲击下，中国对海外房地产市场的投资热度已较先前显著降温。随着中国经济的持续发展与转型升级，中国企业在俄罗斯的信息技术产业领域的投资活动亦日益凸显其重要性。

值得关注的是，在 2015 年前后，中国基于国家战略性资源导向的投资模式发生了调整，减少了对俄罗斯矿产资源领域的直接投入。当前，中国正大力加大对以资源为基础的产业的投资力度，但在技术密集型产业的投资比例尚相对较小。中国企业在俄罗斯采取了股权并购、独家经营权转让等新型投资模式，对当地企业进行投资并取得了显著成效。现阶段，中国对俄罗斯莫斯科和圣彼得堡等经济发达城市中酒店餐饮业、信息技术服务业等现代服务业的投资发展尤为重视。同时，在远东边境地区，中国企业的投资集中于石油天然气等能源产业，而在滨海边疆区等边境地带，则主要涉足酒店餐饮服务业、进出口贸易、建筑施工、货运物流、林木采伐等行业。此外，在诸如犹太自治州和外贝加尔边疆区等地，中国也有针对性地展开了农业开发与矿

---

〔1〕 参见《俄媒总结 2020 年：中国的成长为俄带来机遇》，载 https://oversea. huanqiu. com/article/41lymbXr00d，最后访问日期：2024 年 4 月 14 日。

产资源开采等投资项目。截至 2017 年底，中国在俄罗斯设立的企业已超过 1000 家，雇佣外籍员工数超过 23 000 人，这充分展示了中国企业在俄罗斯投资经营活动的广泛性和深度。[1]

2019 年 9 月 16 日至 24 日中国和俄罗斯政府首脑定期会晤前夕，俄罗斯联邦财政部长在接受俄罗斯报采访时表示，中国被视为俄罗斯的特殊战略合作伙伴。他指出，在当前时代背景下，存在着众多发展和强化两国合作关系的理由。俄罗斯总统设定的国家发展目标和战略，为投资与商业经济活动相关的基础设施项目提供了明确的资源导向。财政部长表达了欢迎中国投资者参与到这一进程中的意愿，强调如果有中国投资者能够参与进来，俄罗斯将会感到欣喜。同时，时任中国国务院总理李克强明确表示，中国政府将持续鼓励那些具备实力、资质可靠且遵循俄罗斯法律法规的中国企业，在俄罗斯的森林工业，特别是木材深加工行业拓展业务并进行投资。他强调，支持两国企业在秉持平等和互利原则的基础上，深化在林业管理、森林再生以及相关领域的合作，以期提升两国在该领域的合作层次。

具体来说，中俄两国在俄罗斯境内的投资合作涵盖了林业、农业、能源、制药、基础设施建设以及远东地区开发等诸多重要领域，旨在通过多元化的合作模式与深层次的经济融合，推动两国战略协作伙伴关系的进一步深化与发展。

（1）农业领域投资合作

在中俄经贸合作中，大豆作为一项关键的商品类别对双方的合作领域和产品多样性作出了重大贡献。中国海关总署已明确表示将扩大自俄罗斯进口大豆的规模，并致力于优化运输线路以改善运输条件。2019 年 7 月，中国公司通过海运自俄罗斯进口了首批 4400 吨大豆。俄罗斯政府副总理兼总统驻远东联邦区全权代表尤里·特鲁特涅夫指出，远东联邦区具有显著增加对华大豆出口的潜能。

目前，俄罗斯对华出口大豆的主要区域包括哈巴罗夫斯克边疆区、滨海边疆区、扎拜卡尔斯基区、阿穆尔州以及犹太自治州。按照俄罗斯方面的估算，到 2024 年，远东联邦区大豆出口潜力有望达到 200 万吨。在 2019 年东方

---

[1] 参见《俄罗斯境内有大约 1200 家中资企业》，载 https://sputniknews.cn/20171208/1024242085. html，最后访问日期：2024 年 4 月 14 日。

经济论坛上，隶属于中国 Joyvio Beidahuang Agricultural Holdings（JBA）的 "Legendagro holding" 公司与俄罗斯 "Rosselkhozbank" 签订了一项大规模农业项目合作协议，涉及金额约 100 亿卢布，其中包含在乌苏里斯克建设一座用于大豆深加工的工厂。根据俄罗斯和中国专家的分析，尽管俄罗斯目前还无法完全取代美国，完成对中国约 37 万吨的大豆供应量（目前俄罗斯对华大豆出口量约为 6 万吨），但如果中国市场逐渐接受并促使俄罗斯提升其大豆生产能力，这一趋势将变得不可逆转。HSE 大学国际关系部门负责人亚历山大认为，中俄经济合作，尤其是农业领域，必将呈现增长态势，这一观点也得到了复旦大学俄罗斯中亚研究中心主任冯玉军的赞同。

在 2019 年东方经济论坛的框架下，弗拉基米尔·叶夫图申科夫的 Sistema 公司携手中国蒙牛乳业和中鼎乳业（一家乳制品生产商），批准了一项总额为 450 亿卢布的大型农业投资项目。在滨海边疆区设立的合资企业将实现每年生产 50 万吨牛奶的目标，其中包括对中国市场的供应，这有助于显著缓解中国市场的乳制品原料短缺问题。

近期，中国已成为俄罗斯农产品的重要目标出口市场之一。在中美贸易摩擦加剧的背景下，农业板块在中俄两国经贸关系中的作用预期将进一步提升。美国彭博社曾在一篇报道中指出，俄罗斯期待更多的亚洲食品生产企业能够在远东地区开拓耕地。通过与其他国家联合投资，俄罗斯能够加快其广阔而人口稀疏地区的经济发展，并发掘新的出口市场机遇。彭博社强调，俄罗斯的农产品供应不仅有助于满足中国的进口需求，而且在中美贸易战的背景下，为中国提供了额外的供应渠道。

（2）能源领域投资合作

中俄东线天然气管道工程（简称 "中俄东线项目"）堪称两国能源合作史上的标志性成就，该项目于 2015 年正式签订合作协议，致力于构筑一条横跨千里的能源动脉，以满足中国东北部地区及京津冀区域日益增长的能源需求。中俄东线管道的顺利竣工与运营，不仅显著增强了两国在能源领域的战略合作深度，而且对于提升中国能源供应的安全性和稳定性具有重大意义。

2019 年 12 月 1 日，西伯利亚输油管线电力供应正式启动，标志着中俄能源合作进入崭新的发展阶段。中国方面明确表态，将在北极地区油气资源的勘查开发以及北海航道基础设施建设和项目推进等方面，与俄罗斯开展更为密切的深度合作。

为推动双边关系全方位发展，中俄两国领导人共同擘画了一系列指导性政策。这些政策的落地执行，无疑将有力促进两国在经济、文化、科技等多元领域的深度融合。至 2020 年底，中俄投资合作委员会召开重要会议，在韩正与俄罗斯相应官员的共同主持下，中俄双方对系列投资项目进行了严谨评估，并就提升投资合作效率进行了深度研讨，尤其强调了将俄罗斯远东地区纳入合作版图的战略意义，同时兼顾双方既往合作经验和实践成效。

2017 年，亚马尔液化天然气（LNG）项目作为中俄能源合作的又一重大突破，由包括中国石化集团、中国丝路基金、俄罗斯诺瓦泰克公司以及法国道达尔公司在内的多方联合投资建设，旨在通过引入新的能源资源并科学规划开发，积极推动中俄两国在新能源产业领域的同步繁荣。

同年，中国天狼星公司在俄罗斯能源市场取得重要地位，成为两国能源合作不可或缺的关键角色。紧随其后，2018 年中国石化与俄罗斯西布尔有限公司签订了关于阿穆尔天然气化工一体化项目（AGCC）的合资协议，这不但是对双方能源合作层次的再次升华，亦提升了两国在全球能源议题中的影响力和决策力。

总之，无论是中俄东线项目、西伯利亚输油管线的电力运作，还是亚马尔液化天然气项目和阿穆尔天然气化工一体化项目，均为中俄两国在新能源领域技术创新、投资合作及产能共建所取得的成功实践范例。这些合作项目的成功推行，有力地深化了两国间的能源互利合作，并在全球能源市场的稳定与发展中起到了积极的推动作用。

（3）药业合作

中俄两国在药业领域的合作是双边关系中的重要组成部分，近年来在多个层面取得了显著进展。随着中国减少"负面清单"中的项目，俄罗斯药品进入中国市场的门槛降低，这为俄罗斯药业提供了更多的市场机会。两国政府通过制定相关政策和合作框架，为药业合作提供了政策支持和法律保障，促进了投资和贸易的便利化。

中俄两国稳步推进多领域投资合作，优化营商环境，完善法规保障，创新合作方式，并深化在数字经济和绿色可持续发展等领域的合作。为此，中国商务部和俄罗斯经济发展部于 2022 年 12 月 5 日共同发布了《关于启动

2006 年 11 月 9 日签署的《中华人民共和国政府与俄罗斯联邦政府关于促进和相互保护投资协定〉升级谈判的联合声明》。这一声明标志着两国将在提升投资保护水平、促进投资便利化方面持续开展谈判，以进一步加强和深化双边投资合作。[1] 2018 年中俄地区合作发展投资基金成立，这是由两国政府主导的产业项目，获得了两国元首的直接关注与支持，在医疗合作领域储备了丰富的项目资源，促进了中俄医疗卫生健康领域的深度合作。[2]中俄双方同意深化医疗卫生领域合作，扩大科研和高等医学教育领域交往，加强药品和医疗器械监管领域交流合作，在多个医疗领域开展合作，并在多边平台加强相关合作。[3] 2019 年俄罗斯制药公司"BIOCAD"和上海医药集团股份有限公司宣布在中国成立合资企业，资本为 4 亿美元，用于生物制药产品的开发和生产，这标志着两国在生物制药领域的合作进一步加深。中俄两国在药业领域的合作不仅限于资金投入，还包括技术交流和联合研发。双方致力于通过共享专业知识和技术创新，提高药品研发的效率和质量。中俄医药健康标准转化中心作为"2020~2021 中俄科技创新年"的重要成果之一，得到了科技部、国家药监局、北京市人才局、北京市药监局和昌平区政府的指导与大力支持。该中心致力于打通技术、标准等"软联通"，促进医药健康领域的务实合作。[4]中俄天然产物与新药发现（CRAND）联盟的成立，旨在推动中俄两国在天然产物研究与新药研发方面的学术交流、科研合作、人才培养和成果转化，促进共同发展。[5]双方通过"浦俄论坛"等高层次对话机制，集中讨论和推动生物医药领域的具体合作项目，包括科研成果转化、新技术引进和联合研发等。

　　总体来看，中俄两国在药业合作上不断拓宽合作范围，深化合作层次，

〔1〕　参见《中华人民共和国和俄罗斯联邦关于深化新时代全面战略协作伙伴关系的联合声明》，载 https：//www. gov. cn/xinwen/2023-03/22/content_5747726. htm，最后访问日期：2024 年 4 月 14 日。
　　〔2〕　参见《中俄医疗卫生健康领域开展深度合作》，载 https：//world. chinadaily. com. cn/a/202307/13/WS64afc8eda3109d7585e44d04. html，最后访问日期：2024 年 4 月 14 日。
　　〔3〕　参见《中华人民共和国和俄罗斯联邦关于深化新时代全面战略协作伙伴关系的联合声明》，载 https：//www. gov. cn/xinwen/2023-03/22/content_5747726. htm，最后访问日期：2024 年 4 月 14 日。
　　〔4〕　参见《中俄医药健康标准转化中心成立大会暨中俄医药健康合作与标准论坛在昌平区举行》，载 https：//www. rmzxb. com. cn/c/2023-04-19/3332363. shtml，最后访问日期：2024 年 4 月 14 日。
　　〔5〕　参见《中俄生物医药及卫生健康领域科技创新合作会议召开》，载 https：//www. cas. cn/yx/202009/t20200911_4759443. shtml，最后访问日期：2024 年 4 月 15 日。

从传统的贸易往来扩展到联合研发、技术转移、人才培养等多元化合作模式，共同推进两国医药健康产业的快速发展。随着全球医药市场的变化和挑战，未来双方有望在疫苗研发、抗病毒药物生产、生物制品等领域继续挖掘合作潜力。

（4）基础设施、物流投资、产业投资合作

基础设施建设方面，中俄两国的投资合作取得了显著进展。例如，中俄边境的黑河—布拉戈维申斯克界河公路桥和同江中俄黑龙江铁路大桥的建成，极大地促进了两国间货运量的增加。此外，中俄原油管线和中俄天然气管道东线的建设也是两国在能源基础设施方面合作的重要成果。

物流投资方面，两国在物流领域的合作不断加强。中俄两国积极评价联合实施的国际运输走廊项目、通过滨海边疆区港口进行的货物运输，以及一系列跨境界河桥梁的建设、2016年，"滨海1号"与"滨海2号"国际交通走廊项目的实施，助力了我国东北地区与俄罗斯远东地区的战略对接和多方位产业合作。

产业投资方面，中俄展现出积极的合作态势。俄方积极评价中国投资者在远东地区实施的多个投资项目，如货车生产和配送厂、运输物流综合体建设等。[1]同时，中国对俄投资规模不断扩大，投资方式呈现多元化，包括绿地投资、参股、并购等。[2]

此外，中俄在农业领域的合作也在加深，双方在远东地区种植的农产品为绿色生态产品，远东地区向中国出口的农业原料、货物和粮食总额逐年增长。在林业加工领域，俄方实行原木采伐量和林地租赁优惠政策，以及发达的铁路网，为木材深加工提供了合作优势。俄远东地区在水产养殖领域具有合作优势，双方支持举办了在俄远东开展水产养殖合作的研讨会，并积极评价中方投资者在俄远东地区实施的水产养殖项目。旅游领域的合作也在增加，俄方表示远东地区的旅游客流在增长，双方鼓励为中国公民举办有关使用电子签证制度在内的远东地区旅游宣传活动。[3]近年来，中俄跨境电商保持高

---

〔1〕 参见《中俄在俄罗斯远东地区合作发展规划（2018-2024年）》。

〔2〕 参见《相向而行 共谋发展 中俄经贸合作量质并进》，载 https://www.scio.gov.cn/gxzl/ydyl_26587/jmwl_26592/jmwl_26593/202310/t20231013_774521.html，最后访问日期：2024年4月15日。

〔3〕 参见《中俄在俄罗斯远东地区合作发展规划（2018-2024年）》。

速发展，贸易额显著增长，成为两国经贸合作的新亮点。两国在金融领域的合作也在不断加强，包括人民币结算支付系统的启动和本币互换协议的签署，以及金融市场合作的加强。[1]

综上，中俄两国在基础设施、物流投资和产业投资方面的合作已经取得了一系列成果，并且展现出广阔的发展前景。

（5）远东投资开发

俄罗斯远东地区因其独特的地理临近性及巨大的发展潜力，已引起国际社会广泛关注，特别是提高了中国投资者的高度兴趣。为了强化俄罗斯这一广阔边境地带的经济活力，促进其对外经济关系的发展，尤其是加强与亚太地区国家间的联系，俄罗斯政府于 2012 年成立了远东发展部。此后，在进一步吸引外国直接投资的背景下，通过俄罗斯—中国政府间合作与发展委员会的协调努力，尤里·特鲁特涅夫（Yuri Trutnev）与时任中华人民共和国国务院副总理胡春华共同推动设立了远东及贝加尔湖地区与中国东北部的先进发展区（TOP）。这些经济特区为潜在的外国投资者提供了一系列显著优惠措施，包括长期豁免财产和利润税收，并协助接入基础设施等关键服务。根据 2018 年的统计数据，俄罗斯远东地区与中国的双边贸易额增长了 28%，达到了 97 亿美元的历史新高。在符拉迪沃斯托克的先进发展区和自由港内，已有 45 个项目投入实施，其中涉及中国投资者的项目总投资额高达 26 亿美元，占远东联邦区全部外国投资总额的 63%。

当前，根据尤里·特鲁特涅夫的表述，远东联邦区展现出高于俄罗斯其他地区的发展增速。俄罗斯—中国政府间投资合作委员会已正式批准了一份包含 70 多个投资项目在内的清单，其中涉及若干位于远东联邦区的重大建设项目，如快速发展的黄金和铁矿石矿床开发项目，以及在跨贝加尔湖地区由 NORILSK Nickel 和 Highland Fund 投资联盟共同参与建设的大型矿业综合体（总投资超过 500 亿卢布），这些重大项目预期将带来巨大的经济效益。此外，双方还计划利用俄罗斯的投资和技术，在 SIBUR 控股公司与中国 Sinores 集团的合作框架下，于上海开展大规模年产 5 万吨丁腈橡胶的生产项目。同时，在河南省投资建设一座总价值达 34 亿美元的高端铝深加工企业，这些举措将

---

〔1〕参见《专家解读：中俄共建"一带一路"全面推进"五通"合作》，载 finance. people. com. cn/n1/2023/0922/c1004-40083345. html，最后访问日期：2024 年 4 月 17 日。

进一步深化两国在关键领域的经济和技术合作。

1.2.3 中国对俄投资实际情况

在中俄双边投资合作领域，一方面，在政府层面中俄积极发展合作关系，中俄贸易呈现逐年增长的态势。但另一方面，一些民间信息也显示出俄罗斯人对中国投资者的不信任。

（1）投资合作逐年扩大

中俄投资合作的紧迫性源于多方面因素，主要包括双边经济互动的持续增强以及在全球新的挑战、现行制裁措施和贸易战环境下寻求多元化、替代性的投资来源需求的凸显。进入 21 世纪 20 年代，面对复杂国际形势，中俄双边经济合作关系的重要性愈发突出。

回顾历史，尽管 20 世纪 90 年代中俄投资合作规模尚处于起步阶段，但随着两国经济联系的不断深化，至 21 世纪 20 年代，双方的贸易和投资关系已实现显著加强。中国逐步成为俄罗斯最为稳健和可靠的贸易及经济合作伙伴之一。

中国在俄罗斯的投资主要集中在能源、农业、建筑、木材加工、轻工制造、家电生产及服务业等领域，而俄罗斯则主要在中国的制造业、建筑业以及交通运输服务业进行投资布局。从 2011 年到 2013 年，中国对俄罗斯的直接投资呈现逐年增长趋势。然而，2014 年由于乌克兰危机及其后欧美对俄罗斯实施的多轮制裁，导致俄罗斯经济状况恶化，也引起了中国对俄直接投资显著减少。同年，为了促进双边投资合作，中俄成立了政府间投资合作委员会，由时任俄罗斯联邦第一副总理安东·西卢阿诺夫和时任中华人民共和国国务院副总理韩正共同主持。该委员会管理的投资组合涵盖了 70 多个重点项目。2015 年，随着中俄联合签署《中华人民共和国与俄罗斯联邦关于丝绸之路经济带建设和欧亚经济联盟建设对接合作的联合声明》，中国对俄罗斯的投资显著增加，达到了双边合作历史上的峰值——29.61 亿美元。但是，在 2016 年全球经济增长乏力的影响下，中国对俄的投资再度出现大幅度下滑。2017 年，随着俄罗斯国内经济形势的逐步改善，中国对俄直接投资额回升至 15.48 亿美元。2018 年，尽管中国在俄罗斯的 19 个项目中进行了投资，但直接投资流量相比前一年减少了 53%。尽管如此，2018 年中国对俄的直接投资额总额仍然达到了历史最高水平 142.08 亿美元〔1〕。当前，双边投资合作最为活跃的领域包括林业、汽车制造业和矿产资源开发，尤其值得关注的是，由于中美贸易战引发的中国食品市场需求缺口，农业领域的投资项目数量显著增加，中国已成为俄罗斯农产品的重要出口目的地之一。《人民日报》报道，2019 年前五个月，中俄两国之间的农业贸易额已达 21.8 亿美元，同比增长 1.9%。至 2019 年中，中国对俄投资额跃升至 128.04 亿美元，与法国并列成为对俄投资最为活跃的国家。俄罗斯媒体评论指出，即使面临 2020 年新冠疫情冲击，中俄关系仍保持稳定并持续向前发展，两国不仅保持了彼此最大贸易伙伴的地位，而且双边贸易额成功突破 1000 亿美元大关，同期非金融类直接投资增长 7.4%。根据中国海关总署发布的统计数据，2021 年全年中俄贸易额同比增长 35.8%，达到 1468.87 亿美元。此外，双方外贸结构得到进一步优化。在 2021 年第一季度，中俄两国在机电产品和高新技术产品方面的进口和出口均增长超过 50%，显著超越了同一时期内的整体贸易增速。与此同时，中方对俄投资和承包工程业务亦保持稳步增长态势。在能源、核能、航空航天、跨境基础设施等战略性大项目合作方面取得了扎实进展，地方合作与科技创新合作也取得了新的突破。2022 年中俄双边贸易额超过 1900 亿美元，保持良好发展势头，各领域务实合作稳步推进。其中，跨境电商、数字贸易、运输服务、医疗卫生等新兴领域的双边贸易为合作增添了强大动力。〔2〕

　　俄罗斯正积极筹备对其投资体制进行全面改革，旨在增强对全球投资者的吸引力。据俄罗斯《生意人报》报道，俄罗斯联邦政府与俄罗斯中央银行已达成一致意见，将启动一场金融体系改革，旨在确保资金持续流入俄罗斯。为此，俄罗斯政府正筹划设立新的金融机构，并对现有投资体系进行重构，旨在挖掘更多资金来源潜力。依照俄罗斯政府和中央银行联合制定的至 2024 年发展规划，预计推出逾 30 项具体改革措施，预估这将为潜在投资人创造每年高达 10 万亿卢布的投资机会。俄罗斯联邦政府与中央银行协同制定了优化投资项目资金筹集机制的策略路径。俄罗斯经济发展部作为此战略计划的主要起草者和执行者，于 2021 年三月推出了一系列包含 32 项政策的改革方案，

〔1〕 Цзоу С. KNTANCKNE в POCCNRO：Состояние дел и перспективы，Современная научная мысль，2021（5）：200-201.

〔2〕《中国驻俄大使：中俄双边贸易保持强劲增长势头》，载 https://sputinknews.cn/20221222/1046578733，html，最后访问日期：2024 年 4 月 17 日。

旨在放宽对银行、保险公司以及个人投资者的准入条件，并计划开设新的金融实体。这一概念已在俄罗斯中央银行、俄罗斯联邦财政部、俄罗斯联邦海关以及其他相关企业组织中广泛征求建议，历经多次修订与反馈后，部分创新构想暂时未能纳入实施范畴，例如利用投资平台处理"功能性"（相较于"排他性"）DRM 模式的权利（值得注意的是，尽管该提案已于 2020 年获得批准，但具体税收细节尚未最终敲定）。此外，俄罗斯政府还加快了对采用"EPC"（工程采购施工一体化）模式下的银团贷款流程的改进。

该规划详细规定了关于权益类投资工具（如股东协议、交易所交易、众筹等）、债务类投资工具（如拓宽投资者范围、增强债务工具流动性）以及可转换债券类工具（如可转换债券、可转贷款等）的相关准则。同时，俄罗斯政府可能进一步放宽对合资公司设立的限制，以便为包括散户投资者在内的新型投资者提供更多项目融资渠道。按照俄罗斯政府的预测，到 2030 年，相较于 2020 年的 20.1 万亿卢布，投资额有望实现 70% 的增长。在此过程中，民间资本将成为驱动投资增长的核心动力。

为了激发民间投资活力，俄罗斯政府已陆续推出了诸如"保护和鼓励投资协议（СЗПК）"[1]"特别投资合同（СПИК）"[2]等一系列支持政策。政府预期通过创新和拓展融资工具，可以有效提振俄罗斯国内的投资环境与经济发展。

（2）存在问题

在当前的研究视角下，俄罗斯学术界广泛认同中国作为全球主要经济体的地位，其年均经济增长率远超全球平均水平的两倍之多。然而，在这样的经贸合作背景下，部分俄罗斯学者指出，中国对俄罗斯企业的直接投资规模相对较小，表现为 2019 年中国对俄直接投资金额为 35 亿美元，而在 2014 年这一数值为 45 亿美元，引发了关于以下问题的热议：

---

〔1〕 Соглашение о защите и поощрении капиталовложений（СЗПК）保护和鼓励投资协议 https://invest.economy.gov.ru/soglashenie-o-zashchite-i-pooshchrenii-kapitalovlozhenij，最后访问日期：2024 年 4 月 18 日。

〔2〕 Специальный инвестиционный контракт（СПИК）特别投资合同是旨在刺激俄罗斯工业生产投资的产业政策工具，是工业投资者与国家之间的协议，根据该协议，投资者承诺在俄罗斯联邦境内实施一个项目，投资至少 7.5 亿卢布，国家保证他的商业条件稳定，并提供各种监管激励措施。

①为何中国投资者对俄罗斯企业表现出较低的兴趣？

②如何有效构建双方联系并促进投资项目呈辐射状扩展？

2019年，中俄两国间的贸易额创历史新高，达到1100亿美元，同比增长3.4%，两国领导人更是设定将贸易额提升至2000亿美元的目标，并强调这一目标切实可行。值得注意的是，在双边贸易繁荣的对照之下，中国流入俄罗斯的投资动态显得较为缓和。据俄罗斯联邦中央银行数据显示，2019年上半年，中国对俄罗斯的直接投资额仅为1.24亿美元，而累计投资额在2019年中期为35亿美元，较2014年的45亿美元有所下降。对比来看，中国在非洲地区的累计投资额已达到约420亿美元，作为全球第二大对外投资国，中国每年对外投资总额接近1300亿美元。尽管俄罗斯长期以来都是中国的紧密政治与经济伙伴，但在全球"投资版图"中，俄罗斯从中国获得的投资份额微乎其微。

在探究阻碍俄罗斯与中国合作深化、影响俄罗斯吸引中国投资并充分挖掘双边合作潜力的因素时，依据相关学者的观点，俄罗斯社会中存在的对中国的认知偏差和实际操作层面的问题构成了显著障碍。

中国作为全球经济的重要驱动力，其国内生产总值增长速度持续超越全球平均水平，如国际货币基金组织（IMF）在2024年预测，中国GDP增长率将达到5.8%，明显高于全球2.5%~3%的增速。因此，能深刻理解中国商业理念并建立稳固合作关系的参与者有望在全球舞台上取得重大成功。

然而，俄罗斯商界在与中国合作过程中存在的误区与挑战主要表现在对跨文化沟通的误解、对中国商业决策模式的认识不足，以及未能充分利用国际经济形势变化带来的合作机遇。这些因素共同导致了俄罗斯在吸引中国投资方面的不如意，使得双方在诸多重大项目上的合作未能顺利开展。在未来，俄罗斯亟需调整策略，更好地理解和适应中国商业环境，才能真正推动双边经济合作深入发展。

1.2.4 中俄投资合作法律调节机制及政策措施

在全球化浪潮席卷21世纪之时，其对俄罗斯、中国以及众多秉持多极化世界理念、并与美国立场存在差异的国家的实际利益的影响，成了值得深入探讨的问题。国家间的投资合作在全球化进程中的催化作用不容忽视，然而，全球化进程中法律监管的一致性需求与各国自身发展诉求的滞后性矛盾日益显现，特别是在国际经济关系，尤其是投资关系领域体现得尤为突出。

国际直接投资的迅猛增长是全球化进程的一个标志性特征。进入 20 世纪末，世界经济格局发生了深刻变革，从原先各国经济各自独立发展阶段过渡到了跨国体系的崭新时代，一套全新的法规与制度开始孕育并逐步成型。

现代国际经济秩序的核心在于资本、商品、服务及劳动力的自由流通，各国及其他国际法主体通过一系列协商一致的法律规范、规则和程序，以保障整个国际经济关系系统的平稳运行。然而，伴随着成千上万跨国公司和国际金融机构的活动，一种凌驾于各国之上的架构逐渐形成，它掌控着全球大部分资源尤其是金融资源，从而在一定程度上限制了各国自主行使经济主权的能力，加剧了世界范围内的贫富分化，形成了所谓的"贫穷南方"与"富裕北方"。

2000 年发布的《联合国千年宣言》中明确指出，尽管全球化带来了前所未有的机遇，但各国在全球化收益的享用程度及利益分配上存在着显著的不均衡性。这种不均衡性根源在于金融市场的全球化进程，由经济关系自由化触发的广泛投机活动加剧了这一问题。简言之，全球化致使脱离实体产品和服务生产的纯金融交易变得日益便捷，国际金融市场的庞大体量与交易规模对全球经济构成了实质性威胁，这可视为全球化加剧了国际竞争的一个侧面印证。外国直接投资作为全球化的重要推进器，无疑为东道国带来了丰富的社会经济机遇，但同时也对其经济主权构成了潜在威胁，客观上削弱了国家的监管职能。

俄罗斯与中国之间的双边投资合作立足于互惠互利的原则之上，从国际投资法的发展历程来看，国际合作已从单纯的国际法律保护层面逐步演进至对外国投资的国际法律监管阶段，从早期偏重双边协议对外国投资活动提供法律支持，逐渐过渡到构建多边协定。这一转变反映了在全球化进程中，国际社会在寻求开放合作的同时，也致力于探索更加公正、平衡且兼顾各国主权权益的新型国际投资治理体系。

在俄罗斯投资法制环境中，该国构建了一套完备的投资法律框架体系，涵盖了与直接投资密切相关的多项联邦层级法律文书，如《俄罗斯联邦固定资产投资活动法》《俄罗斯联邦外国投资法》以及旨在规范外资进入对国防和国家安全具有战略意义的商业组织的《关于外国投资者进入俄罗斯联邦境内具有战略意义的商业组织程序法》（通称《俄罗斯联邦战略领域外国投资法》）。此外，《俄罗斯联邦保护证券市场投资者权益法》《俄罗斯联邦经济特区法》《俄罗斯联邦投资基金法》《俄罗斯联邦证券市场法》等一系列法律法规，共同为国内外投资者提供了明确的行为准则和法律保障。

与此同时，俄罗斯联邦政府及各地方行政当局在其职权范围内，也相继出台了大量的投资活动规章与命令，以细化和补充联邦法律的内容，为投资活动的开展提供了具体的指导和支持。近年来，不论是中央政府还是地方政府层面，都在持续不断地推出一系列政策措施，旨在进一步优化投资环境，提升俄罗斯对国内外投资者的吸引力，促进经济多元化和可持续增长。这些措施旨在简化投资手续，增强投资透明度，以及维护和保障投资者合法权益，以期在全球化背景下有效吸引和利用内外资，推动俄罗斯经济社会的全面发展。[1]

《中华人民共和国政府和俄罗斯联邦政府关于促进和相互保护投资协定》（附带 2006 年 11 月 9 日议定书），构成了中俄两国间贸易、经济和投资合作的基石。该双边投资协议以及其他类似的协议旨在为俄罗斯联邦和中华人民共和国境内的投资者提供国际法层面的保障与条件，以促进其在商业和投资领域的活动。

在该双边投资协定中明确规定："任一缔约方在其领土内不得采取任何等同于对另一缔约方投资者的投资进行征用或国有化（统称为征用）的措施，除非此类行动基于公共利益，并满足如下所有条件：（a）遵循该国法律规定程序进行；（b）不存在歧视性；（c）同时提供合理补偿。"[2]

从宏观政策层面，俄罗斯政府采取了一系列优惠措施，为中国企业创造了有利的发展条件。具体来说，在俄罗斯远东地区，政府对外资实施了特殊的扶持政策，为中国投资者开辟了多元化的机遇：

（1）为了提高外资项目的收益率并降低投资风险，俄罗斯对远东区域实施了特殊的国民待遇政策，确保外资与本土投资享有同等权益。

（2）在远东地区设立了共计 18 个跨越式发展区，旨在为外国投资者打造

---

〔1〕 参见《2018 年对外投资合作国别（地区）指南－俄罗斯》，载 https://www.yidaiyilu.gov.cn/wcm.files/upload/CMSydylgw/201902/201902010513054.pdf，最后访问日期：2024 年 4 月 19 日。

〔2〕 Фархутдинов И. З. Россия и Китай：взаимные инвестиции（опыт правового регулирования для евразийской интеграции）．Евразийский юридический журнал，№ 6（73）2014г. с. 16–29.

专门的工业化发展空间。政府出资建设园区基础设施，并通过简化税收优惠政策和高效行政服务，为企业提供便利。在这些"跨越式经济区"内，为包括俄罗斯国外投资者在内的企业提供以下优惠政策：a）在初始运营的前五年内，企业免征所得税；b）同样在五年期限内，免除企业财产税和土地使用税；c）将社会保险费率从常规比例降低至7.6%；d）对于采矿税，实施从0%至0.8%的减征政策；e）实施自由贸易区的通关便利化措施；f）加快出口退税流程，以促进我国商品出口；g）提高建筑施工许可证和工程运输许可证审批效率；h）缩短环保认证所需时间；i）简化外籍员工雇佣手续办理流程。以上系列措施展示了俄罗斯政府为优化投资环境、鼓励中国企业赴俄投资而作出的积极努力。[1]

俄罗斯联邦政府已向中国投资者提出了在多个"跨越开发带"建设项目中的合作建议，其中包括：

（1）"阿穆尔-兴安岭"跨越发展区域（犹太自治州）：着重于黑龙江流域的铁路桥梁交通后勤设施建设工程。

（2）滨海边境地区"巨石"跨越发展区：重点关注俄罗斯最大民用造船厂"红星"的建设项目。

（3）"山区空气"跨越发展区（萨哈林州）：致力于打造冬季休闲及高端旅游目的地。

（4）"堪察加"跨越开发地区（堪察加边疆区）：集中于旅游基础设施建设、交通物流、水产养殖及加工四大旅游产业板块的综合开发。

（5）"共青城"跨越发展区域（哈巴罗夫斯克边境地区）：主要涵盖木材深加工、航空与船舶制造、农业以及旅游业等领域。

（6）滨海边境地区"米哈伊洛夫斯基"跨越发展区：着重于农业原材料、日常消费品及粮食生产等工程的实施。

（7）"阿穆尔河畔"跨越发展区（阿穆尔州）：关注黑龙江边境公路桥梁交通后勤工程的建设。

（8）"自由"跨越发展区（阿穆尔州）：与亚太地区最大气田处理设施相关的石化工业及配套设施建设项目。

---

〔1〕 参见王光宇等：《中俄在俄罗斯远东地区的合作发展规划》，载《商业文化》2019年第10期。

（9）阿穆尔州"别洛戈尔斯克"跨越发展区：聚焦农产品、建筑材料及林业等领域的生产和加工工程。

（10）"哈巴罗夫斯克"跨越开发区域（哈巴罗夫斯克边境地区）：致力于生产技术、农业及物流等领域的设施建设。

（11）"南区"跨越发展区（萨哈林州）：着重于鱼类资源深度加工及物流产业的工程项目。

（12）萨哈（雅库特）共和国"南雅库特"跨越发展区域：与炼焦煤资源开发的重大工程密切相关。

此外，中国投资者还可以考虑在两国已批准的《中俄在俄罗斯远东地区合作发展规划（2018—2024年）》及其附件中提及的其他跨越发展区域进行投资与开发。对于有意在尚未设立跨越发展区域的远东地区新建项目的中国投资者，俄罗斯政府将审议是否可以通过扩展现有跨越发展区域范围或设立新的跨越发展区域来提供支持。

中国企业在俄远东跨越发展区域内进行投资建设的过程中，涉及特殊运输、工程及其他基础设施需求时，只要不违反俄罗斯联邦相关法规，俄罗斯政府愿意考虑承担不超过项目总投资10%的基础建设投资。

为了进一步吸引中国投资，俄远东地区已设立了一个由21个城市组成、依托日本海及鄂霍次克海各大港口的自由经济区——符拉迪沃斯托克自由港。中国投资者在符拉迪沃斯托克自由贸易区的投资项目可享受与跨越发展区相似的待遇，如24小时清关制度、"一站式"通关服务和电子化报关流程、7日内电子签证的简化外籍人士入境申请程序，以及适用于奢侈品、艺术品和古董存放的"自由港"模式。在符拉迪沃斯托克自由贸易港内，投资者可在符合俄法律规定的前提下，只要投资额度不少于500万美元，即可开展投资项目，涉及领域包括滨海国际运输通道建设、亚太地区产品制造基地、渔业深度加工及货物转运码头、无水港口开发、旅游业发展、瓶装水加工产业建设以及其他各类港口工程、货物中转码头工程和出口导向型工业工程等。

为确保中国企业在跨越经济区及符拉迪沃斯托克自由贸易区内的投资项目顺利进行，俄罗斯政府将提供必要的支持和协助，并为中国投资项目提供整合的信息服务体系。根据俄罗斯法律规定，符拉迪沃斯托克自由港和跨越开发区域在设立后的前十年将继续享受税费减免政策。在萨哈（雅库特）共和国、楚科奇自治区、马加丹州、萨哈林州、堪察加边疆区以及其他特定区域，基础设施建设的电力价格不得高于俄联邦平均水平。同时，俄罗斯将最大限度地向中国投资者开放远东发展公司的基础设施，并通过远东外商直接投资及出口支持局为中国投资者提供定制的投资计划，全程助力中国商人在俄罗斯的投资项目，包括直接投资、间接投资及商品出口的全流程便利化服务。[1]

1.3 中国对俄投资发展趋势

时任国务院副总理韩正在中俄能源合作委员会第十七次会议表示，在习近平主席和普京总统亲自关注和推动下，中俄能源合作始终保持着积极发展的良好态势。面对新冠肺炎疫情全球蔓延和世界经济下滑的严峻挑战，两国能源合作展现出强大的韧性和生命力，能源贸易大幅增长，重大合作项目稳步推进，新合作成果不断涌现。中方愿与俄方一道，以新时代中俄全面战略协作伙伴关系为引领，认真落实好两国元首重要共识，推动中俄能源合作积极向前发展，取得更多务实成果。会议指出要积极推进重大战略性项目合作，寻找更多利益契合点，将高水平战略关系转化为更多能源领域互利合作成果；要积极拓展新合作领域，务实推动能源技术装备、创新研发、可再生能源、氢能、储能等领域合作，更多使用本币开展能源贸易结算和项目投融资；要积极开展中小项目合作，充分利用中俄能源商务论坛等平台，加强信息分享和需求对接，形成上中下游合作一体化、大中小型项目全面推进的合作格局。俄罗斯副总理诺瓦克则表示，面对疫情蔓延，中俄在重要双多边议程中通力配合，各领域合作迅速重回上升通道。俄方愿同中方一道，共同落实好两国元首重要共识，加强包括能源领域在内的全方位合作，推动两国关系再上新台阶[2]。

2020年，中俄两国政府进一步巩固并深化了经济合作，尤其是在投资领域给予了强有力的政策支持。2020年12月2日，俄罗斯联邦政府总理米哈伊尔·米舒斯京与中华人民共和国国务院总理李克强通过视频连线的方式召开了中俄总理第二十五次定期会晤。米舒斯京在会晤中明确表达了对强化投资互

〔1〕 参见《中俄在俄罗斯远东地区合作发展规划（2018-2024年）》，载http://images.mofcom.gov.cn/oys/202011/20201112171704288.pdf，最后访问日期：2024年4月19日。

〔2〕 参见《能源务实合作助力中俄战略协作》，载 https://m.gmw.cn/baijia/2021-07/25/35022366.html，最后访问日期：2024年4月19日。

动的高度重视，他指出当前已有 90 个重点投资项目在两国间积极推进，这些项目主要分布在能源、工业生产、农业和基础设施等行业。俄罗斯政府承诺将全力以赴为这些项目的实施提供所有必要的政策与行政支持。随后，俄罗斯政府委员会采取了实际行动，批准了中国石油化工集团有限公司（中石化）参与西布尔公司"阿穆尔天然气化工厂"投资项目的实施。回顾 2019 年 6 月，俄罗斯西布尔控股公司与中石化已签署了关键条款协议，拟以"阿穆尔天然气化工厂"有限责任公司为载体组建合资企业，其中中石化的股权占比设定为 40%。进入 2020 年，双方就合资企业签订了股东协议，该协议的生效还需经过俄罗斯政府委员会的正式批准。这一系列举措充分体现了中俄两国政府在投资合作层面的紧密协作与务实推进[1]。

1.3.1　规模整体高位增长

近年来，中俄经济贸易关系取得了显著进展，双边贸易规模实现了大幅度跃升，从 1992 年的 58.6 亿美元攀升至 2018 年的 1070.6 亿美元，成功突破了千亿美元大关。伴随中国经济的强劲增长，中国对俄直接投资呈现稳步上升趋势，投资流量自 2000 年的 0.16 亿美元增至 2018 年的 7.25 亿美元，增长幅度高达 4400%。

在 2008 年至 2018 年间，尽管全球经济增速放缓以及俄罗斯经济面临一定的疲软态势，中国对俄直接投资总体上依然保持了稳健的增长趋势。其中，2013 年受乌克兰危机及国际油价剧烈波动的影响，俄罗斯营商环境遭受较大冲击，导致 2014 年中国对俄直接投资出现短暂收缩。同时，自 2016 年起，中国政府加大了对外债和资本外流的管控力度，而外国政府也普遍增强了对外国投资的审查，这导致中国对外投资总体上出现了大幅度回落。然而，根据中国商务部和国家统计局发布的数据，2018 年中国对俄罗斯的投资流量仍维持在 7.25 亿美元，投资存量达到 142.08 亿美元，占中国对欧洲地区投资存量的 6%，即使在全球对外投资总体下滑的趋势下，中国对俄投资存量仅呈现出微幅下滑状态。

另商务部数据显示，2019 年前五个月，中国对俄罗斯全行业的直接投

---

〔1〕　参见《韩正与俄罗斯副总理诺瓦克共同主持中俄能源合作委员会第十七次会议》，载 http://www.gov.cn/guowuyuan/2020-11/25/contert_5564595.htm.

资达到 2.1 亿美元，同比增长 20.1%，投资形势依旧乐观。在此期间，一批中国企业通过转型升级不断提升竞争力，逐渐拥有了所有权优势和内部化优势，推动了中国对俄投资规模的持续提升，投资结构得到进一步优化，投资地域分布更为广泛，涉足行业领域更为多元，投资主体日益多样化，整体呈现出积极的发展势头。[1]

1.3.2 行业结构不断优化

根据中国商务部的官方统计资料，截至 2018 年底，已有超过 1000 家中国企业在俄罗斯成功注册并开展了经营活动，其投资领域覆盖广泛且呈多元化发展趋势。这些中国企业在俄投资已渗透到我国经济体系的各个分支，其中矿产资源开发占据总资产的 47%，农业、林业、畜牧业及水产养殖业占总资产的 21%，制造业占比 12%，租赁和商业服务业占总资产的 6.3%，批发和零售业占 3%，金融业占 2.9%，房地产业占 2.8%，建筑业则占据总资产的 2.1%。

从 2018 年中国对俄投资的产业结构看，除传统的农业、林业、畜牧业和水产养殖等产业继续保持活跃外，基础设施建设、能源开发、文化产业、旅游业、新兴产业以及金融业等领域正在逐渐崭露头角，并逐步成长为两国经贸合作的新支柱。尽管近年来俄罗斯经历了一定程度的经济危机，对在俄中国企业发展形成一定压力，但中国投资者着眼长远，投资项目总体上进展顺利。

例如，亚马尔液化天然气项目（YAMAL LNG Project）总投资高达 200 亿美元，堪称过去五年俄罗斯最大的工程项目之一，多家中国企业积极参与其中；中国对波罗的海珍珠工程投资逾 10 亿美元；中俄两国最大的核能合作项目——田湾核电站二期工程顺利启动并投入运营；2019 年 3 月，中俄东部天然气管道工程中的嫩江盾构隧道段提前竣工；俄罗斯境内的全球最大生物化工项目——安琪酵母在利佩茨克地区建立了完善的生产基地；长城汽车在俄罗斯图拉州投资 50 亿美元建设的工厂破土动工，2019 年 6 月签署了首期合作协议及其他相关合作文件。此外，中国企业在俄罗斯非主营业务领域的跨界

---

[1] 参见胡明、李彦：《新时代中国企业对俄投资挑战及对策研究》，载《国际贸易》2019 年第 11 期。

投资案例也日益增多，体现出中国赴俄投资的一种全新趋势。

为进一步推动中国对俄投资合作的深入发展，中国与俄罗斯共建了全新的、全方位的战略投资合作框架，并成立了相应的中俄两国投资促进机构，这在增强双方务实合作的同时，也促进了中国在高科技等前沿领域对俄罗斯的投资力度。

1.3.3 跨国并购持续升温

尽管俄罗斯并未列入 2018 年中国企业海外投资与并购的十大热门目标国名单，然而近年来，在中国对俄投资持续高速增长的背景下，跨境并购已然成为中国企业进军俄罗斯市场的一项重要战略手段，大规模的跨境并购案例频现。中国企业在俄罗斯的并购活动已不再局限于传统的石油与矿产资源领域，而是逐步拓展至房地产、服饰制造、安防、信息技术、物流等多个行业。

例如，中国万科集团通过并购交易获得了俄罗斯大型地产公司 O1 的部分股权，涉及金额高达 43 亿美元；中投公司（CIC）在乌拉尔钾肥公司持有 12.5% 的股份；中俄合资企业成功购入俄罗斯知名企业"儿童世界"23% 的股权；中远海运集团收购了俄罗斯航空公司 Sovcomflot SCF 集团 30% 的法国子公司股份；中国金科公司成功收购了俄罗斯基洛夫石油公司 70% 的股权，标志着中国企业在俄投资的成功拓展。此外，中国石油化工集团亦收购了西布尔公司 10% 的股权；中石油与中海油两大能源巨头在俄罗斯北极 LNG 2 号项目中分别取得了 10% 的股权份额。

值得关注的是，近年来，中国民营企业在海外并购中的活跃度日益增强，多个私营企业成功并购俄罗斯企业的案例层出不穷，如华为以 5000 万美元的价格收购了莫斯科安全科技公司 Vokord；中国华信集团收购了俄罗斯国家石油公司 14.16% 的股权；中国永晖公司则购得了持有俄罗斯阿普萨斯克煤炭开采权的塞浦路斯 Divalane 公司 60% 的股权。

上述种种迹象充分彰显了我国改革开放以来在对外经济合作与企业国际化进程中的卓越成就与广阔视野，展现了中国企业在全球资源配置中的积极角色和深远影响力[1]。

---

〔1〕 胡明、李彦：《新时代中国企业对俄投资挑战及对策研究》，载《国际贸易》2019 年第 11 期。

1.3.4 投资主体日趋多元

《2018 年度中国对外直接投资统计公报》揭示，截至 2018 年末，中国对外直接投资的外商投资企业数量达到了 27 100 户，相较于 2017 年末注册或获批的外商投资企业数量 6236 户，呈现显著增长，这有力地证明了我国外商投资企业在海外活动的活跃度逐年增强。在俄罗斯市场，中国投资者运用多种经营方式布局业务，包括在国内母公司指导下设立具备独立法人资格的境外子公司，或是建立不具备独立法人资格的境外分支机构或办事处。

2008 年至 2018 年期间，中国对俄罗斯的外国直接投资（FDI）结构发生了显著变化，国有企业在总投资中的占比从 2008 年的 80% 下降至 2018 年的 60%，而有限责任公司（LLC）、股份有限公司以及民营企业的比重则呈现出逐年递增的趋势。这一转变意味着中国对俄罗斯的直接投资主体类型趋于多元化，从初期主要以国有企业为主导，发展至包含多种形式企业广泛参与的局面，显示出中国对俄投资生态的丰富多样性和市场化程度的加深[1]。

在吸引中国投资参与俄罗斯基础设施建设方面，Infrakap 董事会主席亚历山大·巴热诺夫指出，有必要创新合作模式以更有效地分散风险，并在中俄不同的投融资模式间架起桥梁。他表示，中国投资者在俄罗斯公私合作大型基础设施项目的投资中，应当充分理解和适应俄罗斯市场向着更为先进和复杂模式演变的现状。目前，中俄双方的合作多以俄罗斯提供还款、汇率等担保为前提，中国投资者则提供低成本的人民币贷款、施工团队，并快速、高效地完成建设任务。然而，这种合作模式中存在诸多内在矛盾，一定程度上阻碍了与中国私营企业深层次合作的可能性。

英国及澳大利亚律师事务所 Herbert Smith Freehills 的区域合伙人律师 Ольга Ревзина 进一步阐述，近年来，俄罗斯基础设施建设领域对外国投资者，尤其是中国投资者的吸引力显著增强，这一趋势在俄罗斯前所未有，且与俄罗斯政府推行的政策蓝图，特别是与相关立法改革密切相关。在面临碳氢化合物价格波动和西方制裁的背景下，俄罗斯吸引各行业投资资本的需求尤为迫切。据统计，自 2014 年至 2018 年，中俄双方签署了超过 300 份涉及基础设施建设

---

〔1〕 参见胡明、李彦：《新时代中国企业对俄投资挑战及对策研究》，载《国际贸易》2019 年第 11 期。

的合同、备忘录和协议，形成了空前的合作热潮，这些文件的签署也为项目实施奠定了坚实的法律基础。

律师 Ольга Ревзина 强调，当前中俄双方多数双边文件仍停留在谅解备忘录和框架协议层面，这为两国企业及银行在基础设施项目领域的合作提供了广泛的框架和潜力。她认为，当前是投资俄罗斯基础设施建设极具吸引力的时期，尤其是机场、公路、铁路、社会设施、水资源处理和废物处理等领域的建设项目。总的来说，俄罗斯被视为继英国和瑞士之后，中国在欧洲地区进行直接投资最具前景的三大区域之一[1]。

1.4 中国企业投资俄罗斯的风险点

对外直接投资所面临的风险复杂多样，除了政治政策风险之外，还包括经济、社会风险、文化风险和技术风险等。

1.4.1 政治政策风险

（1）政策多变

对俄罗斯投资的政治风险不仅源自其内外复杂多变的政治局势，而且还与其经济政策的非连续性和不确定性密切相关。在俄罗斯的法律与政策环境中，基于国家或特定利益集团考量，时常出现法律法规修订或政策调整的现象。近年来，全球范围内投资保护主义情绪升温，以美国为代表的部分发达国家已通过立法途径加强对外国投资的国家安全审查制度。鉴于西方发达国家保守势力对政策制定影响力的不断提升，针对中国等国企业跨国投资的审查力度逐渐加剧。

与此同时，俄罗斯等其他诸多国家亦步亦趋，采取了类似的措施加以应对。其中，《俄罗斯联邦战略领域外国投资法》作为规范外商在俄投资活动的核心法律文件之一，详尽设定了对外资准入的限制领域、审查流程以及违规

---

〔1〕 Эксперт:《привлечение инвестиций Китая в инфраструктуру России требует новых моделей》，载 https://tass.ru/ekonomika/5877191? ysclid = lvcgnhp4jl483189666，最后访问日期：2024 年 4 月 20 日。

处罚规则。自该法生效以来，历经四轮修订，俄罗斯政府及其反垄断监管部门进一步细化和完善了相关的配套立法措施，这在很大程度上凸显了俄罗斯政府出于国家安全考量，对战略性行业外商投资实行日趋严格的管控态势。

这种严格监管的影响主要可以从三个方面进行剖析：首先，界定为战略行业的领域范围持续扩展，导致外商在俄罗斯的投资活动面临更严密的监控与制约；其次，被定义为特殊投资人的范畴有所扩大，使得投资结构的设计与执行面临新的挑战；最后，行政主管机关的监管权限得到扩充，增加了投资交易过程中的不确定性因素。

值得注意的是，2019 年俄罗斯政府委派联邦反垄断局协同其他联邦权力执行机关编制了一份 2021 年至 2025 年的国家竞争发展计划草案，并要求于 2020 年 3 月 10 日前完成提交，同时批准了有关联邦竞争保护法的修正案。这些变动在很大程度上加剧了对俄投资风险的不可预见性，从而对中国企业在俄罗斯投资的广度与深度构成了一定程度的影响与制约[1]。

（2）法律法规之间的模糊性

俄罗斯作为一个总统制联邦国家，遵循联邦中央与联邦主体分权治理的原则，其 80 多个联邦主体在一定权限范围内享有独立制定规范外来投资活动法律制度的权力，然而，此种地方性法规可能与中央统一法规产生潜在冲突。同时，俄罗斯政府内部各部门之间的职权划分并不完全一致，导致各部门制定的法规间存在矛盾的可能性，甚至有时会与总统令相悖离。例如，《俄罗斯联邦外国投资法》明确规定，仅联邦层级的法律有权对外国投资活动施加限制，但依据 1993 年《关于完善外商投资工作》的总统令，俄罗斯联邦法律和总统令均可对境内的外国投资行为设定限制性措施，由此形成了一种总统令与联邦法律间的内在冲突[2]。

聚焦《俄罗斯联邦外国投资法》第 8 条，该条款较为局限地界定了因国有化和征收而需计算和支付赔偿的程序，宣称将确保对被征用或没收财产价值的赔付保障。然而，该条款并未对赔偿计算与支付的具体程序作出明确规

---

〔1〕参见胡明、李彦：《新时代中国企业对俄投资挑战及对策研究》，载《国际贸易》2019 年第 11 期。

〔2〕殷敏：《"一带一路"倡议下中国对俄投资的法律风险及应对》，载《国际商务研究》2018 年第 1 期。

定。有学者建议通过增设条款以精细化规定此部分内容，比如确保赔偿金额符合财产市场价值、确保赔偿款项及时支付、允许当事人协商以任何货币进行赔付。另外，在赔偿支付延误的情况下，外国投资者应拥有主张利息赔偿的权利。

至于第 8 条第 2 款关于在国有化期间计算和支付利润损失赔偿的规定，其表述相对笼统且分散。据此，学界提议对《俄罗斯联邦外国投资法》第 8 条第 2 款进行明晰和整合，删去含糊部分，直接阐明外国投资者依法享有获取全面损失赔偿的权利，其中包括利润损失在内的所有经济损失赔偿[1]。

（3）知识产权法律制度差异

在全球化进程的驱动下，俄罗斯与全球经济体系构建了紧密的互动与合作关系，同时，俄罗斯知识产权法制建设也实现了跨越式进步。立法层面上，俄罗斯于 2006 年率先建立了完整的知识产权法典体系，成为全球首个实现知识产权全面法典化的国家。在司法实践中，俄罗斯对知识产权的保护力度亦逐年递增，据 2015 年至 2018 年间统计数据，每年大约处理两万宗知识产权相关案件，其中民事诉讼与刑事诉讼大致各占半数，商标权和著作权侵权案件最为常见[2]。

尤其是在俄乌冲突爆发后，以美国为首的西方国家除了在经济、能源领域对俄罗斯实施严厉封锁之外，众多外资企业也纷纷撤出俄罗斯市场。面对外部压力，俄罗斯政府于 2022 年 3 月 6 日对本国法律中关于专利损害赔偿的条款进行了修订，豁免了俄罗斯企业对来自"不友好"国家专利权人的损害赔偿义务。同年 3 月 8 日，俄罗斯总统普京签署了第 46 号联邦法律，授权政府决定是否许可平行进口商品。这一系列社会经济措施旨在支持受制裁影响的公民和企业。至 3 月 30 日，俄罗斯政府正式宣布将平行进口货物合法化，以减轻国外品牌撤离所带来的市场冲击。在奠定了一系列法律基石后，5 月 6 日，俄罗斯工业和贸易部正式发布了平行进口货物清单，涵盖了近 200 个撤出俄罗斯市场或暂停销售的外国品牌，诸如苹果、三星、特斯拉、宾利等。

俄罗斯的这一系列举措是对美西方制裁的直接回应和反制措施，其在不再保护"不友好"国家知识产权的基础上，进一步放宽了对这些国家专利权

---

〔1〕　Статья 8 Федерального закона «Об иностранных инвестициях в Российской Федерации»

〔2〕　参见刘晓春、赵嘉珩：《中国企业出海俄罗斯须防范多层次风险》，载《中国对外贸易》2019 年第 12 期。

和部分商标权的保护。按照俄罗斯现行法律规定，若专利权持有者来自被列入"不友好"名单的国家和地区，俄罗斯企业无需对其未经授权使用的相关发明专利、实用新型专利或工业设计专利支付赔偿。俄罗斯政府宣布取消对某些西方国家专利权和商标权的保护，并开放平行进口，实质上是鼓励其他国家分销商将商品出口至俄罗斯，这在一定程度上削弱了美西方制裁的实际效果，使欧美企业的撤离行动变得徒劳无功。

然而，俄罗斯政府对平行进口货物合法化的决定，对部分品牌所有者而言显然构成了明显的权益侵犯，这种做法给国际知识产权保护体系带来了重大的负面影响。尽管如此，它也揭示了在特定国际政治环境下，知识产权保护与国家利益、经济安全之间的复杂博弈关系。

（4）部分投资保护协定不合时宜，增加运营法律风险

中国共产党第十九次全国代表大会报告中明确提出，我国要以"一带一路"建设为重点，坚持引进来与走出去并重，遵循共商共建共享原则，加强创新能力开放合作，形成陆海内联外动、东西双向互济的开放格局。当前，中国对俄罗斯直接投资规模呈现出持续增长态势，投资领域及结构呈现全面且立体化的趋势，但现有的中俄双边投资保护协定（中俄 BIT）在部分内容上存在滞后性、优惠度不足及开放度不够等问题，难以适应当前对俄投资的实际需求与发展愿景。

其一，我国对俄投资利益在现有多边投资保护协定框架下未能得到有效庇护，现行协定体系未能全面涵盖对俄投资新环境下的多元保护诉求。胡明和李彦在其研究中指出，中俄 BIT 中的多项条款反复强调投资行为必须"符合俄罗斯法律法规"或"不得违反俄罗斯法律法规"，然而俄罗斯法律法规系统繁复且更新频繁，这对我国投资者准确理解和掌握俄罗斯相关法律法规提出了极高挑战，进而影响到中俄 BIT 项下"投资"概念的适用性及合法性[1]。

其二，投资争端解决机制尚待健全。诚然，俄罗斯早于 1992 年已签署《解决国家与他国国民间投资争端公约》（简称《ICSID 公约》），但直至今日，俄罗斯尚未完成对《ICSID 公约》的批准手续，导致该公约尚未在俄罗斯正式生效。因此，我国投资者在与俄罗斯发生投资争议时，只能依循

---

〔1〕 参见胡明、李彦：《新时代中国企业对俄投资挑战及对策研究》，载《国际贸易》2019 年第 11 期。

《ICSID 附设机构规则》，将争议提交至 ICSID 附属仲裁机构进行仲裁处理，而非按照更具约束力的《ICSID 公约》进行仲裁裁决。这一现状无疑加大了我国投资者在俄投资纠纷解决的难度和不确定性。

（5）俄罗斯法律对环境保护的高标准要求

①复杂而全面的环境保护法律体系

俄罗斯高度重视环境保护并将之上升至国家战略层面，体现为一套严苛的环保政策与法律体系构建。相较于中国的环保实践，俄罗斯在环境保护的标准设定与资源保育方面展现出更为精细和全面的要求。《俄罗斯联邦环境保护法》与《俄罗斯联邦生态评估法》构成了俄罗斯环保法律的基础构架，为国家环保工作提供了坚实的法制基础。

除此之外，俄罗斯联邦还制定了一系列专项环保法规，如《俄罗斯联邦生态鉴定法》《俄罗斯联邦生态安全法》《俄罗斯联邦生态保险法》《俄罗斯联邦生态文化法》《俄罗斯联邦核损害民事责任法》《俄罗斯联邦保障道路交通生态安全法》《俄罗斯联邦土壤保护法》等，这些法律法规共同编织起一张密集且周延的环境保护与治理网络，旨在全方位覆盖各类生态问题，并提供相应的解决机制与责任归属。

俄罗斯联邦的各级国家权力机构，包括联邦层面的主要权力执行机构以及地方自治机关，都具备立法能力，可以根据实际情况制定针对性的环保行动计划。这一点彰显了俄罗斯环保法律制度的高度完备性与复杂性，反映了其在环境保护治理上的严谨态度与系统化管理手段。

②严格的外商投资环境保护监管制度

依据俄罗斯联邦环保法的相关条款规定，特定工程项目在动工前必须经过俄罗斯联邦环境管理部门的严格行政审批流程，唯有在成功取得必要的环保批准证书后，才得以开始施工建设。对于有意在俄罗斯境内设立生产设施的外国企业，同样需要提前向俄罗斯环境评估部门提交详尽的环境影响评估报告，并在获得正式批准后方能合法经营。尤其是涉及生态敏感区域，例如石油天然气开采等核心产业项目，必须经历一套严格且科学的生态评估和鉴定过程，确保其运营方案完全符合俄罗斯联邦的所有环保法律法规、技术规范以及环境管理体系标准，方能在俄罗斯联邦领土范围内获批开展此类投资活动，从而有效防止投资活动对当地生态环境产生不利影响。

在项目执行进程中，俄罗斯环保部门将持续对关联企业的投资活动与生产运营实施严密的事中监管与生态性能评估，只要发现企业存在违反生态法律或环境标准的行为，即刻有权命令其迅速整改，必要时甚至可以采取暂时停工、撤销投资许可等强硬措施。而在后续监管阶段，俄罗斯环境保护机构还有权将违规企业的违法违规证据资料提交至司法机关，并依法提起诉讼，同时主张经济赔偿。此外，《俄罗斯联邦环境保护法》还明确规定了对企业违法行径的法律责任追究体系，囊括了刑事责任、财产赔偿责任、行政责任以及职业纪律处分等多个层面，目的在于通过严厉追究环境违法者的法律责任，维系法律权威，确保环境保护政策的有效贯彻与执行。

③俄罗斯宪法中关于公民环境权的规定

《俄罗斯联邦宪法》对公民环境权作出了直接而明确的规定。在俄罗斯法律体系中，《俄罗斯联邦环境保护法》第11条和第12条尤其值得关注，它们详尽地勾勒出了公民、社会团体以及其他非营利性组织在环境保护事务中的权利与义务架构，明确规定了公民参与环保活动的具体方式，并将环保宣传工作明确纳入整体环保策略的重要组成部分，强调了公民在环境保护中的积极作用和宣传推广职能。

俄罗斯民众普遍秉持着强烈的环境保护意识，高度关注外国投资企业对其本土环境可能产生的影响。在此背景下，对于有意在俄罗斯进行投资的中国投资者而言，充分认识并尊重俄罗斯在环保领域的高标准与严要求，切实履行企业社会责任，确保投资活动严格遵循俄罗斯环保法律法规显得至关重要。这不仅有利于规避法律风险，也有助于塑造良好的国际形象，增进中俄两国在可持续发展道路上的互信与合作。

④俄罗斯环境法对排污限额的严格规定

《俄罗斯联邦环境保护法》对污染物排放标准、微生物控制以及各类生产废弃物的处置限制确立了清晰的法律边界。该法不仅针对可能对环境造成潜在危害的业务活动制定了详尽的环境保护措施和合规计划，而且实施了统一的污染物排放收费制度，旨在规范企业行为并引导其走向绿色发展轨道。

中国作为全球制造业的重要基地，城镇化进程尚未彻底收官，其对外直接投资（FDI）的主要流向仍集中在资源密集型产业。在中国对俄投资结构中，大规模的资本投入主要集中在基础设施建设和资源开发等领域，相比之下，部分中小型企业在环保投资上的贡献有限，资源利用效率相对低下，这往往易引发一系列环境问题。

面对俄罗斯严格的环保法规体系，中国投资者若未妥善处理环保事宜而被迫承受高昂的环保成本，甚至面临投资项目暂停、取消等极端后果，其投资收益将遭受重大损失。因此，理解并适应俄罗斯完善的环保法律体系，提升环保合规水平，是中国企业在俄投资过程中亟待解决的关键问题之一，也是确保投资可持续性和经济效益的必要前提[1]。

⑤俄罗斯的高税负和复杂税制

中国在海外直接投资实践中，与所涉国家的税务法规之间的相互作用及其对投资决策的影响是一个不容忽视的关键要素。尤其是在对俄罗斯及"一带一路"共建国家的投资活动中，由于各国税收法律体系的显著差异，中国外商直接投资所面临的跨国税收安排挑战尤为突出，其中包括税收负担加重、双重征税风险等问题，这些问题长期存在，对中国投资者的利益造成了实质性的侵蚀。

具体来说，在《俄罗斯联邦外商投资法》框架内，第9条所载的对外资限制性条款具有特殊意义。这一条款的适用并非无条件，而是严格限定在俄罗斯联邦政府出台新的税收法规、修订联邦税制、增减纳税义务、调整联邦法律或其他相关行政规定的前提下，若上述变动导致外国投资者的税务负担显著增加，抑或构成了对外资进入和运作的实质性限制体系时，该条款才会被启用，允许排除或限制特定外商投资行为。这种法律安排既体现了俄罗斯联邦对外资的审慎管理，也为我国投资者在应对复杂多变的国际税收环境中寻求法律保护和合理避险提供了重要参考[2]。

俄罗斯联邦实行多层次税收体制，主要包括联邦税、地区税和地方税三大类。其中，联邦税种覆盖面广，应用于整个俄罗斯联邦领土内，涵盖诸如消费税、企业所得税、增值税、资本利得税、林业税、矿产资源开采税、地下资源使用税、生态税、水资源税等多种税费形式，这些税种均与国外投资者在俄罗斯境内的经营活动紧密相连，同时也是影响外商投资成本的核心因素。

此外，俄罗斯联邦对于特定地域内的税收，如房地产税，以及地方层级

---

〔1〕 参见殷敏：《"一带一路"倡议下中国对俄投资的法律风险及应对》，载《国际商务研究》2018年第1期。

〔2〕 статья 9 Федерального закона «Об иностранных инвестициях в Российской Федерации»

的税收，如土地税等，亦有明确细致的法律规定。总体来看，俄罗斯税收体系呈现出税负相对较重、结构复杂的特点，且税收类别繁多，这对于在全球范围内部署投资战略的企业对俄投资环境研判产生了显著影响。有观点认为，俄罗斯对外国公司的税收比例相较于世界其他国家更为显著，外国企业通常需要支付高达 75%~88% 的利润税以及 47% 的总收入税。对比之下，英国、美国等地的企业所承担的总税收负担仅占其外商投资公司总收入的 15%~20%，而阿根廷、哥伦比亚等国则介于 20%~25% 之间。

俄罗斯税收政策对外国公司的利润空间构成了较大压力。值得注意的是，尽管中俄两国自 1994 年起便签订了《中华人民共和国和俄罗斯联邦政府关于对所得避免双重征税和防止偷漏税的协定》（以下简称《避免双重征税和防止偷漏税的协定》），但在实际操作中，俄罗斯依然保留了对某些中国公司征收额外税收的举措，例如反倾销税。按照俄罗斯税收法规，即便是在俄罗斯注册并在当地运营的公司，对其向境外关联公司支付的利息亦需缴纳利息税。这意味着，中国公司在俄罗斯境内的资金，在回流至中国母公司的过程中，不仅要承担 10% 的利息税，而这些已缴纳税款的收益在中国母公司层面还需再次纳税，从而形成了所谓的"双重课税"现象。

公司所得税，即利润税，在俄罗斯联邦对外资企业征收在俄经营所得的实际税收中起着决定性作用。根据俄罗斯现行税收法规，外国公司在俄罗斯取得的利润，以及其在俄境内的常设机构从本地商业活动中获取的收益，均需依法缴纳利润税，税率通常设定为 20%。然而，如何界定"常设机构"这一概念一直是税收实践中的争议焦点。

以中国华为科技公司在莫斯科与俄罗斯税务局围绕企业所得税征收问题展开的诉讼为例，此案凸显了"常设机构"属性认定的重要性。2009 年，华为科技公司将此案上诉至莫斯科市国际贸易仲裁法院，诉求俄罗斯国家税务局不得对其在莫斯科的机构征收企业所得税或施加罚款。该案的核心争议在于华为莫斯科办事处是否具备"常设机构"的特性。华为公司辩称，其在莫斯科设立的办事处仅负责非营利性质的业务活动，如获取许可和商业谈判等，并未直接参与任何实质性的商业交易。基于中俄两国签订的《避免双重征税和防止偷漏税协定》相关规定，华为莫斯科办事处不属"常设机构"，因而不应承担税收义务。然而，俄罗斯国家税务局坚持认为华为在莫斯科的办事处事实上开展了一定程度的经营活动，应视作华为在俄罗斯长期运营的实体，因此应当对其征收相应的利润税。

判断中国企业在俄罗斯投资设立的机构是否应缴纳利润税，关键在于俄罗斯税收当局是否认定其为常设机构。判定一家公司是否构成常设机构，通常会考量其经营行为的性质、具体内容、固定场所、持续性和稳定性等因素。若一家公司的办公场所所进行的业务活动与常设机构特征相符，即使表面上看似非营利性质，也可能被裁定为常设机构。因此，中国企业在俄投资过程中，若未能妥善处理代表处与常设机构间的界限问题，可能会陷入不必要的利润税缴纳困境，甚或引发长时间的法律纠纷，从而对企业的经济利益造成严重损害。换言之，中国对俄投资企业准确把握和妥善处理代表处与常设机构关系的重要性不言而喻，否则将面临缴纳超额利润税或卷入代价高昂的法律诉讼风险，进而导致重大经济损失[1]。

1.4.2　经济风险

（1）俄罗斯国内进出口额的变化

根据俄罗斯商务部数据中心发布的 2008 年至 2017 年间俄罗斯国内生产总值数据，我们可以观察到，在此期间俄罗斯的国内生产总值呈现温和下滑态势，与我国的经济增长水平相较仍存在一定差距。这一趋势暗示了俄罗斯近期宏观经济增速有所减缓，经济发展显现某种程度的乏力迹象。鉴于此，俄罗斯经济的疲软表现无疑会给我国在俄直接投资的企业带来一定程度的负面影响。

更进一步，考虑到乌克兰危机引发的地缘政治动荡，以及美国和欧洲联盟对俄罗斯实施的经济制裁等外部因素，这些变量都在不同程度上加剧了俄罗斯国内经济的不确定性，使得我国在俄投资企业的收益率出现大幅度波动，从而制约了我国企业在俄罗斯的投资规模和积极性。因此，中国企业出海俄罗斯须警惕多层次风险，这些风险可能导致我国企业在财务和收益方面遭遇显著影响甚至损失[2]。

---

〔1〕　参见殷敏：《"一带一路"倡议下中国对俄投资的法律风险及应对》，载《国际商务研究》2018 年第 1 期。

〔2〕　参见刘晓春、赵嘉珩：《中国企业出海俄罗斯须防范多层次风险》，载《中国对外贸易》2019 年第 12 期。

然而，值得指出的是，众多中国企业着眼长远，看重俄罗斯丰富的自然资源储备和相对稳定的经济社会基础，认为其蕴含一定的经济增长潜力。尽管短期内面临挑战，但从长期视角看，我们对未来在俄投资前景仍持乐观态度。近年来，俄罗斯持续保持着贸易顺差状态，显示其出口总量长期超过进口总量，尽管贸易顺差幅度有所收窄，反映了俄罗斯出口额逐步下滑而进口额逐渐上升的趋势。当前，俄罗斯对外经贸活动日益活跃，据统计数据显示，2017 年其外贸总额相较于 2016 年实现了 24.7% 的增长，其中出口增长率为 24.8%，进口增长率达到了 24.5%。值得注意的是，中国作为俄罗斯重要的贸易伙伴之一，在双边经贸往来中扮演了举足轻重的角色，这无疑给我国企业在俄罗斯进行直接投资传递了积极信号，预示着潜在的投资机遇。

（2）卢布汇率的波动

近年来，卢布的贬值走势已经出现了明显的缓解迹象，并在一定干预与调控措施下得到了相当程度的遏制。截至 2019 年 4 月，卢布兑美元的汇率大致维持在 1 美元兑换 64.29 卢布左右，这一数值直观地揭示了卢布汇率正逐步趋向平稳态势。

鉴于中国企业对俄罗斯直接投资项目的典型特征，即建设周期较长且投资回报期限一般较长，故卢布汇率的波动性不仅仅折射出俄罗斯宏观经济基本面的变化动态，更对我国企业在进行跨境投资结算时所面临的汇率风险敞口以及实际结算成本产生显著且不容忽视的影响。汇率的稳定性直接影响到投资项目的净现值计算和未来现金流预测的准确性，进而决定了投资决策的合理性与预期收益的实现可能性。因此，深入研究和适时应对卢布汇率波动带来的挑战，是我国企业涉足俄罗斯市场时必须充分考虑的战略性议题之一。

（3）俄罗斯国内失业率的变化

失业率作为衡量具备劳动能力和求职意愿的劳动力未被充分利用程度的关键指标，其变化趋势对宏观经济运行的健康与否具有重要意义，这尤其表现在追求充分就业这一宏观经济政策核心目标的过程中。在 2010 年至 2012 年的时段内，俄罗斯国内失业率经历了较为显著的下滑过程，这一现象在一定程度上揭示了俄罗斯国内经济形势的良好改善与复苏。此后，俄罗斯的失业率稳定在大约 5.50% 的水平，展现出一种趋向平稳的态势，这一失业率水平在理论上可被视为接近充分就业的理想区间。

现阶段，俄罗斯劳动力市场在多个行业中表现出对专业人才及普通从业者的迫切需求，其中尤以建筑业、制造业、批发零售业（贸易）、教育服务业以及房地产行业最为紧缺。这些行业的人员短缺现象，既映射了经济结构转型与发展的内在需求，也为企业招聘、人才培养和政策制定者优化资源配置提供了方向性指导。

（4）俄罗斯国内融资成本的变化

融资成本作为评价一个国家金融环境优劣和企业财务健康状况的核心指标，对于企业在国际市场上的运营至关重要。尤其当中国公司在俄罗斯承揽高风险的重大工程项目时，普遍面临严峻的融资挑战。由于筹措资金的难度加大以及较高的筹资成本，加上俄罗斯地方政府对相关项目的财政支持相对有限，中国企业在俄投资时必须高度重视并妥善应对金融领域的复杂性。

在应对西方经济制裁的压力背景下，俄罗斯中央银行于 2014 年果断采取了大幅提升基准利率的货币政策，尽管在此后的数年内，部分项目的融资利率以及商业银行的贷款利率并未始终保持高位，但整体而言，俄罗斯市场的借贷成本相较于其他国家仍然较高。这一现实状况无形中加大了中国公司赴俄进行直接投资的难度，令它们在资本配置、项目可行性分析以及风险管理等方面面临更多考验。因此，中国企业在俄投资时需要精细考量融资成本对项目回报率和企业盈利能力的影响，并探索多样化的融资渠道和策略，以降低投资风险和提高投资效率。

（5）物流风险

俄罗斯作为一个横跨欧亚大陆的国家，拥有广阔的领土和丰富的自然资源，这为中国公司提供了丰富的投资和贸易机会。然而，中国公司在俄罗斯的经济贸易和发展过程中面临着一些挑战，主要体现在：物流和运输障碍、国际物流业的不足、对俄基建结构了解不足等方面。

中国公司对俄贸易主要以实物形式进行，而俄罗斯的运输和物流基础设施相对滞后，这成为中国公司赴俄经济贸易的一个主要障碍。物流效率低下导致货物运输时间延长，增加了贸易成本，影响了市场响应速度和竞争力。中国的国际物流业尚处于发展阶段，尚未形成完善的全球物流网络。这种不足限制了中国企业在全球范围内进行多样化经营的能力，不能充分满足其发展的需要。中国公司对俄罗斯本地的基础设施建设了解不足，这增加了在俄市场投资的不确定性和风险。同时，缺乏对当地市场的深入了解可能导致投资决策失误，增加经营成本。

1.4.3 社会风险

（1）在俄劳务权益保障等社会风险迫在眉睫

在中国积极推行"走出去"战略以及"一带一路"倡议的宏观政策布局下，国际劳动力流动及其权益保障问题引起了学术界与政策的关注。特别是针对俄罗斯联邦境内的外籍劳工权益状况分析显示，俄罗斯对外籍务工人员的权利保障水平存在显著不足，表现为薪资待遇相对低下、工作条件欠佳、社会保障体系不健全以及侵权事件发生后的救济补偿机制难以有效运作等问题。

为保护本地员工就业，俄罗斯政府采取了一系列措施强化规范外国企业在俄经营活动。例如，相关政策要求外国投资企业须确保其俄罗斯籍员工占比不少于全体员工的75%，并且在涉及生产和销售业务的项目中，必须确保至少80%的员工是在俄罗斯本土雇用。仅在特定条件下，如项目启动初期专业技术人才短缺或当地市场无法提供所需专业技能的情况下，方允许适度引进外籍技术专家。此外，对于航空运输业，外资被限制参与核心经营环节以保障国内劳动力市场的稳定。

此外俄罗斯仍沿用一套严格的国内企业雇佣外籍员工配额管理制度，此制度的实际操作过程复杂且耗时较长，一定程度上制约了跨国企业人力资源的合理配置。与此同时，针对外籍员工返回原籍国的相关法规条款亦给中国企业在俄罗斯的运营带来了额外挑战，导致中国员工在俄罗斯工作期间的合法权益面临实际保障缺失的问题。这些现实困境提示，在全球互联互通不断加深的背景下，如何构建更为公正、透明且高效的跨国劳动权益保护机制，已成为中俄两国乃至沿线各国亟待共同探讨并解决的重要议题。

（2）社会舆论风险

"中国威胁论"与"黄祸论"的思想遗毒至今仍持续对国际关系领域产生显著影响，特别是在某些俄罗斯民众观念中，此类理论所催生的担忧情绪表现为对中国在俄罗斯远东及西伯利亚地区经济活动的深度疑虑。他们普遍揣测，俄罗斯官方旨在推动向中国出让土地资源及周边区域发展计划的行为实则为大规模向中国出让领土权益预作铺垫。这种观念的存在，构成了阻碍中国在俄罗斯进行实质性长期投资的壁垒。他们不仅扭曲了中俄经济合作的实质，还在一定程度上制约了双方正常的经贸交流与互利合作进程，从而成为需要严肃研究和妥善处理的社会心理与政治经济课题〔1〕。

在环境舆论视角下一些不恰当的环境管理行为所触发的社会反响与连锁效应，往往会超出涉事企业的预见与控制范畴，进而升级为牵动所在国国内政治议程乃至国际关系层面的重大议题。当前阶段，中国作为制造业大国与全球经济的重要支柱，虽然品牌影响力在全球范围内仍有提升空间，总体上依然面临着从"制造强国、经济大国到品牌强国"的转型挑战。在此过程中，对国内外舆论引导与应对的重要性认知尚未充分到位，因此，如何通过切实提升环保标准、强化环境社会责任意识以及系统化改进环评机制，来打造和维护"绿色中国投资"的品牌形象，无疑是一项紧迫且艰巨的任务〔2〕。

（3）腐败风险

近年来，腐败风险已成为中国企业海外投资不容忽视的重大风险因素之一。研究表明，中国海外投资实体在面对商业竞争与市场准入时，腐败问题已然成为制约中国企业海外拓展步伐的重要障碍。以俄罗斯为例，数据显示，该国在国际反腐组织"透明国际"发布的 2018 年全球清廉指数排行榜中位列第 138 位，凸显出其国内存在的广泛腐败现象。在中俄经济合作的过程中，中国企业频繁遭遇来自俄罗斯行政系统的腐败挑战，无论是在主动还是被动的情境下，均易陷入行贿与索贿的高风险泥沼之中。

尤其值得关注的是，在中国政府主导的海外基础设施建设项目中，部分企业为了获取项目合同，采用了非法手段向俄罗斯官员行贿以求胜出。与此同时，部分在俄经营的中资跨国公司还存在所谓的"灰色代理"操作，以及复杂的海外利益输送与交换网络。这些不良现象不仅严重侵蚀了俄罗斯本土

〔1〕　Инвестиционные битвы на Дальнем Востоке，载 http//4pera. com/news/analytics/investitsion nye_bitvy_na_dalnem_vostoke_chto_proiskhodit_s_kitayskimi_i_drugimi_investitsiyami_v_reg，最后访问日期：2024 年 4 月 21 日。

〔2〕　参见胡明、李彦：《新时代中国企业对俄投资挑战及对策研究》，载《国际贸易》2019 年第 11 期。

市场的公平竞争秩序，削弱了其对国际资本的吸引力，同时也对中国自身的市场经济规则造成了破坏，并对投资主体的企业核心竞争力提升形成了消极影响。

更深层次来看，企业的腐败行为对企业文化、价值观乃至内部治理结构产生了深远的负面影响，可能导致企业管理混乱、人才队伍建设受损，进而削弱企业的长远发展基础和社会责任形象。因此，研究和防控中国企业在海外投资中面临的腐败风险，不仅是维护企业自身健康发展的必要举措，也是推动构建公正透明的国际经济秩序、促进双边或多边经贸合作可持续发展的必然要求[1]。

1.4.4 文化风险

能源与环境议题在中俄贸易互动中占据了双方战略互惠与合作的突出位置，同时也是引发双方关注和谨慎处理的关键领域。这种关注度与文化观念差异相互交织，导致在部分俄罗斯社会层面上对中国投资形成了一定的认知误区与矛盾冲突。部分中国企业在跨地域投资过程中，由于缺乏深厚的经验积淀，对俄罗斯法律法规体系的具体要求理解不够深入，同时对文化差异的敏感性和适应性准备不足，尤其是法律文本的精确翻译问题突出，这些因素共同导致了双方沟通效率低下和信息传递的不准确性。这种沟通效果的折扣容易滋生双方交易伙伴间的误解，甚至酿成商业摩擦，从而对中国企业在俄罗斯境内的投资行动构成了一定程度的障碍。换言之，由于对俄罗斯法律环境和文化传统的理解鸿沟，加之跨国投资实务中的经验短板，中国企业在俄罗斯的投资进程有时会因信息不对称和文化对接不畅而面临挑战，这一现状亟需通过加强双向沟通、提高文化理解和法律素养等方式予以改善和克服[2]。

当前，我国在国际商事活动中对国际商业法律专才的需求十分迫切。通过对过往商业争端的事后剖析，不难发现，在商务谈判初始阶段，倘若双方对商业法律的认知和掌握程度存在差距，则风险隐患早已暗藏其间。随着合

---

〔1〕 参见胡明、李彦：《新时代中国企业对俄投资挑战及对策研究》，载《国际贸易》2019 年第 11 期。

〔2〕 参见刘晓春、赵嘉珩：《中国企业出海俄罗斯须防范多层次风险》，载《中国对外贸易》2019 年第 12 期。

同的签订与履行进程的推进，对于法律知识掌握较弱的一方，其在商业交易中的弱势地位会逐步显现，最终导致的竞争劣势以及可能出现的损失几乎成为一种必然趋势。因此，要在国际交易中确保获得优势地位并在争议解决过程中切实捍卫自身权益，就不能仅仅依赖法律专业人士在有限环节发挥作用，而是应当要求所有涉足国际商务活动的参与者皆具备必要的国际商业法律理念和知识架构，能够在交易全程中积极预防风险、精准管控风险，并采取稳健的战略部署。

引述陈福勇在其发表于中华人民共和国司法部官方网站的文章《建设涉外法律人才培养体系满足国际合作需要》中所提出的观点，他强调了国际商业法律知识普及化和全员化的必要性，即在每一个交易环节都应有足够专业的法律意识与风险管理能力作为支撑[1]。同时，随着我国与上海合作组织成员国间交流互动的日益深化，特别是与俄语国家的合作关系日渐紧密，专门针对上合组织框架下，尤其是面向涉俄语国家的法律人才培育工作显得尤为关键，对我国未来经济社会的发展具有重大的战略意义和实际价值。

事实上，中国在 2001 年加入 WTO 后，对以外语作为工具进行法律知识运用和涉外司法交流能力的高端法律人才的需求十分旺盛，涉外法律业务的发展前景可期，涉外法律人才的发展平台非常广阔。数量众多的高等院校开始意识到复合型法律人才特别是涉外法律人才的培养迫在眉睫，并急切地开展了"法学+外语"复合型人才培养模式的探索。

就法律俄语人才培养而言，在"一带一路"倡议下，越来越多的中国企业选择赴俄语国家进行投资，投资过程中涉及一系列法律问题亟需具备法律背景又精通俄语的专门人才帮助解决，这就要求中国高校俄语专业培养的法律俄语人才不仅要具有俄语交际能力，还要了解中俄法律制度，能够阅读理解俄语法律文献，对经贸领域所涉及的法律问题具有分析、判断和解决的能力。中国高校俄语专业的教育专家已经意识到，社会急需法律俄语人才，有条件的高校依托本校法学专业，开始在俄语专业下对法律俄语人才培养模式进行教学实践和理论研究。例如，武汉大学俄语系在本科三年级开设法律俄语课程；哈尔滨师范大学斯拉夫语学院俄语系在本科商务俄语专业二年级开

---

〔1〕　参见陈福勇：《建设涉外法律人才培养体系满足国际合作需要》，载 http://www.moj.gov.cn/pub/sfbgw/fzgz/fzgzggflfwx/fzgzggflfw/202103/t20210316_349972.html，最后访问日期：2024 年 4 月 21 日。

设合同法课程，三年级开设法律俄语课程和国际经济法课程；黑龙江大学俄语学院在硕士研究生阶段开设法律翻译课程，还有高校正在探索俄语+法学的双学士学位培养模式，但尚未进入教学实践阶段。

法律俄语人才的培养对促进中俄两国的政治、经济、文化交流与合作具有积极的现实意义，也符合当下培养多元化、高素质俄语人才的教学改革目标。2013 年，习近平主席在上合组织比什凯克峰会上专门提出在上海政法学院设立"中国-上海合作组织国际司法交流合作培训基地"（以下简称"中国-上合基地"），愿意利用这一平台为其他成员国培养司法人才。2014 年、2015年和 2018 年，习近平主席又分别在上合组织杜尚别峰会、乌法峰会、青岛峰会上强调了中方要依托中国-上合基地，为成员国培训司法人才。2017 年，中国-上合基地被上海市人民政府列入《上海服务国家"一带一路"建设、发挥桥头堡作用行动方案》。目前，培训基地积极开展面向上合组织成员国、观察员国、对话伙伴国的司法和执法人员培训、国际合作研究、政策法律咨询以及留学生培养等工作。除了培训工作，该基地还汇集上海乃至整个中国外交领域的资深专家，形成多元化、开放式的研究队伍，建设欧亚研究、上合组织研究以及"丝绸之路"经济带等方面研究的理论和外交智库。这是新中国成立以来上海首个地方高校直接服务国家整体外交战略的案例。为更好地服务基地，培养优秀法律俄语人才，上海政法学院于 2015 年正式向中国教育部申报设置 4 年制俄语本科专业并成功获得备案。该专业从设立之初就有着鲜明的法律特色。为了更好服务国家战略，上海政法学院每年承担大量面向俄语国家学员的司法培训，从长远角度来看，上海政法学院必须也只能依托自身的条件和优势自主培养一定数量的法律俄语人才，以满足上合基地的建设和发展需求。这种利用自身的优势培养具有法律特色俄语人才的模式，目前在中国高校中尚属首例。

为深入贯彻落实习近平总书记关于加强涉外法治专业人才培养的重要指示精神，2021 年 2 月教育部、司法部联合下文确定包括上海政法学院在内的 11 所高校为法律硕士（涉外律师）研究生培养单位，从政策层面确定并进一步强化涉外律师人才培养的重要性。有鉴于此，我们更应该大力提倡法律俄语研究在中国的发展，以及中国的法律俄语人才培养，为中企赴俄语国家投资兴业助力。

1.4.5 技术风险

"灰色清关"问题

中国与俄罗斯两国作为紧密的战略协作伙伴及相邻友邦，伴随着俄罗斯经济的持续攀升和民众消费能力的增强，其消费品市场的需求呈现出多元化与扩容的趋势。然而，受限于俄罗斯轻工业和加工制造业的相对滞后状态，该国对进口日用消费品的依赖度较高。我国凭借强大的轻工业生产能力，享有"世界工厂"的美誉，部分产业产能充裕，亟待开辟海外市场以消化过剩产能。因此，我国政府积极推行"走出去"战略，大力支持企业进军国际市场，积极参与全球商贸竞争。近年来，得益于中俄两国战略合作关系的全面升级，双方经贸合作实现了快速增长，双边贸易额逐年递增，保持了超过20%的年增长率。在上合组织框架内，中俄两国作为重要的主导力量，携手推动组织内部的最大规模经贸合作，2021年的双边贸易额已跃升至1070亿美元。然而，在正规贸易通道之外，"灰色清关"现象在我国对俄贸易中频现报端，对正常贸易活动造成了显著的负面影响。

所谓"灰色清关"，是在20世纪90年代初期特殊历史背景下形成的，在中俄贸易中一度广泛应用的非正规通关方式。该模式通常表现为"全包式税收"服务，如"包机包税""包车包税""包柜包税"，导致中国商家无法获取正式的通关文件，货物合法性存疑，易于遭受俄罗斯执法部门的查处。

当前，尽管中俄两国贸易规模不断扩大，但仍有一部分"灰色清关"需求残存，部分专门从事此类业务的物流公司活跃于市场。俄罗斯海关方面明确指出，"灰色清关"不仅损害了中国企业的利益，也对俄罗斯自身造成危害。比如在华俄商品出口方面，尽管中国海关已经简化了通关程序，但俄罗斯厂商因习惯于"灰色清关"或非正规出口方式，导致大量商品抵达中国后因不符合正规报关要求而被扣押，这甚至引起了俄罗斯海关高层的关注。同时，由于"灰色清关"的存在，众多中国商品无法获取合法身份，无法进入俄罗斯主流销售渠道，不得不集中在集装箱批发市场销售，面临激烈的低价竞争，利润微薄，中国企业利益受损严重，且难以改变中国商品在俄市场的整体形象。

构建健全的中国商品合法物流体系，确保其顺利接入俄罗斯主流市场流通渠道，是重塑中国商品国际形象、切实保障中国企业合法权益的核心策略。"灰色清关"这一现象已成为制约中俄两国贸易健康持续发展的重要瓶颈，不仅触发了一系列贸易纷争，而且对两国战略协作伙伴关系的深化与拓展构成了严重挑战。鉴于此，彻底铲除"灰色清关"现象，积极推进标准化和规范化的贸易机制建设，对于强化和增进中俄战略协作伙伴关系具有重要意义。这种非正规贸易行为不仅对相关企业的经济效益产生了负面冲击，更重要的是，对中俄两国间的诚信基础造成了不可忽视的损害。诚信问题如今已上升为中俄经贸合作所面临的最严峻考验，也是其所付出的最高昂代价。其后果不仅体现在经济损失层面，更关乎中国企业在道德信誉方面的损失。因此，着力破解阻碍中俄经贸合作发展的非规范化贸易难题，持续整顿和优化贸易秩序，审慎而坚定地探寻化解问题的策略，将"灰色清关"等非正规贸易形态逐步转换为国际公认的正规贸易模式，成为当前亟待解决的问题。这一转变对于维护和促进中俄两国间经贸合作的长期稳定发展具有极其重要的现实意义和战略价值[1]。

党的十九大报告提出"创新对外投资方式"，鼓励中国企业走出国门，积极开展高质量的对外直接投资活动。中国企业在俄罗斯进行直接投资，开厂设店，有利于两国实现"双赢"，符合双方的长远利益，是正确的选择。但是中国企业在俄也面临着比国内更大、更加多元化的经济风险。为了保证投资项目的顺利完工、企业利益不受损害，中国企业必须正视投资过程中潜在的一系列经济风险，事前做好风险防控，防患于未然；在风险发生时及时止损，努力推进中俄两国在投资领域深化合作。

---

〔1〕 参见常玢、高晓慧：《非正规贸易向正规贸易转变的途径探索——访中国·欧洲商业开发投资管理中心主任蔡桂茹》，载《俄罗斯中亚东欧市场》2006 年第 3 期。

中企对俄投资争端特点

在投资争议不可避免的情况下，我们应该想到如何解决及处理投资争议，这就需要我们充分了解在该区已发生、常出现的投资争议类型，有针对性地采取措施解决相应争端。

2.1 仲裁裁决的执行争议

投资俄罗斯市场时需应对显著的非商业性风险，并且面临有限的法律补救措施，即使是经由国际仲裁机构支持的裁决或判决，也可能在某些国家司法体系中遭遇不予承认和执行的法律困境。

以 2017 年中联重科与阿尔玛汽车公司的争议为例，双方曾签订七项工程机械销售合约，后因履约争议，中联重科依据销售合同中的仲裁条款，将争端提交至中国国际经济贸易仲裁委员会进行仲裁。仲裁庭最终裁决阿尔玛汽车公司须偿还欠款、支付违约金以及诉讼费用，但阿尔玛汽车公司并未遵照执行该仲裁裁决。

而在 2014 年中国石化国际事业有限公司（以下简称"中国 PO 化"）与赛普拉斯公司纠纷一案中，中国石化依循司法程序，向俄罗斯秋明州仲裁法院申请承认和执行斯德哥尔摩商会仲裁院的仲裁裁决，并申请对赛普拉斯公司在秋明州的资产采取保全措施。汉特-曼西斯克自治区仲裁法院最初支持了中国石化的保全申请。但随后的情势急转直下，第八上诉仲裁法院于 2014 年 11 月 14 日决定终止上诉程序，该裁定自作出之日起生效，规定在一月内有权向西西伯利亚大区仲裁法院提起上诉。

在该案进程中，中国石化发现，赛普拉斯公司的注册地址在塞浦路斯变得不明确。尽管申请人试图证明秋明州仲裁法院对此案具有管辖权，但法院认为申请人提供的证据并不足以证实这一点，遂于 2014 年 8 月 19 日决定暂停审理，并要求申请人提供确切的管辖权证明。尽管申请人随后提供了表明赛普拉斯公司在俄罗斯联邦境内的关联财产位于秋明州的相关证据，法院依然维持原判，认为依照《俄罗斯联邦仲裁程序法典》第 242 条第 1 款的规定，在债务人所在地或住所地不明确时，方可向债务人财产所在地的仲裁法院提出申请，而申请人关于秋明州仲裁法院具有管辖权的主张缺乏充足证据支持。因此，秋明州仲裁法院于 2014 年 8 月 26 日决定退回中国石化关于承认和执行斯德哥尔摩商会仲裁院裁决以及采取临时保全措施的申请。

面对秋明州仲裁法院的决定，申请人转向秋明州汉特-曼西斯克自治区仲裁法院，再次申请承认和执行前述仲裁裁决，并提出新的财产保全诉求，其中包括限制赛普拉斯公司对其在欧亚修井有限责任公司和 SGK-钻井有限责任公司注册资本份额的转让或抵押，以及请求税务机关禁止相应股份转让或抵押信息的登记。汉特-曼西斯克自治区仲裁法院于 2014 年 9 月 17 日支持了中国石化的保全申请。被申请人赛普拉斯公司对此裁定提出上诉，但最终放弃了上诉请求。第八上诉仲裁法院在双方缺席庭审的情况下审查了案情和上诉放弃申请的合法性，确认该放弃申请不违背法律规定，亦不侵害他人权益，遂于 2014 年 11 月 14 日作出决定，终结了上诉程序。

2.2 知识产权方面争议

在当前俄乌冲突的背景下，以美国为首的西方阵营对俄罗斯实施了涵盖经济、能源在内的多重制裁措施，与此同时，诸多跨国企业响应制裁号召，纷纷撤出俄罗斯市场。面对这一系列外部压力，俄罗斯政府于 2022 年 3 月 6 日修订了本国法律中关于专利损害赔偿的条款，旨在豁免俄罗斯企业对来自"不友好"国家专利权人的损害赔偿义务。紧接着，3 月 8 日，俄罗斯总统普京签发了第 46 号联邦法案，授予政府决定开启平行进口商品的权力，以此作为其系列社会经济对策的一部分，旨在援助受制裁影响的公民和企业群体。3 月 30 日，俄罗斯政府正式宣布将平行进口商品合法化，旨在减轻国外品牌撤离后对国内市场造成的冲击。经过一系列法律铺垫，5 月 6 日，俄罗斯工业贸易部发布了包含大约 200 个外国品牌的平行进口货物清单，其中包括苹果、三星、特斯拉、宾利等已退出或暂停在俄市场运营的品牌。

尽管俄罗斯此举以反制为由，在短期内缓解了制裁压力，但其对国际知识产权保护体系的冲击不容忽视，同时也对俄罗斯作为一个负责任大国的形象造成了一定损害。鉴于我国国情与俄罗斯不同，作为全球制造业大国，我国已成功孕育出一批具有国际影响力的知名品牌，如华为、小米等。若未来某些对我方持不友好态度的国家参照俄罗斯平行进口合法化的政策，通过国家立法手段侵犯我国知名品牌的知识产权，必将对我国企业的合法权益造成侵害。因此，以俄罗斯平行进口合法化案例为鉴，我国企业在向俄语区投资的过程中，应格外重视知识产权保护问题，深入了解并充分利用俄语区国家的知识产权纠纷解决机制，尤其是通过诉诸知识产权法院的司法程序来维护自身权益。

在涉及对俄语国家投资的知识产权争议案件中，典型案例包括：

Yukos 案：此案不仅涉及投资争议，还包含了知识产权争议元素。Yukos公司的部分专利和商标在俄罗斯受到了政府的非法剥夺和侵权行为。尽管该公司曾在俄罗斯国内及国际法院提起诉讼，但均未胜诉。

Arkema 案：此乃一起关于法国公司 Arkema 在俄罗斯遭遇专利权侵权的案例。Arkema 拥有一项应用于工业化学品生产的专利技术，在俄罗斯遭到企业侵犯。然而，俄罗斯法院判定该专利无效，并未对侵权行为加以惩治，致使 Arkema 在俄投资蒙受损失。

Swatch 集团案：此案中，瑞士 Swatch 集团在俄罗斯的商标权受到了侵犯。Swatch 集团在俄罗斯注册了一系列商标，并在瑞士进行生产和销售。然而，一些俄罗斯企业在未经许可的情况下生产和销售类似产品，侵犯了 Swatch 集团的商标权益。Swatch 集团在俄罗斯法院和国际仲裁庭提起诉讼，最终赢得了官司，并获得了相应的赔偿。

2.3 税务争议

当前中国企业在国际化进程中，在海外投资运营所产生的各种收益分配环节，诸如营业收入利润、利息收入、特许权使用费等，均不可避免地需要直面跨境纳税义务。对此，国家税务总局适时发布了《税收协定相互协商程序实施办法》（本章中简称《新版办法》，即国家税务总局公告第 56 号文），该办法明确规定，相互协商程序是基于税收协定中的相互协商条款，旨在协调解决两国税务主管当局在税收协定解释和执行过程中产生的分歧与争议的程序。随着全球经济环境的变迁，相互协商程序也需不断适应新情况，《新版办法》实质是对原有程序的革新与优化。

中国"走出去"的企业在处理与外国税务机关间的国际税收争议时，长期以来已积累了运用相互协商程序的实践经验。追溯至2005年，国家税务总局已发布《中国居民（国民）申请启动税务相互协商程序暂行办法》（以下简称《旧版办法》，即国税发〔2005〕115号文），旨在有效保护我国企业和国家税收权益。然而，随着我国对外投资步伐的加速以及国际经济环境的变化，《旧版办法》的部分规定逐渐显现出局限性，表现为规定不够详尽细致，操作性略显不足，难以确保相互协商案件处理的一致性、规范性和高效性，这在一定程度上制约了税务机关工作效率的提升，同时也限制了对国家税收权益和纳税人合法权益全面有效保护的力度。

伴随中国国际经济交流与合作的深度拓展，国内税收政策的持续调整以及税收协定在国际经济活动中的作用日益突出，税收协定解释和应用中出现的分歧与争议案件呈现出上升态势，触发相互协商程序的案例大幅增多。在这种新的国际经济环境下，国家税务总局顺应时代需求，制定并颁布了更加详尽与完善的《新版办法》。相较于《旧版办法》，《新版办法》不仅继续适用于由中国居民（国民）申请启动的相互协商案件，还扩大了适用范围，纳入了由缔约对方发起以及中国税务机关主动提出的相互协商案件。此外，《新版办法》进一步整合和细化了特别纳税调整项目，集中关注那些在税收协定框架下可能导致双重征税或者法律冲突的核心争议类型，从而提升了相互协商程序在解决国际税收争议中的针对性和实用性。

对于中国居民（国民）企业而言，在六个关键领域内发生的争议性情景值得特别关注，一旦出现，应及时依据《新版办法》向我国税务机关提出申请，以维护自身合法权益：

（1）居民身份认定分歧：当企业在缔约国双方可能同时满足居民身份条件时，尤其是在税收协定设定双重居民身份情况下，需通过相互协商程序明确其最终居民身份。例如，假设跨国企业A虽按照H国法律为H国居民企业，但由于其实际管理机构设在中国且符合中国居民企业的判断标准，引发了居民身份冲突，此时企业A可借助相互协商程序以确定其有效管理机构所在地及确切的居民身份。

（2）常设机构定义及利润归属争议：当企业在缔约国另一方设立固定营业场所或进行持续商业活动时，可能被认定为存在常设机构并需在当地纳税。由于各国对常设机构的定义标准不尽相同，可能导致企业面临双重征税风险。例如，中国企业在 Y 国设立的子公司 B 被 Y 国税务机关视作常设机构并对其全球利润征税时，企业 B 可以通过相互协商程序解决此类争议。

（3）各类所得和财产征免税及税率适用异议：在股息、利息、特许权使用费等所得项目分类及其协定税率执行过程中，若缔约双方存在分歧，企业可申请协商。比如，中国居民企业 C 将其设备租赁给 G 国子公司，G 国坚持按照本国税法而非协定税率征税时，C 公司可通过相互协商程序争取适用协定中特许权使用费 10% 的优惠税率。

（4）非歧视待遇条款被违反导致税收歧视：若中国企业在海外投资后，未享受到与东道国企业同等的税收待遇，可启动相互协商程序维护自身权益，确保不受歧视待遇。

（5）税收协定其他条款理解与适用分歧：在执行税收协定过程中，除上述提到的情形外，还可能存在对其他条款的不同理解和适用难题，企业也可通过相互协商程序解决。

（6）其他可能导致重复征税的情况：此条是对上述各项情况的补充，涵盖了所有可能导致不同税收管辖权之间重复征税或其他税收争议的情形。

在实际运作中，面对国际税收争议或遭受不公平待遇时，中国企业需在适当范围内向税务机关披露财务和税务信息，以便税务机关查明争议缘由并收集强有力的证据。然而，部分走出国门的中国企业，在遭遇境外税收问题时，常常因自身税务管理缺陷或担心暴露敏感信息而不愿向国内税务机关求助。然而，选择沉默可能会让境外竞争对手和税务机关利用这些情况，导致企业处境更加被动。

以中资公司龙兴矿业开发有限公司（以下简称"龙兴公司"）税务纠纷案为例，该公司在俄罗斯的投资项目因其税收优惠资格受到质疑，进而陷入税务调查和刑事诉讼，问题根源为地方税务局长受贿案引发的税收优化方案争议。龙兴公司原本享受零税率税收优惠政策，但俄方税务机关质疑其资格，要求补缴巨额税款及滞纳金。实际上，龙兴公司可根据中俄税收协定启动相互协商程序，解决涉及税收居民身份认定、税收协定条款解释和适用等方面的争议，以防止双重征税和遭受不公平税收待遇。中俄税收协定执行中的争议焦点主要是对协定条款解读和执行的一致性问题，这体现了两国税收管辖权的潜在冲突。作为税收协定争议的直接利益相关方，中国投资者需加强对中俄税收协定和俄罗斯税法规定的深入理解，加强与两国税务机关的沟通，前瞻性地规划和调整其经营活动，力求最大限度降低潜在的税务风险和成本，确保投资回报最大化。尽管相互协商程序为解决此类争议提供了途径，但由于程序时限不确定，解决过程可能耗时较长，企业应更侧重于预先防范和妥善管理税务争议。

2.4 涉环保争议

我国企业在对俄罗斯投资运营过程中，环境污染相关纠纷案件呈现出较高的发生频率，其中一个典型实例是大庆贝加尔湖水业有限公司的投资项目争议。自 2012 年起，该公司通过其俄罗斯控股实体阿克瓦西伯有限责任公司启动了"贝加尔湖天然饮用水生产厂"项目，并于 2016 年取得了所有必需的官方许可文件，随后于 2018 年 10 月展开了项目一期的建设工程。然而，2019 年 3 月 9 日，伊尔库茨克州西贝加尔跨区环境检察院针对该项目的环境影响评价报告（EIA）及其施工许可的合法性，对俄罗斯联邦自然资源利用和生态管理局伊尔库茨克州分局（负责 EIA 审批的行政机关）以及斯柳江卡区库尔图克镇政府（负责施工许可审批的基层政府）提起了诉讼。2019 年 3 月 27 日，伊尔库茨克市基洛区法院作出了判决，宣布该 EIA 和施工许可无效，致使工厂建设被迫中断，并对作为第三方的阿克瓦西伯有限责任公司在法庭上的权益进行了限定。尽管阿克瓦西伯有限责任公司连续三次提出上诉，但各级法院均维持原判。直至 2020 年 5 月，该公司向俄罗斯联邦最高法院提交了申诉书，然而同年 7 月收到的回复显示最高法院决定不予受理。2021 年 3 月 3 日，俄罗斯联邦自然资源利用和生态管理局伊尔库茨克州分局进一步向法院起诉，要求阿克瓦西伯有限责任公司将未建成的厂房设施拆除，并恢复挖掘取水管道时所破坏的地貌，即将整个施工现场恢复至原始状态。

该案例生动揭示了我国企业在对俄罗斯进行投资时，必须高度重视并深入理解环保法规，尤其是围绕环境污染问题展开充分的风险评估与合规操作，以免在类似问题上重复遭遇挫折，从而影响投资项目的顺利进行和经济效益的实现。

2.5 管辖权、征收及补偿争议

在对俄罗斯进行投资的过程中，我国投资者需系统性地加强对东道国法律法规和法律环境的深度调研、严谨评估以及全过程的合规管理体系构建。尤为重要的是，应坚决规避任何可能触及东道国法律法规底线的行为，如商业贿赂等，以免在后续依据双边投资条约（BIT）寻求投资保护仲裁时，因管辖权争议导致我国投资者丧失应有的法律救济途径。值得注意的是，根据中俄签订的 BIT 条款，可提交仲裁解决的争端主要局限于与征收补偿金额相关的争议，这意味着中国投资者在俄罗斯的投资活动，特别是在面对政府不当征收以及其他形式的政府违约风险时，所享有的法律保障范围相对有限。

涉及俄罗斯的投资征收及补偿争议案例有：

西伯利亚银行征收补偿纠纷案：该案发生在 2004 年，俄罗斯政府对西伯利亚银行实行了行政接管，并将其转售给其他金融机构。西伯利亚银行管理层认为政府在接管过程中未按照市场价格给予合理补偿，遂向俄罗斯法院提起诉讼。最终，法院判决政府应向西伯利亚银行支付适当金额的补偿，以弥补其因行政接管所导致的经济损失。

莫斯科公交系统征收补偿纠纷案：2010 年，莫斯科市政府决定将若干公共交通公司国有化，并承诺给予市场化补偿以确保平稳过渡。然而，相关公交公司在国有化过程中指控政府未按照事先约定的补偿标准支付款项，继而提起法律诉讼。最终，法院判决支持公交公司的诉求，责令政府按照合理标准支付相应补偿金。

莫斯科房地产开发项目征收补偿纠纷案：2014 年，莫斯科市政府决定对某一地区内的房地产开发项目进行征收，并要求开发商移交部分房产和土地使用权。开发商对此提出异议，认为政府在征收过程中未提供合理市价的补偿。为此，开发商向俄罗斯最高法院提起诉讼。法院最终裁决政府应依法向开发商支付足额补偿，以弥补因政府不当征收给开发商带来的经济损失。

这一系列案例充分说明了在对俄罗斯投资过程中，正确理解和运用法律法规以及妥善处理征收补偿争议的重要性。

中企对俄投资争端诉诸机构

在俄罗斯，当产生投资者—国家投资争议时，一般采取多层次的解决机制来处理，一般包括：协商和调解；行政复议或仲裁前程序；国内法院诉讼；国际仲裁四个层级。

当事方可以诉诸的国际或区域调解或仲裁机构包括：

国际商会：国际商会（ICC）设有仲裁法庭，专门处理国际商务争端。当事方可以向 ICC 提出争端并请求仲裁。

国际投资争端解决中心：国际投资争端解决中心（ICSID）是世界银行的附属机构，负责处理投资争端。如果一家投资者和一个国家之间有投资争端，这一争端可以通过 ICSID 进行解决。

联合国贸易和发展会议：联合国贸易和发展会议（UNCTAD）旨在促进发展中国家与发达国家之间的贸易和投资。当事方可以向 UNCTAD 提出争端，并请求调解。

深圳国际仲裁院（SCIA）是中国设立的国际商事争端解决机构，致力于建设全球一流的商事争议解决平台和国际仲裁高地。需要注意的是，在选择争端解决机构时，当事人应充分考虑双方协议中关于争端解决方式的约定、适用的国际条约规定，同时权衡各个仲裁机构的专业声誉、仲裁程序的公正透明度以及裁决的执行力等因素。

3.1 司法机构

俄罗斯司法体系采纳三级终审制度，涵盖了初级法院、中级上诉法院以及最高法院层级。与我国法院体制相似，俄罗斯法院系统结构多样，包括最高法院、共和国级别的法院、边疆区及州最高法院、直辖市法院、自治州法院、自治区法院、区域法院、军事法院以及特别指定的专门法院，例如经济法院，它们负责审理各类民事和刑事案件。

在历史脉络中，俄罗斯商事司法体系的独特性源自苏联时期的国家仲裁制度，自 20 世纪 80 年代末的社会转型期，该制度逐步演化为现今的商事法院体系，尽管在命名上沿用了"仲裁"术语，但俄罗斯的"仲裁法院"实为国家司法体系的组成部分，不同于民间的仲裁机构。在俄罗斯的司法构架中，仲裁法院与宪法法院和普通法院共同构成了完整的司法体系。

俄罗斯仲裁法院体系是一个精心设计的多层级结构，旨在确保商业和经济纠纷得到有效、公正和专业的处理。该体系的核心是最高仲裁法院，现已被整合进最高法院，作为监督全国仲裁法院工作的最高机构，负责审理具有重大影响的案件。在这一最高层级之下，设有联邦区仲裁法院，按地理区域划分，主要负责审理来自各自区域内的上诉案件。进一步下探，则是联邦主体仲裁法院，这些法院直接服务于企业和个体经营者，负责一审案件的审理工作，涉及具体的商业交易、合同争议、企业破产等经济相关事务。此外，俄罗斯还设立了一些专门的仲裁法院，专门处理特定行业或类型的案件，以满足不同领域的特殊需求。通过这样一种层级化和专业化的设置，俄罗斯仲裁法院体系不仅能够覆盖广泛的经济活动，还能确保每一起案件都能得到恰当的关注和公正的裁决。尽管宪法法院和军事法院不属于这一体系，但它们在各自的领域内也发挥着不可或缺的作用，共同维护着俄罗斯法律体系的完整性和权威性。

俄罗斯境内的商事纠纷案件原则上由国家仲裁法院系统负责审理，强调其国家司法属性，与独立于法院体系之外的民间仲裁机构有着本质区别，后者并不涉足国家层面的司法活动。而在处理国际商事和投资纠纷时，则更多地依托国际商事仲裁机构来解决争议。

俄罗斯的司法体系

现代俄罗斯法院体系由 1997 年 11 月 31 日起生效的联邦法律《俄罗斯联邦法院体系法》正式确立，这部法律详尽界定了俄罗斯法院体系的结构、层级划分以及职能分工。随着时间推移和社会法制化进程的发展，俄罗斯法院体系不断经历改革与完善，期间陆续出台了《俄罗斯联邦普通法院法》、《俄罗斯联邦民事诉讼法典》、《俄罗斯联邦刑事诉讼法典》、《俄罗斯联邦仲裁法院法》、《俄罗斯联邦最高法院法》（以下简称《最高法院法》）、《俄罗斯联邦宪法法院法》等一系列配套联邦法律，共同构筑起对俄罗斯法院体系更为详尽、周密的法治框架。

鉴于俄罗斯联邦的联邦制国家特性，其法院体系可从主体结构上划分为"联邦法院体系"和"联邦主体法院体系"两大分支。根据《俄罗斯联邦法院体系法》第4条的明确规定，在联邦法院体系中，宪法法院是最高等级的法院，负责解释宪法并解决涉及宪法的问题。普通法院体系包括军事法院、专门法院和最高法院。军事法院进一步分为地区军事法院和卫戍区军事法院，处理与军队相关的案件。专门法院则是针对特定领域的法律问题进行审理。最高法院下设州、边疆区、自治区、直辖市法院以及市辖区法院，负责处理民事和刑事等一般性案件。此外，仲裁法院系统独立于普通法院体系，设有最高仲裁法院、地区仲裁法院（三审仲裁法院）、二审仲裁法院和联邦主体仲裁法院，主要处理商业纠纷和其他经济相关事务。联邦主体法院体系包括联邦主体宪法法院及其下属的和解法官，这些机构负责处理地方层面的宪法问题和调解纠纷。可见，俄罗斯司法体系通过多层次、多类型的法院结构确保了对不同领域和层级的法律问题的有效管理和解决。

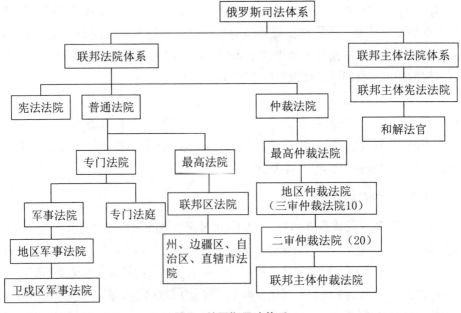

图1　俄罗斯司法体系

俄罗斯法院审级制度

俄罗斯法院审级共分为四级，分别为一审法院（Суд первой инстанции）、二审法院（Суд апелляционной инстанции）、三审法院（Суд кассационной инстанции）和监督审法院（Суд надзорной инстанции）。一审法院负责对案件进行最初的实质审理，二审法院负责对未生效的一审法院判决进行审理，三审法院负责对已生效的一审法院判决和二审法院判决进行审理，监督审法院负责对已生效的法院判决、决定进行审理。

1. 一审法院（Суд первой инстанции）

一审法院作为司法体系的基础层级，承担着对案件进行初次实质性审理的核心任务，主要职责包括严谨审查证据、查明涉案人员法律责任、精确界定相应处罚措施以及依法判定是否全部或部分支持或驳回当事人的诉讼请求。在整个一审诉讼过程中，案件涉诉的双方均有权全程参与诉讼活动，其中在民事诉讼中表现为原告与被告间的权益对抗，在刑事案件中则体现为辩方与控方的法律博弈。

一审诉讼程序通常遵循一套有序且严谨的流程：首先，法院启动庭审预备阶段，为后续的庭审做好充分准备；随后，基于已收集到的证据材料和相关信息，法院展开深入细致的法庭调查，以揭示案件事实真相；紧接着，诉讼各方在法庭辩论环节阐述各自的主张和论据，力求说服法庭采纳己方观点；最终，法院基于法律原则和查明事实，依法作出具有约束力的判决。

一般而言，案件的第一审法院可能包括但不限于和解法官（适用于某些小额简易程序案件）、地方基层人民法院、军事法院以及各联邦主体下的仲裁法院等。在规定时限内，民事案件的一审审结期限通常设定为两个月，刑事案件为六个月，而对于和解法官处理的一审案件，审限通常更为紧凑，限定为一个月。

一审法院履行职能的意义着重体现在以下几个关键领域：依法保护公民的法定权利与基本自由，确保其合法权益不受侵犯；严格按照法定程序行使司法权力，确保程序正义；积极推进司法程序进程，确保在客观、独立、公正原则的指导下作出判决；通过对违法行为的公平裁决和适当惩处，发挥震慑作用，预防类似犯罪行为的发生；通过公正的司法实践，逐步塑造和巩固全社会尊重法律、信赖法治的良好社会环境。

2. 二审法院（Суд апелляционной инстанции）

在俄罗斯司法系统中，二审法院的核心职责在于依照法定权限对下级法院所作的未产生终局效力的判决和裁定的合法性、适当性以及公正性进行全面复核。当案件当事人在法律规定的期限内向上级法院提起上诉时，二审法院将对案件的事实证据重新加以审核和评估，并基于新的庭审过程和查明的事实，推翻原判决或维持原判。

在初审判决尚未生效这一法定阶段，双方当事人皆有机会进一步寻求救济，通过上诉渠道挑战不利的判决结果。二审法院在审理中可能会撤销下级法院的判决，具体情形包括：发现在原判决中得出的结论或理由与案件事实存在矛盾；发现判决过程存在违反法律法规或诉讼程序的行为；判决中对法律条款的理解、解释或应用存在明显错误；刑事案件中，刑罚裁量与犯罪情节显著不符。

无论是民事诉讼中的原告和被告，还是刑事案件中的公诉方和辩护方，都有权在法定期限内向二审法院提起上诉。按照俄罗斯联邦现行司法体系，二审法院层级各异，视一审法院级别而定，如若一审法院为和解法官，二审法院则通常为区法院；若一审为区法院，则二审通常由相应的俄罗斯联邦主体法院审理；若联邦主体法院作为一审法院，则其二审法院对应为俄罗斯最高法院的相关司法委员会。

至于法定的上诉期限，通常民事案件允许当事人在一个月内提出上诉，刑事案件的上诉期限更短，仅为十天，而仲裁案件同样适用一个月的上诉期限。这些规定旨在保证司法程序的及时性和有效性，同时也维护了当事人的正当权益和司法正义的实现。

3. 三审法院（Суд кассационной инстанции）

三审法院，作为俄罗斯司法体系中的最高审级机构，通常是指国家级的最高法院，或者在一些联邦制国家中指各加盟共和国、边疆区、州、直辖市、自治州以及自治区的最高层级法院，有时还包括最高法院内部设置的专门司法委员会。在刑事诉讼程序中，对已生效判决的申诉期限通常设定为自判决书送达之日起一年之内；而在民事诉讼中，申诉期限则缩至六个月；对于仲裁案件，申诉期限为两个月。

三审法院的核心职能是对下级法院已经生效但可能存在争议的判决和决定进行合法性及合理性审查。在接收到合法提起的申诉后，三审法院基于严格的司法审查程序，会根据案件的具体情况采取如下行动：若原审判决在法律适用或事实认定上存在违法或明显不当之处，三审法院有权撤销原判，并根据案件需要裁定中止审理、指令下级法院补充侦查或直接进行再审；根据审理结果，三审法院有权对案件作出全新的、具有决定意义的判决或决定，从根本上纠正下级法院的错误；针对原判决中的部分内容，三审法院可以作出修正，即对原判决进行部分变更，以符合法律规定及案件实际情况；在原审法院的判决完全符合法律要求且不存在明显错误的情况下，三审法院亦可维持原有判决，从而终结审判程序的三级审级制度。

4. 监督审法院（Суд надзорной инстанции）

根据俄罗斯联邦现行法律框架，其《最高法院法》赋予了俄罗斯联邦最高法院监督审职能，这一职能使得最高法院成为对全国范围内各类机关业已生效裁判及决定进行复审的关键机构。不同于常规的三审终审制度，最高法院的监督审程序不仅有权对一审、二审乃至三审法院的生效判决进行复查，而且这种复查并不受制于自动受理机制，而是由最高法院法官根据个案具体情况自主决定是否启动重审程序。

值得注意的是，监督审法院的独特性在于，它不仅可以回应当事人的监督申请，即使在超过常规申诉期限的情况下，只要出现新的重大事实或法律依据，最高法院也可主动启动或继续审查程序。这意味着，相较于传统的上诉和再审规定，最高法院在监督审程序中的角色更具主动性，能够更加灵活地应对潜在的司法不公，从而确保法律的正确适用和司法公正的最终实现。[1]

联邦法院体系

1. 俄罗斯联邦宪法法院

宪法法院是俄罗斯联邦的宪法保障机关和监督机关，负责维护宪法体制的基础、公民的权利和自由，保障俄罗斯联邦宪法在俄罗斯联邦领土内至高无上的效力和地位。俄罗斯联邦宪法法院由十二名法官组成，根据俄罗斯联邦总统的提名进行任命，且没有任期限制。

2. 俄罗斯联邦普通法院

俄罗斯联邦普通法院的职权范围涵盖了民事、刑事和行政违法案件的审理。该体系的最高层为最高法院，负责监督全国的普通法院，并对具有重大

---

〔1〕《俄罗斯法院体系介绍》，载 http://www.dhl.com.cn/CN/tansuocontent/0008/014057/7.aspx？MID＝0902，最后访问日期：2023 年 6 月 5 日。

意义的案件进行终审。在最高法院之下，设有联邦区法院，它们按地理区域划分，负责审理来自各自区域内的上诉案件。再下一层是州、边疆区、自治区和直辖市法院，这些法院直接面向公众，负责一审案件的审理，涉及民事纠纷、刑事案件以及其他非经济类事务。此外，还有专门法院，如军事法院和专门法庭，用于处理特定类型的案件。整体而言，俄罗斯普通法院体系通过这种层级化的设置，确保了各类诉讼能够得到专业、高效和公正的处理。

（1）区法院

区法院是俄罗斯联邦绝大多数民事案件、刑事案件和行政案件的一审法院，同时也是治安法官的二审法院，通常设在俄罗斯联邦的区、市辖区（较大市）和其他城市内，直辖市除外。区法院的法官、院长、副院长由俄罗斯联邦总统任命，院长和副院长任期六年，可以连任，但不得超过两次。

（2）共和国最高法院，边疆区、州法院，联邦直辖市法院，自治州、自治区法院

共和国最高法院，边疆区、州法院，联邦直辖市法院，及自治州、自治区法院，在其相应的联邦主体范围内行使司法管辖权，即作为一审法院负责审理本辖区范围内的部分刑事案件（《俄罗斯联邦刑法典》第31条第3款规定的犯罪）和部分民事案件（涉及国家秘密、中止媒体活动等案件），同时也是区法院的直接上级法院，作为二审法院审理未生效的一审法院判决。

（3）二审普通法院

二审普通法院作为一审法院未生效判决的上诉审级机构，由法院主席团、民事司法委员会、行政司法委员会和刑事司法委员会等构成，承担着复核和纠正一审裁判的任务。2018年7月29日，俄罗斯联邦总统签署并通过了一项联邦法律，旨在建立五个跨区域的二审法院，以确保司法独立的有效实施。以下是五个跨区二审法院的具体设置及其负责审理的一审法院未生效判决范围：

第一二审法院坐落于莫斯科市，其司法管辖范围覆盖了别尔哥罗德州、布良斯克州、弗拉基米尔州、沃罗涅日州、伊万诺沃州、加里宁格勒州、卡卢加州、科斯特罗马州、库尔斯克州、利佩茨克州、莫斯科州、诺夫哥罗德州、奥廖尔州、普斯科夫州、梁赞州、斯摩棱斯克州、坦波夫州、特维尔州、图拉州、雅罗斯拉夫尔州以及莫斯科市法院所作出的未生效的一审判决。

第二二审法院位于圣彼得堡市，负责审理来自卡累利阿共和国、科米共和国、阿尔汉格尔斯克州、沃洛格达州、库尔干州、列宁格勒州、摩尔曼斯

克州、斯维尔德洛夫斯克州、秋明州、车里雅宾斯克州以及圣彼得堡市法院尚未生效的一审判决。

第三二审法院设在克拉斯诺达尔州索契市，其审理对象涵盖了阿迪格共和国、达吉斯坦共和国、印古什共和国、卡巴尔达-巴尔卡尔共和国、卡尔梅克共和国、卡拉恰伊-切尔克斯共和国、北奥塞梯-阿兰共和国、车臣共和国、克拉斯诺达尔州、斯塔夫罗波尔州、阿斯特拉罕州、伏尔加格勒州、罗斯托夫州以及塞瓦斯托波尔市法院未生效的一审判决。

第四二审法院驻扎在下诺夫哥罗德州首府下诺夫哥罗德市，其职责是对来自巴什科尔托斯坦共和国、马里埃尔共和国、莫尔多瓦共和国、鞑靼斯坦共和国、乌德穆尔特共和国、彼尔姆州、基洛夫州、下诺夫哥罗德州、奥伦堡州、奔萨州、萨马拉州、萨拉托夫州、乌里扬诺夫斯克州法院未生效的一审判决进行复审。

第五二审法院设立在新西伯利亚州的首府新西伯利亚市，负责审理阿尔泰共和国、布里亚特共和国、萨哈（雅库特）共和国、图瓦共和国、哈卡斯共和国、阿尔泰边疆区、后贝加尔边疆区、堪察加边疆区、克拉斯诺亚尔斯克边疆区、滨海边疆区、哈巴罗夫斯克边疆区、阿穆尔州、伊尔库茨克州、克麦罗沃州、马加丹州、新西伯利亚州、鄂木斯克州、萨哈林州、托木斯克州、犹太自治州以及楚科奇民族自治区法院所作出的未生效的一审判决。

（4）联邦三审普通法院

目前，俄罗斯联邦已建立了九个三审普通法院，具体分布如下：

第一三审法院坐落于萨拉托夫州首府萨拉托夫市，负责莫尔多瓦共和国、别尔哥罗德州、布良斯克州、沃罗涅日州、卡卢加州、库尔斯克州、利佩茨克州、奥廖尔州、莫斯科州、下诺夫哥罗德州、奔萨州、萨拉托夫州以及图拉州等地的一审和二审法院生效判决的复审工作。

第二三审法院位于首都莫斯科市，负责对弗拉基米尔州、伊万诺沃州、科斯特罗马州、梁赞州、斯摩棱斯克州、坦波夫州、特维尔州、雅罗斯拉夫尔州以及莫斯科市等地生效法院判决的审理与复核。

第三三审法院设立于圣彼得堡市，其司法权限延伸至对卡累利阿共和国、科米共和国、阿尔汉格尔斯克州、沃洛格达州、加里宁格勒州、列宁格勒州、摩尔曼斯克州、诺夫哥罗德州、普斯科夫州以及圣彼得堡市和涅涅茨自治州等地生效法院判决的终审审议。

第四三审法院设在克拉斯诺达尔边疆区首府克拉斯诺达尔市，负责审理来自阿迪格共和国、卡尔梅克共和国、克里米亚共和国、克拉斯诺达尔边疆区、阿斯特拉罕州、伏尔加格勒州、罗斯托夫州以及塞瓦斯托波尔市等地法院的生效判决。

第五三审法院位于斯塔夫罗波尔边疆区的皮亚季戈尔斯克市，其任务是对达吉斯坦共和国、印古什共和国、卡巴尔达-巴尔卡尔共和国、卡拉恰伊-切尔克斯共和国、北奥塞梯-阿兰共和国、车臣共和国以及斯塔夫罗波尔边疆区等地生效法院判决的终审审查。

第六三审法院设在萨马拉州首府萨马拉市，负责复审巴什科尔托斯坦共和国、马里埃尔共和国、鞑靼斯坦共和国、乌德穆尔特共和国、楚瓦什共和国、基洛夫州、奥伦堡州、萨马拉州以及乌里扬诺夫斯克州等地法院的生效判决。

第七三审法院设立于车里雅宾斯克州首府车里雅宾斯克市，其司法权限涵盖对彼尔姆州、库尔干州、斯维尔德洛夫斯克州、秋明州、车里雅宾斯克州、汉特-曼西斯克自治区和亚马尔-涅涅茨自治区等地生效法院判决的终审裁决。

第八三审法院设在克麦罗沃州首府克麦罗沃市，负责对阿尔泰共和国、布里亚特共和国、图瓦共和国、哈卡斯共和国、阿尔泰边疆区、后贝加尔边疆区、克拉斯诺亚尔斯克边疆区、伊尔库茨克州、克麦罗沃州、新西伯利亚州、鄂木斯克州以及托木斯克州等地生效法院判决的终审复议。

第九三审法院位于沿海边疆区首府符拉迪沃斯托克市，其司法职能涉及对萨哈（雅库特）共和国、堪察加边疆区、滨海边疆区、哈巴罗夫斯克边疆区、阿穆尔州、马加丹州、萨哈林州、犹太自治州以及楚科奇民族自治区等地生效法院判决的终审评判工作。

3. 俄罗斯联邦仲裁法院

（1）联邦主体仲裁法院

俄罗斯联邦主体仲裁法院体系由各个联邦主体层面的仲裁法院组成，包括但不限于共和国、边疆区、州级、直辖市、自治州以及自治区的仲裁法院，它们在司法体系中扮演着至关重要的角色，其主要职能体现为：承担起对所有仲裁法院初审管辖权范围内的案件进行审理的责任，作为初始裁决阶段的关键环节；根据新出现或新发现的事实材料，依法对本院已经作出并已生效的判决进行重新审议，确保司法公正与正义得以实现；在必要时，依据法定程序将案件中涉及的联邦法律适用问题提交至俄罗斯联邦宪法法院进行合宪性审查，确保法律适用的正当性和一致性；深入研究并系统总结法院在审判实践中的经验和规律，提炼司法智慧，为司法决策提供理论支撑；结合审判实践，积极向立法机关反馈意见和建议，参与法律及其他规范性法律文件的修订和完善工作，推动司法与立法的良性互动；对法院内部的案件数据和统计信息进行科学分析，形成具有指导意义的司法统计报告，为司法决策、资源配置及效能改进提供定量化的依据和参考。

（2）二审仲裁法院

二审仲裁法院在俄罗斯联邦司法体系中担任着对一审未生效仲裁裁决进行合法性与合理性复查的重要职能。当前，俄罗斯境内共设立了 21 个二审仲裁法院，这些法院依据地域布局，分布在伏尔加-维亚特卡、东西伯利亚、远东、西西伯利亚、莫斯科、伏尔加、西北、北高加索、乌拉尔以及中央等十个司法管辖区之内。

这些二审仲裁法院主要由法院主席团、民事争议委员会以及行政争议委员会三大部门构成，它们的主要职责包括：承担起作为第二审级法院的角色，对下级仲裁法院尚未生效的一审裁决进行全面复审，确保裁决的合法性和公正性；当出现新证据或新事实时，有权根据法律规定对已生效的仲裁判决进行再审，以修正可能存在的错误或不公正之处；对司法实践进行深度研究和系统总结，提炼经验教训，推动司法实践水平的不断提升；根据审判实践，积极参与法律与其他规范性法律文件的修订和完善工作，向立法和行政部门提供有价值的改进建议，促进法律体系的动态适应性和公正性；运用科学的方法对法院的各类统计数据进行细致分析，以获取有价值的信息，为提高司法效率、优化司法资源配置提供量化依据和决策参考。

（3）联邦区仲裁法院

联邦区仲裁法院在俄罗斯联邦司法架构中担任仲裁案件的第三审级，其核心职能在于对已经生效的一审和二审法院裁决进行复审，旨在审视和确保前两级法院判决的合法性和公正性。除此之外，联邦区仲裁法院还肩负起一审法院的职责，对涉及诉讼程序违规及执行令时效超期等特定类型的案件拥有直接审理权。

俄罗斯联邦目前共设置了十个区域性联邦区仲裁法院，这些法院分布于各大联邦区，分别是：伏尔加-维亚特卡联邦区仲裁法院、东西伯利亚联邦区仲裁法院、远东联邦区仲裁法院、西西伯利亚联邦区仲裁法院、莫斯科联邦区仲裁法院、伏尔加联邦区仲裁法院、西北联邦区仲裁法院、北高加索联邦区仲裁法院、乌拉尔联邦区仲裁法院以及中央联邦区仲裁法院。这些法院作为俄罗斯联邦仲裁司法体系的重要组成部分，共同维护和促进了国家范围内仲裁法律事务的公正审理与高效执行。

（4）专门法院

俄罗斯联邦仲裁法院体系内设立的专门司法机构——知识产权法院，作为知识产权案件审理的一审和上诉审级法院，承载着对知识产权纠纷案件的全面审判职能。在一审程序中，针对涉及知识产权持有者权益保障的案件，知识产权法院通过法官组成的合议庭予以审理，具体涵盖的案件类型包括：关于行政机关制定的规范性法律文件是否侵犯了知识产权持有者的合法权益的问题；例如育种成果权及其对应的专利权、集成电路拓扑结构权、商业秘密（专有技术）权，法人、商品、作品、服务和企业采用的知识产权方法的权利以及知识产权成果使用权的确立和保护问题；对于围绕知识产权成果法律保护的授予、维持或撤销产生的争议，特别是针对行政机关知识产权管理部门发布的非规范性法律文件、决定及其行为（或不作为）引发的纠纷；包括商标因长期未被有效使用而可能导致法律保护失效在内的相关争议案件。

在二审程序中，知识产权法院的主席团则负责对已生效的一审判决进行复审，以确保司法公正与法律适用的准确无误。同时，主席团还担负其他重要职责，如根据知识产权法院院长的推荐，确认合议庭庭长人选；审议并决定知识产权法院的内部组织管理与运作事宜，从而在整体上促进知识产权司法保护的专业化和高效化。

3.2 仲裁机构

俄语区国家因历史传统，在仲裁机构体系中，一般都在工商会下属设有国际商事仲裁机构，如：俄罗斯联邦工商会国际商事仲裁院、哈萨克斯坦工商会仲裁委员会、乌兹别克斯坦工商会仲裁院、白俄罗斯工商会国际仲裁院、吉尔吉斯斯坦工商会国际仲裁法院。

2016年9月《俄罗斯联邦仲裁（仲裁审理）法》生效，改革后，俄罗斯的常设仲裁机构由1500家锐减到4家，分别是：俄联邦工商会下属国际商事仲裁院（依据《俄罗斯联邦仲裁（仲裁审理）法》成立）；〔1〕俄联邦工商会下属海事仲裁委员会（依据《俄罗斯联邦仲裁（仲裁审理）法》成立）；〔2〕俄工业企业家联合会下属仲裁中心（根据 2017 年 4 月 27 日第 798 号俄罗斯联邦政府令成立）；〔3〕非营利自治组织现代仲裁院（俄罗斯现代仲裁协会）下属俄罗斯仲裁中心（根据 2017 年 4 月 27 日第 798 号俄罗斯联邦政府令成立）。〔4〕

俄语区国家仲裁机构合作方式

序号	仲裁机构	国别	与我国合作现状	联系方式
1	俄罗斯工商会下属国际商事仲裁院 MKAC（Международный коммерческий арбитражный суд）	俄罗斯	2018 年 6 月 9 日司法部党组成员（副部长级）甘藏春率团会见俄罗斯工商会及下属国际商事仲裁院代理，俄方表示与中国国际经济贸易仲裁委员会（CIETAC）将积极合作。俄联邦工商会副主席 Вадим Чубаров 表示，MKAC 可以成为解决上海合作组织、金砖国家和其他国际合作平台内投资争议的第三国"仲裁中心"，	网址：https://mkas. tpprf. ru/ru/ 电子邮件：mkac_arbitration@ tp-prf. ru 电话：8-495-620-0171 传真：8-495-620-0153 地址：109012 Москва, ул. Ильинка, 6/1, с. 1（для почты）. Фактический адрес：Москва, ул. Ильинка, д. 5/2 主席 Фролочкин Валерий Алексеевич（495）620-00-07；负责国际商事纠纷的副主席 Охлопкова Юлиана Юрьевна（495）620-01-71，juliana@ tpprf. ru；负责协调国际商事纠纷的副主席 Романенко Степанида Владимировна（495）620-04-60, romanenko. SV@ tpprf. ru；负责体育纠纷的部门主任 Добрянская Наталья Леонидовна（495）620-01-49, sts@ tpprf. ru；

〔1〕 参见俄罗斯联邦工商会下属国际商事仲裁院网站信息：https://mkas. tpprf. ru/ru/，最后访问日期：2021 年 11 月 5 日。

〔2〕 参见俄罗斯联邦工商会下属海事仲裁委员会网站信息：https://mac. tpprf. ru/ru/，最后访问日期：2021 年 11 月 5 日。

〔3〕 参见俄罗斯工业企业家联合会下属仲裁中心网站信息：https://arbitration-rspp. ru，最后访问日期：2021 年 11 月 5 日。

〔4〕 参见俄罗斯现代仲裁协会下属俄罗斯仲裁中心网站信息：https://centerarbitr. ru/zh/，最后访问日期：2021 年 11 月 5 日。

序号	仲裁机构	国别	与我国合作现状	联系方式
			CIETAC 仲裁员团和 MKAC 之间的人员交流将是非常合适的, MKAC 愿意向 CIETAC 提供建议列入其名单的仲裁员名单, 也准备反向操作。在讨论多个实际问题的过程中, 中方收到了 MKAC 2012—2017 年度涉及中国企业争议的统计数据。	
2	俄联邦工商会下属海事仲裁委员会 MAK （Морская Арбитражная Комиссия）	俄罗斯		网址：https://mac. tpprf. ru/ru/ 电子邮件：marine@ tpprf. ru mac. spb@ tpprf. ru （彼得堡分部） 电话：（495）620-01-77 地址：109012, Москва, ул. Ильинка, 6/1, c. 1（邮寄地址）. Москва, ул. Ильинка, д. 5/2 （вход в здание со стороны Биржевой площади）（办公地址）
3	俄罗斯工业企业家联合会下属仲裁中心 Арбитражный центр при РСПП	俄罗斯	广州仲裁委员会与俄工业企业家联合会下属仲裁中心已签署谅解备忘录。 2019 年 6 月 17 日俄罗斯工业企业家联合会下属仲中心国际合作和区域发展主任米克申思·丹尼斯·弗拉基米罗维奇与远东分会负责	网址：https://arbitration-rspp. ru/ 电子邮件：info@ arbitration-rspp. ru 电话：+7（495）545-08-08 地址：Котельническая наб., 17, Москва, Россия

序号	仲裁机构	国别	与我国合作现状	联系方式
			人娜塔莉亚·普利谢金娜一行到访哈尔滨仲裁委员会。双方在共同开展宣传推广活动、互相提供开庭场所等便利化服务、法律信息共享及互相协助裁决的承认与执行等方面达成了合作意向。2019年12月5日，由俄罗斯联邦政府前第一副总理绍欣（Shokhin）主席领导的俄罗斯工业企业家联合会（RSPP）批准公布了4个新加入该联盟的法律实体，北京德和衡律师事务所在莫斯科联邦塔开设的"DHH法律中心"成为第一个加入该机构的中国法律实体。2019年12月16日青岛仲裁委员会与俄罗斯工业家企业家联合会下属仲裁中心签订了《相互关系与合作协议》，就双方进一步加强相互交流、互	

续表

序号	仲裁机构	国别	与我国合作现状	联系方式
			相推荐仲裁员、共同举办各类会议、相互之间配合仲裁裁决的承认与执行等内容达成了共识。	
4	俄罗斯现代仲裁院下属俄罗斯仲裁中心 Росийский арбитражный центр при РИСА	俄罗斯	香港国际仲裁中心与俄罗斯现代仲裁院签署了合作协议。2019年10月4日~5日，哈尔滨仲裁委员会国际部负责人慕钦一行走访俄罗斯现代仲裁院下属俄罗斯仲裁中心远东分会及俄罗斯DP Group律师事务所，并与相关负责人员举行座谈，双方未来将继续推进合作，在联合开展仲裁宣传推广、互相提供开庭场所等方面开展合作。2021年6月2日，北京知仲科技有限公司与俄罗斯现代仲裁中心（R-IMA）签署了合作备忘录。	网址：https://centerarbitr.ru/zh/关于我们/ 电子邮件： info@ centerarbitr.ru media@ centerarbitr.ru 电话：+7（495）797-9477 地址：14，bldg 3 Kadashevskaya embankment 119017，Moscow，Russian Federation

3.3 税务机构

3.3.1 组织架构

企业在投资过程中如遇税收纠纷和不公平待遇时，要充分利用国家之间的税收协定，与投资地税务主管部门沟通协调，必要时寻求中国政府的帮助，启动双边协商程序来解决。

俄联邦税务机关

俄罗斯联邦税务局隶属于俄罗斯联邦财政部，是俄罗斯负责税收征管的主要部门。俄罗斯联邦税务局目前总计约有 15 万名工作人员，税收征收机构共 900 多个，负责全国 300 多万户企业和其他纳税人的税款征收。俄罗斯联邦税务局正在实现税收征管新的数字化转型——IT 架构已经成为所有税收征管流程的基础，为实现税收征管现代化奠定了基础。目前俄罗斯联邦税务局数据处理中心是所有税收征管业务的唯一平台，新近完成建设的基础设施在唯一的纳税人识别码下，归集全部相关的经营活动，可以实现一户式的纳税人档案查询。自 2015 年起，俄罗斯联邦税务局利用大数据和高级分析技术，监控增值税的纳税执行行为。自 2016 年起，率先在皮草商品上加贴电子标签，试图通过二维码扫描等无线射频识别技术，实现在线监控货物的流动，改善皮草市场的透明度，目前这项工作已经推广到了医药、烟草、服装、鞋类等行业。2016 年 3 月 14 日，俄罗斯联邦税务局局长签发税务局令，制定、开发、使用俄罗斯联邦税务局自动信息系统 3 期（俄文：Автоматизированной Информационной Системе，简称 АИС《Налог-3》；英文：the Automated Information System，简称 AIS "Tax-3"）。2017 年开始强制推行使用在线收银机系统，以此实现实时直接向联邦税务局云存储器传送零售交易数据。为了应对数字经济相关问题，联邦税务局在 2017 年实行了在线主动执行方案，通过国际在线服务供应商，为缴纳增值税提供便利。联邦税务局通过运用新技术提高了税法执行度，增加了税收收入。

2004 年 9 月 30 日，第 506 号俄罗斯联邦政府决议批准了《俄罗斯联邦税法典》第二部分的联邦法律，其中规定了俄罗斯联邦税务机关系统包括联邦税务局（ФНС）及其下辖机关。俄罗斯联邦税务局是俄罗斯联邦税务部门的中央机关，下设 9 个行业跨区域特大型纳税人税务管理局、8 个联邦管区税务管理局、84 个联邦主体税务局（俄罗斯有 85 个联邦主体，阿尔汉格尔斯克州和涅涅茨自治区共设 1 个联邦主体税务局）、3 个跨区域数据集中处理管理局、1 个跨区域转让定价调查局和 1 个跨区域案头检查局。

俄罗斯联邦税务机关系统包括：

俄联邦税务局领导层

俄联邦税务局中央办公室各机关单位

俄联邦税务局跨区域检查机构

俄联邦主体的税务部门

跨区域税务监管机关具体包括：

联邦地区税务局的跨区域检查机构

针对最大纳税人的跨区域检查机构

用于集中数据处理的跨区域检查机构

以征税为目的的跨区域定价检查机构

内业监管跨区域检查机构

俄联邦主体的税务机关体系进一步分为按地区、城市区、没有地区划分的城市税务部门以及跨区域税务检查机构。

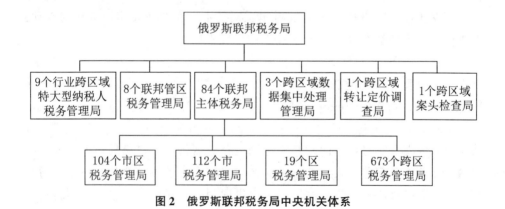

图 2　俄罗斯联邦税务局中央机关体系

其中，9 个行业跨区域特大型纳税人税务管理局包括：行业跨区域特大型纳税人税务管理局第一局（石油行业）、第二局（天然气行业）、第三局（制造、建筑和贸易行业）、第四局（电力行业）、第五局（冶金行业）、第六局（交通运输行业）、第七局（通信行业）、第八局（军工行业）、第九局（金融行业）。跨区域特大型纳税人税务管理局对分管行业内的大企业进行管理。

8个联邦管区税务管理局分别是：中央联邦管区税务管理局、南部联邦管区税务管理局、西北联邦管区税务管理局、北高加索联邦管区税务管理局、远东联邦管区税务管理局、西伯利亚联邦管区税务管理局、乌拉尔联邦管区税务管理局、伏尔加河沿岸联邦管区税务管理局。联邦管区税务管理局对管区内的联邦主体税务局的税收执法和行政管理进行监督。

俄罗斯联邦主体（共和国、州、边疆区等）设有84个联邦主体税务局（阿尔汉格尔斯克州和涅涅茨自治区共设1个联邦主体税务局），下设19个区税务管理局、104个市区税务管理局、112个市税务管理局和673个跨区税务管理局，全部为基层税务管理部门，统一征收俄罗斯联邦税费、联邦主体税费和地方税费，实行全国统一规范的税务管理和服务。

俄联邦税务局中央办公室各机关单位具体包括：

分析局、监控局、法人征税局、人事局、财务局、信息技术局、法务局、破产程序管理局、债务管理局、业务监管局、产业税收局、最大纳税人管理局、税务监察局、人口登记局、税务纠纷预审局、行政监管局、国际合作及外汇监管局、纳税人登记及会计局、内业监管局、税务机关现代化局、汇兑定价局、税务机关监管局、相互服务局、个人收入税务及保险费管理局、电子凭证传递局、信息安全局。[1]

3.3.2 税务管理机构职责

俄罗斯联邦税务局是联邦执法机关，履行监督税法的执行情况，监督税款以及国家征收的其他费用能否按照有关法律规定准确、足额、及时缴纳，监督酒精、酒精制品和烟草制品的生产和流转，管理所辖范围内外汇的职能[2]。2004年9月30日第506号政府决议批准的联邦税务局条例第1款规定了俄罗

---

〔1〕 See Структурные подразделения центрального аппарата ФНС России ｜ ФНС России ｜ 77 город Москва (nalog. gov. ru)，https://www. nalog. gov. ru/rn77/about_ fts/fts/structure_ fts/str_ podr_ ca/，最后访问日期：2024年4月22日。

〔2〕 See п. 1 Положения о ФНС, утв. Постановлением Правительства от 30. 09. 2004 № 506.

斯联邦税务机关在管控及监督方面的主要职能，具体包括：遵守税费立法；正确、完整、及时地计算纳入预算的税费及保险收费；正确、完整、及时地计算纳入预算的其他强制性收费；生产和销售烟草制品；使用收银机设备（KKT）。

此外，俄联邦税务机关的权利、义务和责任也在《俄罗斯联邦税法典》第5章中有所规定。如果是涉及跨关税同盟海关边境的货物，则按照《俄罗斯联邦税法典》第34条第1款的规定，海关当局还有权对其征税。[1]

俄罗斯联邦税务局还被授权进行法人组织的注册登记，以及作为个体经营者、农场经营者的自然人注册登记，并在破产事务中代表国家要求破产的组织机构履行有关支付义务；负责建立并维护各类入口和商业数据信息的统一记载和保存。自2017年起，俄罗斯联邦税务局负责收取雇主和个体企业家支付的社会保险费；按照宪法、宪法性法律、联邦法律、俄罗斯联邦总统令、联邦政府法令、俄罗斯联邦签署的国际条约、俄罗斯联邦财政部规范性法律文件、联邦税务局组织法履行其职责；直接或者通过其派驻在各地的机构与其他联邦执法机关、俄罗斯联邦主体执法机关、地方政府执法机关、国家预算外基金组织、其他社会团体以及其他组织协调配合开展工作。

根据俄罗斯联邦政府2004年9月30日第506号"《关于批准〈俄罗斯联邦税法典〉第二部分的联邦法律》"的政府法令，联邦税务局及辖区机构——俄罗斯联邦主体管理局、跨地区检查局、各地区的检查局、城市各区的检查局、无区划城市的检查局、跨市区检查局（以下简称税务机关）构成了统一的中央税务机关系统。俄罗斯联邦税务局没有下属的国家机关和外国代表处[2]。

在实际的工作当中，俄罗斯税务机关通过税务检查的方式对纳税人、付款人和扣缴人依法纳税进行监管，具体分为案头检查和现场核查。案头检查是指由税收部门依据其所拥有的有关纳税人所提供的信息等而对其进行的一种审查。在不经主管部门同意的情况下，由税务部门的职员在纳税人提供信息的3个月之内对其进行案头审查。如果在案头检查过程中，发现了纳税人

---

〔1〕See Система и функции налоговых органов, https://glavkniga.ru/situations/k503818#:~:text=Система%20налоговых%20органов%20РФ%20включает, Правительства%20от%2030.09.2004%20№%20506), 最后访问日期：2024年4月22日。

〔2〕See Структура ФНС России | ФНС России | 77 город Москва (nalog.gov.ru) https://www.nalog.gov.ru/rn77/about_fts/fts/structure_fts/.

所提供的申报材料有误等情形，那么，他就应该在 5 天之内作出解释，或者在指定的时间之内改正。现场核查就是对纳税人进行现场实地检查，须经主管部门负责人同意。现场核查可能涉及一个或几个纳税人的纳税项目，但不得就相同的税种在一个纳税年度进行两次或多次的现场核查。在没有得到负责监管税款征收工作的政府授权的前提下，税务机关在一年中不能对相同的纳税人实施超过两次的现场核查。

目前俄罗斯对税务部门实行了一种新型的税务监督方式，即通过纳税人与税务部门签署加强合作协议，实现对企业的税收管控。协议订明了有关的协作条款，尤其是在税务机关和纳税人间交换资料的过程，以便税务机关对纳税人纳税情况进行监测。纳税人自愿参与税务监督。如果企业前一年的总收入超过 30 亿卢布，并且增值税、消费税、企业所得税和矿产资源开发税等合计不少于 3000 万卢布，或者其财产价值 30 亿卢布，则该企业可以自愿要求接受税务监督。其中，以"汇丰银行""联合利华"为首的六个企业，在 2015 年 7 月 1 日以前主动提出了有关申报，并以此方式接受了税务监督。这种税收监督方式的特色在于，对企业财务、税收会计和内控制度等信息进行定期在线访问。俄罗斯联邦税务总局希望通过与纳税人的交流，为充分履行其纳税责任营造一个有利的税收环境。俄罗斯有关专家表示，通过对纳税人进行监督，可以使其避免被税务机关审查，而且这样一种新的监督方式可以减少在征收时出现的纠纷。自 2016 年 1 月 1 日开始，将个人申报的收入并入公司所得税，并选择合并企业所得税报告的纳税人可以参与税务监督。自 2017 年 1 月 1 日开始，俄罗斯税收监管也囊括了社保缴费。

根据 2021 年《俄罗斯联邦税法典》新的法律规定，俄罗斯的银行及信贷机构有义务向税务机关提交俄罗斯人账户和银行卡的资金流动信息。如果某项交易属于无法识别的类型，则将被税务机关视作应税利润。如果个人无法证明其收到的资金不属于收入，则税务机关有权征收 20% 的罚款以及滞纳金。

根据 2022 年 7 月 14 日第 263 号联邦法，自 2023 年起，俄罗斯的税款和缴费将通过"统一税款交纳"系统进行支付。纳税人的缴款将自动转入国家财政部的统一税收账户，检查员将该笔款项计入当期付款、欠款、滞纳金及罚款的账户。

如果发现税务机关的行政行为有所不当，可以向上级税务机关提出投诉。收到投诉的税收机关应当在投诉提交之日起 3 日内向其上级税务机关递交申诉状。在《俄罗斯联邦税法典》没有作任何其他要求的情况下，申诉人在知晓或应当知晓自己的利益受到侵害的一年内，有权向上级税务机关提出直接的投诉。如果对受理投诉机关的裁决有异议，则应于裁决作出后 3 个月之内，向负责监督税收及费用征收的联邦执行权力机关进一步申诉。

3.3.3 税务争议解决程序

按照俄罗斯法律的规定，纳税人认为税务机关及其工作人员行为不恰当的，可通过被申诉机关的上一级税务机关进行申诉。被申诉的税务机关应在申诉提交之日起 3 日内将申诉状及其附带材料提交给上一级税务机关。

对于未规定申诉期限的情况，申诉人在自身权益被损害之日起一年内可以向上一级税务机关进行申诉。对于已经生效的追究或不追究税收违法行为责任的决定进行申诉，申诉期限为该决定作出之日起一年内。如果对受理申诉机关的处理决定不服，可以在该决定作出之日起 3 个月内向负责监督税收及费用征收的联邦执行权力机关进一步申诉。如果申诉期已过但有正当理由，上一级税务机关可酌情考虑延长申诉期限。此外，纳税人还可以通过向法院起诉的方式维护自己的权益。组织和个体企业家应按照联邦法律规定的仲裁程序向仲裁法院提交申诉书，而自然人则应按照对政府机关和公务人员非法行为提起申诉的联邦法律的规定向普通审判法院提交申诉书。

1. 中俄税收协定

根据《俄罗斯联邦宪法》和《俄罗斯联邦税法典》的规定，俄罗斯签订的国际条约规定与俄罗斯国内法律规定不一致时，应当遵守国际条约的规定，俄罗斯在批准该条约时另有保留的除外。俄罗斯联邦认为自己是苏联的合法继承者，同意兑现苏联缔结的税收协定，直到谈判达成新的税收协定为止。目前，俄罗斯与包括中国在内的 84 个国家（地区）签订的税收协定已经生效执行，俄罗斯适用的税收协定，在很大程度上采用了 OECD 税收协定范本。

因此，中国居民到俄罗斯进行投资、承包工程、提供劳务等跨国经济活动，在俄罗斯境内取得的营业利润等积极收入和租金、股息、利息、特许权使用费、财产收益等收入，在俄罗斯缴纳企业所得税等具有所得性质的税收时，优先适用中俄税收协定。当依据俄罗斯国内税法缴纳的具有所得性质的税收高于中俄税收协定规定的税收时，中国居民可申请享受中俄税收协定给予的优惠待遇。根据《俄罗斯联邦税法典》，若税收协定规定了较低的税率或在俄罗斯境内免征税，中国居民作为受益人应向税款扣缴人提供中国税收居民身份证明，在获得所得的发生地进行减免。若支付款项之前未出具类似证明，则超出协定税率的预扣款项应在中国居民作为俄罗斯非居民纳税人提交申请书之后给予退还。

2. 相互协商程序

相互协商程序是两国主管当局为解决上述争议，在双边税收协定相互协商程序条款的框架内共同协调磋商的机制。中俄税收协定第 25 条相互协商程序条款为两国主管当局之间的协商解决机制提供了法律依据。

根据中俄税收协定，税务争议可以通过相互协商的机制解决。当中国居民企业认为俄罗斯采取的措施不符合协定规定的征税时，可以在三年内将案情提交中国主管税务当局，并层报税务总局与俄罗斯税务当局进行相互协商解决。此外，中俄税收协定规定了如何进行相互协商程序。如果有人认为缔约国一方或双方所采取的措施不符合协定规定的征税，则可以将案情提交该人为其居民或国民的缔约国主管当局。如果主管当局认为所提意见合理且不能单方面解决，则应设法同缔约国另一方主管当局相互协商解决，以避免不符合协定规定的征税。双方主管当局应通过相互协商解决困难或疑义，并且可以就未作规定的消除双重征税问题进行协商。为了达成协议，双方主管当局的代表可以进行会谈，口头交换意见。总的来说，中俄税收协定第 25 条为两国主管当局之间的协商解决机制提供了法律依据。根据中俄税收协定的相互协商程序条款规定，如果一个人认为缔约国一方或双方所采取的措施，导致或可能导致对其的征税不符合协定规定，该人可以将此案情提交给其所居住的缔约国主管当局。如属于"非歧视待遇"第 1 款的情况，则可以提交给为其国民的缔约国主管当局。在税收协定中，"居民"是指税收居民身份，"国民"是指拥有缔约国国籍的个人和按照该国法律成立的法人、合伙企业或团体。中国《税收协定相互协商程序实施办法》第 7 条规定了如何进行申请，包括对居民身份、常设机构、所得财产、非歧视待遇、其他条款理解和适用所产生的争端进行相互协商解决的情况。符合条件的中国居民（国民）可以向省税务机关提出申请，要求税务总局与缔约对方主管当局通过相互协商解决问题。申请人应采用中文文本并按照税务机关的要求翻译外文文本的相关资料原件。

3. 启动程序

相互协商程序是通过缔约国之间双边税收协定赋予缔约国纳税人的权利救济程序，其目的是保证税收协定的实施及有效消除国际双重征税。根据中俄税收协定，申请该救济程序的权利存在期限，即应在收到不符合税收协定规定的征税措施第一次通知之日起 3 年内提出申请。申请人必须符合一定的条件，包括符合相应规定的居民或国民身份、申请时间不超过规定时限、申请协商的事项为缔约对方已经或可能发生的违反税收协定规定的行为等。税务机关应在一定期限内处理申请，启动相互协商程序并决定是否终止相互协商程序或要求申请人补充材料。申请人应确保提交的材料真实全面。在两国主管当局达成一致意见前，申请人可以撤回相互协商申请。省税务机关应在收到申请后的 15 个工作日内将申请上报税务总局，并向申请人通知申请进展情况，并告知主管税务机关。税务总局收到省税务机关上报的申请后，应在 20 个工作日内针对不同的情况作出不同的处理：如果申请符合启动相互协商程序的条件，税务总局应决定启动协商程序，并及时向受理申请的省税务机关和申请人通知；如果申请已超过税收协定规定的期限，或者存在申请人的申请缺乏明显的事实法律依据，或者存在其他不具备相互协商条件的情况，税务总局则不予启动相互协商程序，并以书面形式通知受理申请的省税务机关和申请人；如果申请不具备启动相互协商程序的条件是由于申请人未提供完整的证明材料，省税务机关应要求申请人补充相关材料或说明情况，在申请人补充完整后，再按前两项规定处理。

针对紧急案件，税务总局可以直接和申请人联系，而在需要知会时，税务总局应当以书面形式通知受理申请的省税务机关，由省税务机关进一步告知申请人。然而，在某些情形下，如申请人隐瞒重要事实、拒绝提供关键信息、无法取得必要证据或缔约对方主管当局拒绝或终止相互协商等，税务总局可以终止相互协商程序，并以书面形式通知省税务机关。如果申请人在两国主管当局达成一致意见之前以书面方式撤回相互协商申请，税务机关将不再接受基于相同情况和理由的申请。

转让定价引起的税务争议是一项极其复杂的国际税收争议，需要各国主管当局通力合作，通过相互协商程序来解决这一问题。根据《特别纳税调查调整及相互协商程序管理办法》（国家税务总局公告 2017 年第 6 号）第 47 条的规定，中国可以按照签署的税收协定启动相互协商程序，与另一方税务主管当局进行协商谈判，以避免或减少因特别纳税调整事项而引发的国际重复征税。相互协商的内容涵盖预约定价安排的谈判协议以及特别纳税调查调整引起的相关调整谈判。企业必须在规定的期限内向国家税务总局提出申请表和相关说明，以启动相互协商程序。国家税务总局会审查申请资料，如符合税收协定规定，会启动相互协商程序；如资料不全，则要求企业补全资料。

国家税务总局有权拒绝企业的申请或请求，以及税收协定缔约对方税务主管当局启动相互协商程序的请求。这种情况可能会出现在以下情形中：企业或其关联方不属于税收协定任一缔约方的税收居民；申请或请求不属于特别纳税调整事项；申请或请求明显缺乏事实或法律依据；申请不符合税收协定有关规定；特别纳税调整案件尚未结案或虽然已经结案但企业尚未缴纳应缴纳的税款。国家税务总局还有权暂停或终止相互协商程序。其中，暂停相互协商程序的情形包括企业申请暂停；税收协定缔约对方税务主管当局请求暂停；以另一被调查企业的调查调整结果为依据，另一被调查企业尚未结束调查调整程序或其他原因导致相互协商程序暂停。而终止相互协商程序的情形则包括企业或其关联方未提供必要资料或提供虚假、不完整资料或不配合情况、企业申请撤回或终止、税收协定缔约对方税务主管当局撤回或终止以及其他原因导致相互协商程序终止的情况。

根据国家税务总局与税收协定缔约对方税务主管当局签署相互协商协议后的规定，省税务机关应当在收到书面通知后15个工作日内向企业送达《税务事项通知书》并附送相互协商协议。对于需要补（退）税的情况，还需附送《特别纳税调整相互协商协议补（退）税款通知书》或者《预约定价安排补（退）税款通知书》并监控执行补（退）税款。如果应纳税收入或者所得额以外币计算，则应按照相互协商协议送达企业之日上月最后一日的人民币汇率中间价折合成人民币，计算应补缴或者应退还的税款。在补缴税款时，应当加收利息，并按照《中华人民共和国企业所得税法实施条例》第122条规定的人民币贷款基准利率执行。

国际上普遍认为，相互协商程序应属于行政性的争端解决手段。换言之，其结果仅对达成协议的主管当局产生约束力。如果当事人对结果不满，仍有权通过司法程序寻求救济。此外，相互协商程序是两国主管当局就特定问题进行协商讨论，就效力而言，其得出的结论仅对该特定问题生效，而无普遍约束力。根据《税收协定相互协商程序实施办法》，双方主管当局通过相互协商达成一致意见后，应分别按不同情况处理。双方就协定的某一条文解释或某一事项的理解达成共识的，税务总局应将结果以公告形式发布。双方就具体案件的处理达成共识，需要涉案税务机关执行的，税务总局应将结果以书面形式通知相关税务机关。经双方主管当局相互协商达成一致的案件，涉及中国税务机关退税或其他处理的，相关税务机关应在收到通知之日起 3 个月内执行完毕，并将情况报告税务总局。一般认为，如果两国主管当局在协商讨论的问题上已经达成了生效的税收和解或司法判决，那么在进行相互协商时，两国主管当局只能基于之前认定的事实进行相应的纳税调整，而不能改变已经生效的和解或判决。

协商程序条款规定，若纳税人同意接受相互协商的结果，则该结果可以不受其本国国内法的限制。不过，由于两国主管当局在相互协商程序能否达成一致方面存在相当的不确定性，并且相互协商程序通常需要耗费大量时间，因此纳税人可能面临一些困难。如果纳税人对协商结果不满意，或者两国税务主管当局无法达成一致，那么即使纳税人希望通过司法程序解决，也很有可能面临诉讼时效已过期的尴尬局面。因此当事人在申请启动协商程序后往往还会选择同时启动其他的救济程序，如行政复议或司法救济来确保自身权益。

4. 中俄税收协定仲裁条款

仲裁条款由 OECD 制定，旨在提高相互协商程序的效率，确保税收协定的实施。其基本流程是，当两国主管当局在一定时间内（通常为两年）无法就相互协商的事项达成一致，当事人可以请求将该事项提交仲裁。然而，令人遗憾的是，中俄税收协定并没有包含仲裁条款。[1]

3.4 法定类型专属管辖案件的相应机构

在俄罗斯涉及破产、国家登记、知识产权、行政行为、私有化、国家采购、环境污染索赔等案件时需要诉诸法定类型专属管辖案件的相应机构。

---

〔1〕 参见《"一带一路"对俄合作税收服务与管理指引》，载 https://www.baidu.com/link? url= V3 qaORRb2qpSyt-jlLI-_K8a67GBpOg7il07qKdUtnk0Qf3opC-Gk9aSAerk-m4WSq7YpiDOg7VlfGNR2jazT5V wW7NVmPxKgWd7LsQEcyQkRVh8bAsCI92NTmM6h6DtEn12j8r9REAeOC4mPiugQUuGOooWFNKoPc3xcDZLSV G&wd=&eqid=dd5640c8001dbc6c0000000464136077，最后访问日期：2023 年 6 月 5 日。

例如，2011 年 12 月 6 日第 4-ФКЗ 号《俄罗斯联邦机构法》第 26 条第 1 部分规定，对一半管辖权法院审理的民事案件、行政案件、经济纠纷以及其他由仲裁法院进行审议，均通过该法的修订和补充来实现。俄联邦联邦机构法规定了组建和运作联邦专门法院的权力、程序。[1]

3.4.1 破产案件

在俄罗斯，商事破产和破产程序的相关法律主要包括以下几种：

《俄罗斯联邦破产法》：该法律规定了在哪些情况下可以宣布破产、法院如何宣布破产、破产程序的流程、债务人和债权人的权利和义务等。[2]

《俄罗斯联邦有限责任公司法》：该法律规定了有限责任公司的组织、管理、运作和解散等相关内容，以及破产程序中公司的权利、义务和责任等。[3]

《俄罗斯联邦民法典》：该法典规定了民事关系的基本原则和规则，包括债务人和债权人在破产程序中的权利、义务和责任等。

《俄罗斯联邦税法典》：该法律规定了企业在破产程序中的纳税义务等。

《俄罗斯联邦银行及银行活动法》：该法律规定了银行与企业在破产程序中的权利和义务等。[4]

在俄罗斯，破产案件的诉讼机构主要包括以下两种：

俄罗斯经济法院（Судебная коллегия по экономическим спорам Верховного Суда Российской Федерации）：该法院是俄罗斯特别法院，负责审理商业、金融、企业和国际贸易等方面的案件，包括破产程序的独立法院。经济法院有多级，分为联邦经济法院和地方经济法院等。

---

〔1〕　See Статья 26. Специализированные федеральные суды（garant. ru）https：//base. garant. ru/10 135300/3ac805f6d87af32d44de92b042d51285/，最后访问日期：2023 年 6 月 5 日。

〔2〕　Федеральный закон "О несостоятельности（банкротстве）" от 26. 10. 2002 N 127-ФЗ, https：// www. consultant. ru/document/cons_doc LAW 39331/?ysclid＝m2ooj7eyzl313030210，最后访问日期：2024 年 10 月 25 日。

〔3〕　Федеральный закон от 08. 02. 1998 N 14-ФЗ（ред. от 08. 08. 2024）"Об обществах с ограниченной ответственностью"，https：//www. consultant. ru/document/cons _ doc _ LAW _ 17819/?ysclid ＝ m2op6a5u7 i703108011，最后访问日期：2024 年 10 月 25 日。

〔4〕　Федеральный закон "О банках и банковской деятельности" от 02. 12. 1990 N 395-1, https：// www. consultant. ru/document/cons_doc_LAW_5842/?ysclid＝m2op0pjmrd861041798，最后访问日期：2024 年 10 月 25 日。

仲裁法院：该法院是非官方机构，主要处理贸易和商业争端，包括破产程序中的纠纷。仲裁法院在俄罗斯境内和国际范围内都有作用。在俄罗斯的立法规定中，破产案件诉诸仲裁法院，《俄罗斯联邦破产法》第 33 条[1]规定了仲裁法院对破产案件的司法管辖权。

法律实体和公民的破产案件，包括个体企业家的破产案件，由债务人所在地的仲裁法院或公民居住地的仲裁法院审议；如果对法人债务人的索赔总额不少于 30 万卢布，对公民债务人的索赔总额不少于 50 万卢布，并且这些索赔在应履行之日起三个月内未履行，则仲裁法院接受宣告债务人破产的申请，除非联邦法律另有规定。此外，上述破产案件不能提交仲裁庭审议。[2]

3.4.2 知识产权案件

在俄罗斯，管理知识产权案件的相关法律包括：

《俄罗斯联邦民法典》：其中的第 4 条规定了知识产权的保护以及相关程序。

《俄罗斯联邦商标法》(Закон Российской Федерации "О товарныхзнаках, знаках обслуживания и наименованиях мест происхождения товаров")：该法规定了商标的注册、保护和使用，以及商标违规行为的解决方式。

《俄罗斯联邦专利法》(Патентный закон Российской Федерации)：该法规定了专利的注册、保护和使用，以及专利违规行为的解决方式。

《俄罗斯联邦著作权法》(Закон РФ от 9 июля 1993 г. N 5351-I "Об авторском праве и смежных правах")：该法规定了关于著作权的定义、保护和使用，以及著作权侵权和纠纷的解决方式。

《俄罗斯联邦民事诉讼程序法》(Гражданский процессуальный кодекс Российской Фе-дерации от 14 ноября 2002 г. N 138-Ф3)：该法规定了在民事纠纷中解决知识产权违规案件的程序。

《俄罗斯联邦刑事诉讼程序法》(Уголовно - процессуальныйкодекс. Российской

---

[1] See ФЕДЕРАЛЬНЫЙ ЗАКОН "О НЕСОСТОЯТЕЛЬНОСТИ（БАНКРОТСТВЕ）", N 127-Ф3. СТ. 33

[2] Статья 33. Закон о Банкротстве N 127-Ф3 от 26. 10. 2002（zakonrf. info）https：//www. zakonrf. info/zakon-o - bankrotstve/33/#: ～: text = Подсудность% 20дел% 20o% 20банкротсве. % 201., или% 20по%20месту%20жительства%20гражданина，最后访问日期：2023 年 6 月 5 日。

федерации)：该法规定了在刑事纠纷中解决知识产权违规案件的程序。

在俄罗斯，知识产权案件的诉讼机构是俄罗斯联邦知识产权法院，该法院是俄罗斯专门处理知识产权纠纷的司法机构。知识产权法院作为一个专门的仲裁法院，在其职权范围内审议与保护知识产权有关的纠纷案件，可作为初审法院和三审上诉法院。《俄罗斯联邦仲裁程序法典》"Арбитражный процессуальный кодекс РоссийскойФедерации" от 24. 07. 2002 N 95-ФЗ 第 34 条第 4 部分以及第 274 条第 3 部分对知识产权法院的职权进行了规定。

知识产权法院作为一审法院，对以下几类案件拥有管辖权：

在专利权和选择成果权、集成电路拓扑权、生产秘密权（专有技术）、法律实体、货物、工程、服务和企业个性化手段权、作为统一技术组成部分的智力活动结果权利等领域对联邦当局制定的规范性法律文件提出质疑的案件。

在专利权和选择成果权、集成电路拓扑权、生产秘密权（专有技术）、法律实体、货物、工程、服务和企业个性化手段权、作为统一技术组成部分的智力活动结果权利等领域联邦当局的行为提出质疑的案件。

有关授予或终止对智力活动结果的法律保护以及法律实体、商品、作品、服务和企业（版权及相关权利对象、集成电路拓扑除外）的平等个人化手段的争端案件，包括：质疑联邦知识产权执行机关、成果培育机关、其官员以及俄联邦政府授权审议授予秘密发明专利申请的机构制定的非规范性法律文件、其决定以及行为（不作为）。

对联邦反垄断当局关于承认与取得法律实体、货物、工程、服务和企业个人化手段专有权诉讼的不公平竞争的决定提出质疑，以及对反垄断当局关于拒绝启动或终止此类不公平竞争案件调查的决定提出质疑。[1]

关于法院承认权利人与向商标提供法律保护有关的行为是不正当竞争行为。[2]

有关设立专利持有人的案件。发明、实用新型、工业设计或选择成果的专利无效宣告，给予商标法律保护的决定，商品原产地名称和授予该名称的

---

〔1〕 See абзац второй и третий пункта 8 постановления Пленума Верховного Суда Российской Федерации от 23. 04. 2019 № 10 《О применении части четвертой Гражданского кодекса Российской Федерации》

〔2〕 See абзац четвертый пункта 8 постановления Пленума Верховного Суда Российской Федерации от 23. 04. 2019 № 10 《О применении части четвертой Гражданского кодекса Российской Федерации》

专有权，除非联邦法律对其无效宣告规定了不同的程序，包括关于发明、实用新型、工业样品的著作权以及成果培育的争端。[1]

因商标未使用而提前终止对商标的法律保护的案件，但对权利人提起破产诉讼的除外。[2]

联邦反垄断当局关于承认与获得与个人化手段专有权有关的行为的不公平竞争的非法决定所造成损害的赔偿纠纷案件，或者因被认为不符合具有更高法律效力的其他法规而能全部或部分撤销的案件，其中包括：

在专利权和选择成果权、集成电路拓扑权、生产秘密权（专有技术）、个人化手段权、作为统一技术组成部分的智力活动结果权利等领域的规范性法律文件。

在专利权和选择成果权、集成电路拓扑权、生产秘密权（专有技术）、个人化手段权、作为统一技术组成部分的智力活动结果权利等领域的联邦行政当局的活动，包含立法解释和具有监管性质的行为。

在知识产权法院作为一审法院管辖的案件中，在合理时间内对侵犯法律诉讼权给予赔偿的案件，以及仲裁法院审理的保护知识产权纠纷案件，或在合理时间内对侵犯司法行为的权利给予赔偿的案件。[3]

《俄罗斯联邦仲裁程序法典》第 27 条第 6 部分第 6 段规定了上述案件由知识产权法院审议，无论组织、个体企业家或公民是否是争端产生的法律关系的参与者[4]。如果一项申请结合了与发生理由或提出的证据（《俄罗斯联邦仲裁程序法典》第 130 条第 1 部分）相互关联的几项索赔，其中一项由知识产权法院审议，另一项由另一个初审仲裁法院审议，则该案件由知识产权法院审议。[5]在第 451 号联邦法律生效后，违反管辖权规则案件的索赔声明、

〔1〕 абзац третий пункта 3 постановления Пленума Верховного Суда Российской Федерации от 23.04.2019 № 10 «О применении части четвертой Гражданского кодекса Российской Федерации»

〔2〕 пункт 12 постановления Пленума Верховного Суда Российской Федерации от 23.04.2019 № 10 «О применении части четвертой Гражданского кодекса Российской Федерации»

〔3〕 пункт 10 постановления Пленума Высшего Арбитражного Суда Российской Федерации от 08.10.2012 № 60 «О некоторых вопросах, возникших в связи с созданием в системе арбитражных судов Суда по интеллектуальным правам»

〔4〕 пункт 6 части 6 статьи 27 Арбитражного процессуального кодекса Российской Федерации

〔5〕 абзац второй пункта 10 постановления Пленума Верховного Суда Российской Федерации от 23.04.2019 № 10 «О применении части четвертой Гражданского кодекса Российской Федерации»

行政索赔声明递交到初审的法院、仲裁法院、知识产权法院后，将此类声明退回申请人。[1]如果上述情况在索赔声明、行政索赔声明以及接受法庭程序的申请通过后被阐明清楚，则根据《俄罗斯联邦民事诉讼法典》第 2 部分第 3 款和第 33 条第 2.1 部分确立的规则、《俄罗斯联邦仲裁程序法典》第 2 部分第 3 段和第 39 条第 4 部分的规定移交案件管辖权。[2]

作为最高上诉（三审）法院的知识产权法院，对以下几类案件有管辖权：

该法院在一审中审议过的案件。

俄罗斯联邦主体的仲裁法院、仲裁（二审）上诉法院在一审中审议过的关于保护知识产权的案件。[3]

法院审理知识产权保护纠纷，包括因侵犯知识产权活动结果、货物原产地名称、使用前权和使用后权的案件，以及专有权处置纠纷案件。这些案件根据纠纷参与人的主体构成和争端法律关系的性质来确定，除非法律另有规定。[4]

此外，关于涉及从事版权及合作权集体管理的组织知识产权保护纠纷的案件，根据《俄罗斯联邦版权法》第 27 条第 6 部分第 6 款，仲裁法院将对这些案件进行审议，而不论该组织在法庭上是代表版权持有者（法律实体、个体企业家或非个体企业家的公民）还是代表自己行事。[5]

还有一种情况是，在包括互联网在内的信息和电信网络中与保护版权和（或）相关权利（摄影作品和通过类似摄影的方法获得的作品的权利除外）有关的案件。此类案件由莫斯科市法院作为初审法院进行审议，无论争端法律关系参与者的主体构成以及争端的性质如何。[6]与此同时，如果由于此类违

---

〔1〕　пункт 2 части 1 статьи 135 Гражданского процессуального кодекса Российской Федерации, пункт 2 части 1 статьи 129 Кодекса административного судопроизводства Российской Федерации, пункт 1 части 1 статьи 129 Арбитражного процессуального кодекса Российской Федерации

〔2〕　пункт 11 постановления Пленума Верховного Суда Российской Федерации от 23. 04. 2019 № 10 «О применении части четвертой Гражданского кодекса Российской Федерации»

〔3〕　пункт 3 статьи 434 Федерального конституционного закона « Об арбитражных судах в Российской Федерации », часть 3 статьи 274 Арбитражного процессуального кодекса Российской Федерации

〔4〕　абзац первый пункта 4 постановления Пленума Верховного Суда Российской Федерации от 23. 04. 2019 № 10 «О применении части четвертой Гражданского кодекса Российской Федерации»

〔5〕　абзац второй пункта 4 постановления Пленума Верховного Суда Российской Федерации от 23. 04. 2019 № 10 «О применении части четвертой Гражданского кодекса Российской Федерации»

〔6〕　часть 3 статьи 26 Гражданского процессуального кодекса Российской Федерации, статья 28 Арбитражного процессуального кодекса Российской Федерации

规行为，莫斯科市法院的初步临时措施已被取消或尚未采取，则应审议此类案件的法院由一般规则确定。[1]

无论案件参与人的主体构成如何，关于个人化手段的争端（关于货物原产地名称的争端除外）都应由仲裁法院审议。这类争端不包括与消费者保护立法的适用有关的争端、继承争端和关于配偶共同财产分割的争端。[2]

在行政诉讼过程中，仲裁法院要特别考虑以下有关保护知识产权的案件：

《俄罗斯联邦行政违法法典》第 14.10 条规定的行政违法行为追究行政责任的案件，如果这些违法行为是由法人或个人企业家实施的。[3]

《俄罗斯联邦行政违法法典》第 1 部分（与法律实体个人化手段、产品、工程或服务个人化手段的获取和使用专有权有关的不正当竞争）和《俄罗斯联邦行政违法法典》第 14.33 条第 2 部分（如果这些行为是由法律实体或个人企业家实施的）对行政机构关于对违法行为承担行政责任的决定提出质疑的案件。[4]

关于反垄断局在违反《俄罗斯联邦保护竞争法》第 14 条第 1 部分第 4 段规定情况下的决定和（或）命令的上诉案件，不论主体构成如何（《俄罗斯联邦保护竞争法》第 52 条第 1 部分）。[5]

仲裁法院审议的关于保护知识产权争端的案件，但作为一审法院的知识产权法院管辖的案件除外，须由俄罗斯联邦主体的仲裁法院作为一审法院审议，同时考虑到案件管辖权的一般规则。[6]俄罗斯联邦主体的仲裁法院在这种情况下的司法行为由上诉仲裁法院按照上诉程序的顺序进行审查。俄罗斯联邦主体的仲裁法院和此类案件的上诉仲裁法院的司法行为由知识产权法院按照最高判决程序的顺序进行审查。同样，在所述要求之一与保护知识产权

---

〔1〕 пункт 6 постановления Пленума Верховного Суда Российской Федерации от 23.04.2019 № 10 «О применении части четвертой Гражданского кодекса Российской Федерации»

〔2〕 абзац третий пункта 4 постановления Пленума Верховного Суда Российской Федерации от 23.04.2019 № 10 «О применении части четвертой Гражданского кодекса Российской Федерации»

〔3〕 абзац третий части 3 статьи 23.1 КоАП РФ

〔4〕 часть 3 статьи 30.1 КоАП РФ

〔5〕 пункт 7 постановления Пленума Высшего Арбитражного Суда Российской Федерации от 08.10.2012 № 60 «О некоторых вопросах, возникших в связи с созданием в системе арбитражных судов Суда по интеллектуальным правам»

〔6〕 статья 34 Арбитражного процессуального кодекса Российской Федерации

有关的情况下，将审议撤销原判的申诉。

在破产、税务纠纷案件中以及根据《俄罗斯联邦仲裁程序法典》第 28.1 条规则审议的案件中，即使在审议过程中考虑了知识产权保护的某些问题，也由各区的仲裁法院进行一般性审查。

如果根据仲裁法院的决定，在知识产权最高上诉法院审查的情况下，另一个最高上诉法院，即仲裁法院，根据《俄罗斯联邦仲裁程序法典》第 39 条的规定，将其移交知识产权法院管辖。

如果知识产权法院收到撤销原判的上诉，连同该地区仲裁法院对撤销原判复审的决定的案件，知识产权法院根据《俄罗斯联邦仲裁程序法典》第 39 条的规定，将其移交给适当的管辖法院。

知识产权法院作为一个最高上诉法院，审议由俄罗斯联邦主体仲裁法院、上诉法院审议的保护知识产权案件，由法官组成合议团[1]，而不是由知识产权法院主席团审议。[2]

3.4.3　行政违法案件

在俄罗斯，如果公民或企业发现行政违法行为，可以向相关行政机关或办事机构提出诉求或申请，要求行政机关或办事机构进行调解或处理，行政机关将有义务对申告进行处理。如果个人和企业认为自己的权益被侵犯，他们可以向行政机关提起申诉。如果行政机关不能调解争端，公民和企业可以向法院提起诉讼，进行行政违法行为的诉讼。法院将根据相关法律对案件作出判决，并提供相应的处理方式。如果对法官作出的判决存在异议，公民或企业可以向上级法院或最高法院提出上诉。

俄罗斯行政违法案件的诉讼机构主要是俄罗斯联邦政府的行政诉讼法庭。俄罗斯行政违法案件适用的法律主要包括：

《俄罗斯联邦宪法》：该法规定了公民和组织的基本权利和法律责任，并明确了解决行政争端的程序。

《俄罗斯联邦行政违法法典》：该法规定了行政违法行为的种类和处理程

---

〔1〕　See часть 1 статьи 284 Арбитражного процессуального кодекса Российской Федерации

〔2〕　See пункт 7 постановления Пленума Верховного Суда Российской Федерации от 23. 04. 2019 № 10 «О применении части четвертой Гражданского кодекса Российской Федерации»

序，以及行政处罚和违法行为申诉的程序。

《俄罗斯联邦行政诉讼法典》：该法规定了如何提起行政诉讼，如何判决行政违法行为，以及行政审判程序和要求。

如果国家当局、其他国家机构、地方自治机构、具有单独国家或其他公共职权的组织、官员、国家或市政公务员的权力可扩展到几个地区，则向行政诉讼原告所争议的行为（不作为）的法律后果已经发生或可能发生的地区的法院提出，或者在有争议的决定正在执行的地区的法院提出行政索赔声明[1]。上述规定也适用于质疑法院执行员的决定、行为（不作为）。对国家当局、其他国家机构、地方自治机构、既有单独国家或其他公共权力的组织、官员（法院执行员除外）、国家和市政雇员的决定、行为（不作为）提出质疑的行政索赔声明，也可以在作为行政诉讼原告的公民居住地向法院提出，根据《俄罗斯联邦行政诉讼法典》第 24 条第 3 部分的规定，如属于该法典规定的情况，则在作为行政诉讼原告的组织所在地法院提出。[2]

3.4.4 私有化案件

俄罗斯私有化案件的诉讼机构主要是法院系统，其系统包括地方法院、区域法院、市法院、高级法院和最高法院。《俄罗斯联邦宪法》规定了公民和企业的基本权利和义务，包括言论自由、结社自由、宗教信仰自由、私有财产和受保护的其他权利等。根据《俄罗斯联邦民事诉讼法典》第 22 条和《俄罗斯联邦住房存量私有化法》第 8 条第 3 部分的规定，法院在国家和城市住房存量（包括部门住房存量，由企业全面经济管理或机构业务管理的住房存量）案件中行使保护公民权利的职责。[3]

---

〔1〕 часть 2 статьи 22 КАС РФ

〔2〕 Подсудность административных дел（дел об административном правонарушении）Постановление Пленума Верховного Суда Российской Федерации от 27 сентября 2016 года № 36 – О некоторых вопросах применения судами Кодекса административного судопроизводства Российской Федерации（vsrf.ru）https://www.vsrf.ru/documents/own/8511/，最后访问日期：2023 年 6 月 5 日。

〔3〕 Закон Российской Федерации от 4 июля 1991 г. "О приватизации жилищного фонда в Российской Федерации"（с изменениями, внесенными Законом Российской Федерации от 23 декабря 1992 г № 4199-1, Федеральными законами от 11 августа 1994 г. № 26-ФЗ, от 28 марта 1998 г. № 50-ФЗ, от 1 мая 1999 г. № 88-ФЗ, от 15 мая 2001 г. № 54-ФЗ, от 20 мая 2002 г. № 55-ФЗ, от 26 ноября 2002 г. № 153-ФЗ, от 29 июня 2004 г. № 58-ФЗ, от 22 августа 2004 г. № 122-ФЗ и от 29 декабря 2004 г. № 189-ФЗ）

根据俄罗斯联邦最高法院全体会议的解释，对于公民与地方行政当局、被赋予充分经济管理权的企业或住房基金业务管理权的机构之间拒绝将其居住的住宅私有化，就民事权利产生的争端，由法院根据索赔程序规则解决。

在上述情况下，由于争端涉及的是在自由私有化过程中未经评估即转移给公民的财产，因此提交此类申请的国家费用应按照《俄罗斯联邦税法典》第 333.19 条第 1 款第 3 项规定的金额征收。

以房地产属于立遗嘱人为由而申请私有化的住宅楼宇的人的索赔说明，包括在立遗嘱人的生命期间没有适当执行私有化的情况下，由国家根据提出索赔时确定的发生争端的房地实际价值支付费用。[1]

根据《俄罗斯联邦住房存量私有化法》第 2 条的规定，只有在国家和市政住房存量（包括部门住房存量）的社会租赁协议下占有住宅楼的公民，才有权按照上述法律、俄罗斯联邦其他管理法和俄罗斯联邦主体规定的条件免费实行住房私有化。但是，如果由其他行为建立的住房私有化程序与上述法律相抵触，包括超出发布这些行为的机构的权限时，则有必要以该法律的规定为指导。

在审查拒绝将位于部门住房存量的住宅私有化的合法性时，应该注意，根据《俄罗斯联邦住房存量私有化法》第 18 条的规定[2]，国家和市政企业或其清算不影响居住在这些企业和机构家中的公民的住房权利，包括自由私有化住房的权利。

即使在《俄罗斯联邦住房存量私有化法》第 18 条生效之前发生了企业和机构所有权形式的改变或清算，也不能拒绝公民将这些企业和机构房屋内的住宅房屋私有化，因为当时关于改变国家和市级企业和机构所有权形式的条件和程序的立法并不涉及其住房私有化的问题，没有规定管制住房存量私有化的条件，不能剥夺公民获得已占领住宅房地所有权的权利。如果改变了国家和市级企业和机构所有权形式的法律继承人自费建造或购买了无人居住的住宅，这些住宅后来成为私有化争端的主题，包括在《俄罗斯联邦住房存量私有化法》第 18 条生效后发生的情况，则不适用这一规定。

---

〔1〕　подпункт 1 пункта 1 ст. 333.19 названного Кодекса

〔2〕　ст. 18 Закона Российской Федерации 《О приватизации жилищного фонда в Российской Федерации》（в редакции Закона Российской Федерации от 23 декабря 1992 г.）

公民要求将住宅自由转让给居住在住宅内的所有人的共同所有或其中一个或一些人所有（根据这些人之间达成的协议），无论法律上有义务将住房转让给公民所有权的人的意愿如何，都应得到满足，因为《俄罗斯联邦住房存量私有化法》第2条赋予公民根据社会租赁协议在国家和市政住房存量房屋中占有住宅的公民，在所有居住的成年家庭成员和与他们一起居住的14岁至18岁的未成年人的同意下，以共同所有权（共享或共同）购买这些房地的权利。与此同时，表示同意与其同住的其他人取得被占领房屋的公民，保留按照随后取得的另一住宅私有化的顺序免费取得所有权的权利，在这种情况下，即使同意其他人将住房私有化，根据该法第11条规定的人员也没有获得哪怕一次免费私有化其居住住宅的机会。

如果对住宅转让合同的合法性发生争端，包括对其中一个用户的所有权发生争端，应利害关系方的要求，法院可以根据民事法律规定的交易无效的理由宣布该交易无效。

根据《俄罗斯联邦住房存量私有化法》第69条，与雇主同住并为其家庭成员或前家庭成员的未成年人享有租赁协议所产生的平等权利，因此，在被占用房舍自由私有化的情况下，他们有权与成年用户平等地成为房舍的共同所有权人。

根据《俄罗斯联邦民法典》第28条和第37条的规定，监护人无权在未经被监护人和监护当局事先许可的情况下进行某些交易，包括那些导致放弃属于被监护者的权利的交易，以及受托人同意这种交易的交易，拒绝参与私有化只能由未成年人的父母和养父母以及他们的监护人和受托人在上述机构的许可下进行。

根据《俄罗斯联邦住房存量私有化法》序言和第1、2条的含义，如果公民提出这种要求，就不能拒绝根据本法所规定的条件对其居住的住宅进行私有化。

与此同时，应当注意，遵守上述法律第7、8条所规定的住房转让登记程序，对负有将国家和城市住房存量住宅转让给公民所有义务的公民和官员都是强制性的。（特别是私有化问题必须在两个月内解决，住房转让合同已签订，所有权必须在国家统一不动产权利登记册上登记。自委员会确认公民对住宅的所有权之日起，司法机构将据此进行交易）。

但是，如果提交私有化申请和必要文件的公民在住宅转让所有权合同执行之前或者在国家所有权登记之前死亡，那么在将该住宅或其部分纳入继承遗产的争端时，必须记住，如果立遗嘱人在生前表示出将被占领的住宅私有化的意愿，不撤回其申请，这种情况本身不能作为拒绝满足继承人要求的依据，因为由于其无法控制的原因，其被剥夺遵守处理私有化文件的所有规则的机会，在这种情况下继承人的要求可以被拒绝。

已成为私有化住宅业主的公民有权自行拥有、使用和处置，但不得侵犯其他人的权利和受法律保护的利益。[1]

只有在其他共有人拒绝行使优先购买权，或在《俄罗斯联邦民法典》第250条规定的期限内未行使这项权利的情况下，才有可能将私有化公寓的共同共有份额出售给非共有人。

根据《俄罗斯联邦民法典》第246、253条，只有在所有的共同所有权人的同意下，才能将以私有化顺序转移到公民共同所有权的住宅进行交易（交换）。

如果有技术上的可能性将不仅是住宅，而且包括杂物间（厨房、走廊、浴室等）的独立部分都可以被允许将属于他的股份分配给私有化住宅的共同所有权的参与者。在没有这种可能性的情况下，法院有权根据原告的要求确定住宅的使用顺序。[2]

此外，俄罗斯私有化案件适用的法律还有《俄罗斯联邦股份公司法》（Федеральный закон от 26 декабря 1995 г. N 208 - ФЗ "Об акционерных обществах"），该法规定了企业的组建、业务运作、内部管理、股东权益和股东之间的关系等。

3.4.5 国家采购案件

俄罗斯在政府采购领域设立了专门的《俄罗斯联邦政府采购法》对该领域的法律关系及活动进行规制。

除《俄罗斯邦政府采购法》外，与俄罗斯国家采购相关案件适用的法律包括：

---

〔1〕　ст. 30 Жилищного кодекса РФ и ст. 209 ГК РФ

〔2〕　Подсудность дел о приватизацииПостановление Пленума Верховного Суда Российской Федерации от 24 августа 1993 года № 8 — Верховный Суд Российской Федерации（vsrf. ru）https：// www. vsrf. ru/documents/own/7727/，最后访问日期：2023 年 6 月 5 日。

《俄罗斯联邦第 44 号联邦法》（Федеральный закон от 05.04.2013 г. № 44-ФЗ "О контрактной системе в сфере закупок товаров, работ, услуг для обеспечения государственных и муниципальных нужд"）：该法规定了联邦采购规则和程序，其中包括公告、竞标、合同签订和执行等阶段。

《俄罗斯联邦刑法典》：该刑法典规定了涉及国家采购的犯罪行为，如受贿、腐败和滥用职权等。

《俄罗斯联邦土地法典》（"Земельный кодекс Российской Федерации" от 25.10.2001 N 136-ФЗ）：该土地法规定了土地的所有权和使用规则，在国家采购中涉及土地时可以作为参考标准。

《俄罗斯联邦反腐败法》（Федеральный закон от 25.12.2008 N 273-ФЗ "О противодействии коррупции"）：该法规定了公共采购过程中的透明度和公平性要求，并规定了对受贿行为和其他腐败行为的惩罚。

《俄罗斯联邦税法典》（Налоговый кодекс Российской Федерации）：该税法典规定了涉及国家采购及公共采购合同的税收规章，包括增值税、所得税和其他税收等事宜。

俄罗斯国家采购案件的诉讼机构包括俄罗斯联邦反垄断局（Федеральная антимонопольная служба/ФАС России），负责监管和执行联邦采购业务和公共采购业务的规定，并监督和管理俄罗斯的反垄断政策，包括反垄断执法和确保公共采购的公平规则；还包括俄罗斯联邦军事技术合作局（Федеральная служба по военно-техническому сотрудничеству/ФСВТС России），负责审查和批准军事和国家安全领域的大额采购合同。[1]

具体看来，俄罗斯的政府采购分三个层次：一是国家采购，包括政府部门、各大医院、各国家机关的采购；二是地方共和国政府也就是相当于中国省一级政府的采购，如俄阿尔泰边疆区、新西伯利亚专区等；三是城市的政府采购，相当于中国县市一级政府的采购。俄政府采购中，教育行业、医疗卫生行业以及汽车机械设备、道路修筑设备等采购量居前列。

政府采购的程序为：网站公布信息 30 天，一个月以后竞标企业拆封，公

---

[1] Указ Президента РФ от 16.08.2004 N 1083（ред. от 07.10.2022）"Вопросы Федеральной службы по военно-техническому сотрудничеству" https://www.consultant.ru/document/cons_doc_LAW_48910/64b75ef2cc585fbd5ba2d0ca54f63cd2d7e26c53/，最后访问日期：2023 年 6 月 5 日。

司代表必须在场，招标委员会与竞标企业双方代表确定价格以后就不能再变了，企业代表向招标委员会作陈述。10 天检验期，招标委员会如果发现企业公布的信息与实际不符、违反俄联邦政府采购法的都将予以清除（如果竞标企业被清除了，可以进行申诉，通过 www.fas.gov.ru 网站查看申诉，注意各阶段如符合政府法规，企业也能重新获得竞标资格）。10 天后从产品价格、质量保证等方面比较剩下的企业标书，胜出的公司由代表国家的采购官员出面签订标书，而公司则可以用特快专递或者电子签名。商品需求量一般很大，合同执行期变动也大，时间从三个月到一年的都有，商品也会被要求一次交货或者分批供货。

在涉国家采购领域，《俄罗斯联邦政府采购法》可谓是中国外贸企业进入俄罗斯市场的"敲门砖"。《俄罗斯联邦政府采购法》是在联合国有关法规总框架下制定的符合国际准则的法规，很像中国的招标法，不同之处是它非常庞杂，操作规则十分详细，多达 120 页，如果投标企业违反了该法，将被清除出局。俄罗斯联邦政府正在进行反腐斗争，参与竞标的政府官员不按规矩办事将受到被处以 3 万卢布（相当于 1200 美元）的罚款。

2020 年 4 月 30 日，俄罗斯联邦府通过第 616 号"关于禁止外国工业品进入政府采购、禁止外国工业品、劳务（服务）进入国防和国家安全采购的决议"和第 617 号"关于限制某些种类外国工业品进入政府采购的决议"两项决议，禁止外国工业品进入政府采购，但欧亚经济联盟国家（亚美尼亚、白俄罗斯、哈萨克斯坦、吉尔吉斯斯坦）的工业品不受此限制。

俄新社于 2020 年 5 月 1 日对俄罗斯联邦政府第 616 号决议进行报道称，俄罗斯本国不生产的商品、价值不足 10 万卢布的商品以及总金额不足 100 万卢布的采购活动不受限制。列入禁止清单的商品包括：轻型汽车、货车、吊车、消防车、救援车、警车、救护车、游轮和观光船、渡轮、油轮、直升机、某些种类的家具等。文件规定，汽车和设备的配件、耗材，以及国防部、内务部、近卫军和总统事务管理局等采购不受限制。

俄塔斯社于 2020 年 5 月 1 日对俄罗斯联邦政府第 617 号决议进行报道称，俄政府对一系列工业品的政府采购采取了"第三方多余"规则，即政府在采购清单里所列商品时，如果有不少于两家欧亚经济联盟国家的供货商，政府就应拒绝所有其他国家的供货申请。与此同时，申请供货的厂家不能出自同一集团。列入清单的商品涉及 174 项，其中包括：尿布、本、夹子、染色剂、酒精和一系列化学物质、氮磷钾肥、清洗剂、油膏、燃料添加剂、轮胎、带膛线的运动武器、弹药、电梯、童车、钢琴、吉他等。不过，此决议不限制为取得更好成绩而采购军品及其零件、弹药。此前，俄卫星通讯社曾报道，俄允许某些未经注册的药品进入政府采购。[1]

《俄罗斯联邦政府采购法》第六章规定了对监督主体的作为（不作为）提起申诉的程序。在通过竞争性方式确定供应商（承包商、执行商）时以及以电子形式按照本联邦法律第 93 条第 12 款规定金额从唯一供应商处采购货物时，如监督主体的作为（不作为）使采购参与人的权利和合法权益受到侵犯，采购参与人有权根据俄罗斯联邦法律向法院提起申诉，或者根据本章规定的程序，就此类作为（不作为）向采购监督机构提起申诉。同时，依照本章规定程序对监督主体作为（不作为）的申诉并不妨碍依法律程序对此类作为（不作为）提起申诉。

允许采购参与人在确定供应商（承包商、执行商）期间对监督主体的作为（不作为）提起申诉（以下简称"申诉"），但不得迟于在统一信息系统发布确定供应商（承包商、执行商）总结议定书、签署此类议定书（在进行封闭式招标、封闭式拍卖时）后 5 天，同时应考虑到以下几点：对采购公告、采购文件（在本联邦法律对采购文件作出规定的情况下）规定的申诉可在提交参与采购申请期限截止之前提出。同时，采购参与人有权只提交一份对采购公告、采购文件（在本联邦法律对采购文件作出规定的情况下）规定的申诉。在根据本联邦法律修改采购公告、采购文件的情况下，采购参与人有权在完成此类变更后，只提交一份对此类公告、文件规定的申诉；对监督主体在提交参与采购申请期限截止后实施的作为（不作为）的申诉，仅可由提交参与采购申请的采购参与人提出；对电子平台运营商、专业电子平台运营商在采购参与人进行电子平台、专业电子平台认证时，向电子平台运营商、专业电子平台运营商发送参与采购申请时以及在电子平台发布初始报价时实施的作为（或不作为）的申诉，可在实施此类作为（不作为）后 5 天内提出；对监督主体在统一信息系统发布确定供应商（承包商、执行商）总结议定书、签署此类议定书（在进行封闭式招标、封闭式拍卖时）后签订合同时实施的

---

[1] 《俄罗斯政府发布决议禁止某些种类外国工业品进入政府采购市场》，载 http://cacs. mofcom. gov. cn/article/gnwjmdt/gw/om/202005/164025. html，最后访问日期：2023 年 6 月 5 日。

作为（不作为）的申诉，可由与之签订合同的采购参与人或被认定为放弃签订合同的采购参与人在签订合同前提出；不得对监督主体进行多个不同采购时实施的作为（不作为）只提出一份申诉。

在下列情况下，根据《俄罗斯联邦政府采购法》第 105 条规定分别将申诉提交给指定机构：在进行满足联邦、联邦主体、市政府需要的采购时，以及对电子平台运营商、专业电子平台运营商的作为（不作为）提起申诉时，提交给监督采购的联邦权力执行机构；在国家国防订单范围内进行满足联邦需要的采购时，提交给国防订单监督机构；在进行满足联邦主体及其领土范围内市政府需要的采购时，提交给监督采购的联邦主体权力执行机构；在进行满足市政府需要的采购时，提交给监督采购的地方自治机构。

在进行电子程序时，可使用统一信息系统，通过在该系统中编制和发布下列信息的方式，向《俄罗斯联邦政府采购法》第 105 条第 3 款所述采购监督机构提起申诉：《俄罗斯联邦政府采购法》第 105 第 3 款所述就监督主体的作为（不作为）向其提起申诉的采购监督机构的名称；根据采购参与人统一登记册所载信息确定的采购参与人名称；采购识别码，但本联邦法律规定的无需标明此类识别码的情况，以及对电子平台运营商、专业电子平台运营商在采购参与人进行电子平台、专业电子平台上认证时、在电子平台发布初始报价时实施的行为（不作为）提起申诉的情况除外。不得标明多个采购识别代码（本联邦法律第 25 条、26 条规定的采购代码除外）；其作为被申诉的监督主体（主体）名称；标明监督主体被申诉的作为（不作为），以及申诉理由；已履行义务成本、期限（在根据本联邦法律第 31 条第 2.1 款设定要求的情况下）符合本款要求且根据本联邦法律履行情况相关信息已在统一信息系统发布的本联邦法律第 31 条第 2.1 款所述合同或协议在采购人签订合同登记册中，或者 2011 年 7 月 18 日第 223 号联邦法律《个别类型法人采购货物、工程和服务法》所述采购人签订协议登记册中的登记记录编号。

《俄罗斯联邦政府采购法》第 105 条第 4 款所述信息通过统一信息系统，自动在本联邦法律第 99 条第 21 款所述登记册中发布，但下列情况除外：采购参与人未在统一信息系统中注册；提出违反《俄罗斯联邦政府采购法》第 105 条第 1 款、第 2 款第 1 项和第 4 项、第 4 款规定要求的申诉；该法规定的不诚信供应商（承包商、执行商）登记册中载有在采购人设定本联邦法律第 31 条第 1.1 款所述要求时提起申诉的采购参与人相关信息，包括参与采购法人的合议执行机构成员、履行唯一执行机构职能人员的相关信息。

采购参与人有权在采购监督机构对其所提起的申诉进行实质审查之前，使用统一信息系统，通过在本联邦法律第 99 条第 21 项所述登记册中编制和发布自动列入该登记册的撤回申诉相关信息，将申诉撤回。在这种情况下，采购监督机构无需进行实质审查。同时，此类采购参与人在撤回申诉后，无权对监督主体在采购期间实施的同一作为（不作为）重新提起申诉。

《俄罗斯联邦政府采购法》第 105 条第 4 款所述信息、第 105 条第 6 款所述撤回申诉相关信息应使用采购参与人负责人的增强型电子签名进行签署。自根据《俄罗斯联邦政府采购法》第 105 条规定在本联邦法律第 99 条第 21 款所述登记册中发布相关信息之时起，即视为已发送信息并撤回申诉。

自根据第 105 条第 5 款规定在本联邦法第 99 条第 21 款所述登记册中发布第 105 条第 4 款所述信息后两个工作日内，采购监督机构应（第 105 条第 6 款规定的情况除外）在此类登记册中发布下列信息：有关接受申诉以供实质审查，审查日期、时间和地点，以及根据本联邦法律第 106 条第 2 款使用视频会议系统可能性的信息。

在下列情况下，拒绝（有拒绝的理由）接受申诉以供实质审查：申诉不符合第 105 条要求；就对监督主体同一作为（不作为）的申诉，法院或采购监督机构已作出决议。

自在该法第 99 条第 21 款所述登记册发布第 105 条第 8 款所述信息后 3 个小时内，通过统一信息系统向对监督主体的作为（不作为）提起申诉的采购参与人发送下列通知：关于在此类登记册中发布接受申诉以供实质审查、申诉审查日期、时间和地点，以及根据该法第 106 条第 2 款使用视频会议系统可能性相关信息的通知（在根据第 105 条第 8 款第 1 项发布信息的情况下）。如对合同管理部、合同经理、采购委员会及其成员提起申诉，应将此类通知发送给采购人、授予本联邦法律第 16 条规定权限的授权机构。本项所述通知被视为对提起申诉的采购参与人以及其作为（不作为）被申诉的监督主体的关于申诉实质审查日期、时间和地点的适当通知；关于拒绝接受申诉以供实质审查的通知，并标明第 105 条第 8 款第 2 项规定的情况（在根据第 105 条第 8 款第 2 项发布信息的情况下）。如对合同管理部、合同经理、采购委员会及其委员会成员的作为（不作为）提起申诉，应将此类通知发送给采购人、授予本联邦法律第 16 条规定权限的授权机构。

在通过封闭式竞争性方式确定供应商（承包商、执行商）、进行本联邦法律第 111 条［在根据本联邦法律第 111 条规定无需将确定供应商（承包商、执行商）相关资料和文件在统一信息系统、官方网站发布的情况下］、第 111.1 条所述采购时：以书面形式将申诉提交给采购监督机构，无需使用采购领域的统一信息系统。不得使用传真或电子邮件提起申诉。在进行封闭式招标、封闭式拍卖时，提起申诉的采购参与人无需在统一信息系统中注册；申诉中应包含第 105 条第 4 款所述信息，以及提起申诉的采购参与人、监督主体的邮政地址，且须由采购参与人的负责人签字。同时，申诉须附有邀请函，以及确认有权签署申诉的委托书或其他文件（如由采购参与人代表提起申诉）；采购监督机构应在收到申诉后两个工作日内，向提起申诉的采购参与人发送关于接受申诉以供实质审查的信息，并注明申诉审查日期、时间和地点，或者在第 105 条第 5 款、第 8 款第 2 项规定的情况下拒绝接受申诉以供实质审查的相关信息。对于申诉审查日期、时间和地点的说明以及所附申诉副本，也应在规定期限内发送给被申诉的监督主体。

因申诉审查而直接影响其权利和合法利益的人员有权向采购监督机构提出对申诉的异议，并亲自或通过其代表参与审查。同时，对申诉提出的异议应在对申诉进行实质审查前 1 个工作日内，送交采购监督机构。采购监督机构应在收到申诉后 5 个工作日内，进行申述的实质审查及对申诉异议的审查，并将审查结果告知申诉人和对申诉提出异议的人。同时，采购监督机构有权提出提供申诉审查所需资料和文件的请求，包括要求监督主体提供此类资料和文件。不得向申诉人索取归国家机构（包括国家权力机构）、地方自治机构，或者国家机构（包括国家权力机构）或地方自治机构下属机构管辖的资料和文件。在这种情况下，采购监督机构应自行查询此类资料和文件。对申诉的实质审查应以合议方式进行。提起申诉的采购参与人有权提供进行申诉实质审查所需的确认其申诉理由充足的资料和文件。在实质审查当日，采购参与人有权在审查期间直接将其所提起的申诉撤回。因作为（不作为）被申诉的监督主体应提交采购文件（在本联邦法律对采购文件作出规定的情况下）、参与确定供应商（承包商、执行商）申请、本联邦法律规定的议定书、录音、录像，以及在确定供应商（承包商、执行商）或者采购参与人在电子平台、专业电子平台上进行认证过程中编制的其他资料和文件，用于对申诉进行实质审查。采购监督机构在向采购人、电子平台运营商、授权机构、专业机构、采购委员会发出关于在进行申诉的实质审查之前暂停确定中标供应商（承包商、执行商）的要求后，有权在对申诉进行实质审查之前暂停确定中标供应商（承包商、执行商）。在进行电子程序时，此类暂停［在决定暂停确定供应商（承包商、执行商）的情况下］应由采购监督机构在根据本联邦法律第 105 条第 1 款发布信息时通过采购领域的统一信息系统实施。如决定暂停确定供应商（承包商、执行商），在对申诉进行实质审查之前不得签订合同。同时，签订合同的期限应延长至对申诉进行实质审查的期限。在授权监督采购的联邦权力执行机构、联邦主体权力执行机构、市政区域地方自治机构或市辖区地方自治机构对监督主体同一作为（不作为）的申诉进行审查时，应以授权监督采购的联邦权力执行机构所作的决定为准。

此外，《俄罗斯联邦政府采购法》中还对个别类型的采购进行了单独规定。第 108 条签订能源服务合同，能源服务合同应与按照俄罗斯联邦法律规定价格（关税）进行的自然垄断主体活动范围的货物、工程和服务采购合同，供水、排水、供热、供气服务采购合同，与工程技术支持网络的连接（接线）服务采购合同，以及电力、燃料油、煤炭供应采购合同和用于发电的燃料供应采购合同（以下简称——能源供应）分开签订。能源服务合同的签订应根据本联邦法律规定的程序进行，且须符合第 108 条规定。

能源服务合同的初始价格（最高限价）（批次价格）应根据采购人过去一年中的实际能源供应费用确定，且不得超过俄罗斯联邦政府根据第 108 条第 19 款确定的此类费用。在采购公告、采购文件（在本联邦法律对采购文件作出规定的情况下）中除应注明能源服务合同的初始价格（最高限价）（批次价格），包括每种类型货物、工程和服务的能源供应费用以及对此类货物、工程和服务数量、每种货物、工程和服务的单位成本之外，还应列入下列条款之一：以采购人能源供应相关费用货币形式表示的固定节约金额，以及根据能源服务合同能够支付给执行商的最大节约百分比；根据能源服务合同应付给执行商的以采购人能源供应相关费用货币形式表示的固定节约百分比，以货币表示的最低节约金额；以采购人能源供应相关费用货币形式表示的最低节约金额，以及根据能源服务合同能够支付给执行商的最大节约百分比；在签订能源服务合同时，采购人发送给供应商的此类合同草案应根据依照俄罗斯联邦法律规定程序核准的能源消耗量进行编制。

采购人、授权机构有权在采购公告、采购文件（在本联邦法律对采购文件作出规定的情况下）中标明采购人履行能源服务合同可能发生的最大费用数额。

通过招标或询价签订能源服务合同时，采购人、授权机构亦应在采购公告、采购文件（在本联邦法律对采购文件作出规定的情况下）中注明，必须在参与招标申请或参与拍卖申请中列入下列报价之一：合同价格报价，或者第108条第3款第1项规定情况下的节约百分比报价；关于采购人能源供应相关费用［合同初始价格（最高限价）］与第108条第3款第2项规定情况下采购参与人提出的以采购人能源供应费用货币形式表示的节约额之间差额的报价；关于采购人能源供应相关费用［合同初始价格（最高限价）］与第108条第3款第3项规定情况下由采购参与人提出并减去与其提出的以能源供应费用货币形式表示的节约百分比相对应的成本金额后得出的费用节约之间差额的报价。

在通过招标或者询价方式签订能源服务合同时，应根据采购公告、采购文件（在本联邦法律对采购文件作出规定的情况下）中规定的条件，在参与招标申请或参与询价申请中列入第108条第6款第1~3项所述报价。

在第108条第6款第2项、第3项规定的情况下，提出最低金额报价的人员即为询价的获胜者。在第108条第6款第2项、第3项规定的情况下，为确定参与招标申请中提出的履行电力服务合同的最优条款，采购委员会不采用合同价格等评估准则，而是对金额报价等评估准则进行评标和比较，用以选定最优履约条款、确定采购人因签订和履行能源服务合同产生的相关能源供应费用，以及采购人根据能源服务合同所要承担的费用。同时，在根据金额报价等准则审查、评估参与招标申请时，应依照俄罗斯联邦政府根据本联邦法律第32条第8款对于此类准则所设定的程序进行，且应符合第108条的规定。

在以拍卖方式签订能源服务合同时，应通过降低以下指标之一进行拍卖：能源服务合同价格，或者第108条第3款第1项规定情况下的节约百分比；关于采购人能源供应相关费用［合同初始价格（最高限价）］与第108条第3款第2项规定情况下竞买人提出的以采购人此类费用货币形式表示的节约额之间差额的报价；关于采购人能源供应相关费用［合同初始价格（最高限价）］与第108条第3款第3项规定情况下由竞买人提出并减去与其提出的以能源供应费用货币形式表示的节约百分比相对应的成本值后得出的费用节约之间差额的报价。

在第108条第10款第2项、第3项规定的情况下，提出最低金额报价的人员即为拍卖的获胜者。在第108条第10款第3项规定的情况下，在签订能源服务合同时，拍卖的获胜者或在该获胜者放弃签订合同时与之签订能源服务合同的拍卖参与人应根据采购文件（在本联邦法律对采购文件作出规定的情况下）中规定的以采购人能源供应相关费用货币形式表示的最高节约百分比、最低节约百分比以及此类获胜者或参与人的金额报价，确定节约金额。

能源服务合同应以下列形式确定的价格签订：在第108条第3款第1项规定的情况下，签订合同的采购参与人提出的以采购人能源供应相关费用货币形式表示的固定节约百分比；在第108条第3款第2项规定的情况下，签订合同的采购参与人提出的以采购人能源供应相关费用货币形式表示的固定节约百分比；在第108条第3款第3项规定的情况下，签订合同的采购参与人提出的以采购人能源供应相关费用货币形式表示的固定节约百分比。

在签订能源服务合同时，应指明采购人在每种类型能源供应方面的相关费用的实际节约费用，由以货币表示的规定节约金额（在第108条第3款第1项规定的情况下）或者采购参与人提出的以此类费用货币形式表示的节约额（在第108条第3款第2项、第3项规定的情况下），以及采购公告、采购文件（在本联邦法律对采购文件作出规定的情况下）中注明的每种货物、工程和服务的单位成本计算得出。

订立能源服务合同时，合同还应注明第108条第3款第1项、第3项规定情况下采购参与人提出的采购人能源供应相关费用的节约百分比，或者第108条第3款第2项规定情况下此类节约的固定百分比。能源服务合同中规定的上述节约百分比在履行合同期间不得更改。

能源服务合同履约保证金数额由采购人在采购文件中确定，应为下列数值的 0.5%~30%：在第108条第3款第1项规定的情况下，根据能源服务合同能够支付给执行商的以采购人相应能源供应费用货币形式表示的固定节约金额最大百分比；在第108条第3款第2项规定的情况下，根据能源服务合同应支付给执行商的以采购人相应能源供应费用货币形式表示的最低节约金额固定百分比；在第108条第3款第3项规定的情况下，根据能源服务合同能够支付给执行商的以采购人相应能源供应费用货币形式表示的最低节约金额最大百分比。

能源服务合同规定的承包商义务是在不考虑以价值形式表示的节约的前提下，保证合同规定的采购人能源供应相关的实物节约费用。同时，应遵守根据第 108 条第 19 款确定的对能源服务合同履行条款的要求。

能源服务合同款项根据合同规定的采购人能源供应相关费用的实物节约金额，以及合同期间实际形成的按有关能源资源价格（关税）确定的成本节约百分比进行支付。

俄罗斯联邦政府应制定对能源服务合同条款，包括履行条款和支付条款的要求［包括支付合同的实际能源价格（关税）的确定方式］，确定能源服务合同的初始价格（最高限价）（批次价格）（包括计算采购人能源供应费用期间）。

第 110 条国防采购合同和国家储备物资供应合同。俄罗斯联邦政府有权批准列入国家国防订单的货物、工程和服务清单。在采购此类货物、工程和服务时，任何法律组织形式和所有制形式的供应商（承包商、执行商）均无权拒绝签订合同。同时，此类国防采购合同的价格应根据本联邦法律第 22 条进行确定。在商品市场上占据优势地位的供应商以及国防订货量超过 70% 的供应商，不得拒绝签订国家储备物资供应合同。

第 110.1 条签订建筑设计合同。以建筑、城市规划或园林艺术作品创作和（或）基本建设项目设计文件编制为标的的合同应包括以下条款：以其名义签订合同的俄罗斯联邦、联邦主体、市政府具有使用合同履行过程中所创作的建筑、城市规划或园林艺术作品的特权，具体表现为根据此类作品编制基本建设项目设计文件，以及实施建筑、城市规划或园林艺术作品；采购人有权多次使用根据建筑、城市规划或园林艺术作品编制的基本建设项目设计文件，且无须经过建筑、城市规划或园林艺术作品创作者的同意。

建筑、城市规划或园林艺术作品创作者无权要求编制第 108 条第 1 款第 2 项所述设计文件的采购人授予其在不使用竞争性方式的情况下签订此类设计文件开发合同的权利。

第 110.2 条签订和履行工程勘察设计合同、基本建设项目新建和改建合同。以设计文件编制和（或）工程勘察为标的的合同中应注明，自对合同规定的工程成果进行验收后，国家或市政府采购人代表其签订合同的俄罗斯联邦、联邦主体对此类成果拥有专属权。俄罗斯联邦政府有权确定须由承包商独立完成（即承包商子公司以外的其他人员不得代为履行合同义务）的基本建设项目新建与改建工程的类型及范围。采购人通过实施以俄罗斯联邦城市规划立法规定的设计文件编制和（或）工程勘察为标的的合同，获取设计文件和（或）载有工程勘察结果的文件。在《俄罗斯联邦城市规划法典》规定必须对设计文件和（或）工程勘察结果进行专家鉴定的情况下，如设计文件和（或）工程勘察结果获得肯定意见，设计文件及（或）载有工程勘测结果的文件即被视为根据该合同实施设计和（或）勘察工程的结果。通过实施基本建设项目新建和（或）改建合同，获得已建成和（或）已改建基本建设项目，经国家建筑监督机构认证符合设计文件规定要求，并在《俄罗斯联邦城市规划法典》第 54 条第 5 款规定的情况下完成联邦国家生态监督。基本建设项目新建和（或）改建合同中应注明，须根据承包商已完成工程量和合同价格，分期付款。基本建设项目新建和改建合同的工程量由基本建设项目设计文件以及此类合同规定的其他技术文件确定。同时，在根据此类合同实施工程时，应根据作为合同强制性附件的建筑工程施工进度计划表进行。

已完成工程进度款应在基本建设项目新建和改建合同价格范围内，根据建筑工程施工进度计划表和承包商实际完成工程量，根据此类合同或工程款项支付计划表（如有）规定期限和数额的预算进行支付。同时，合同用款预算应在合同价格范围内进行，且不得使用根据《俄罗斯联邦城市规划法典》确定的列入俄罗斯联邦建筑资源和价格联邦登记册的设计文件预算标准以及建筑资源预算价格。

合同预算、工程款项支付计划表、建筑工程施工进度计划表的编制方法，由俄罗斯联邦政府授权的联邦权力执行机构批准。在验收基本建设项目并收到承包商提交的文件后 10 个工作日内，采购人应将这些文件转交根据俄罗斯联邦法律授权签发鉴定书的机构。这些文件包括：根据《俄罗斯联邦城市规划法典》规定，获取国家监督机关关于已建成和（或）已改建基本建设项目符合设计文件要求的鉴定书所需的文件；在《俄罗斯联邦城市规划法典》第 54 条第 5 款规定的情况下，获取联邦国家监督鉴定书所需的文件。采购人应在收到此类鉴定书及承包商提交的《俄罗斯联邦城市规划法典》规定的获取项目运行许可证所需文件后 10 个工作日内，将文件送交根据《俄罗斯联邦城市规划法典》授权签发项目运行许可证的机构。

第 111.4 条签订反投资义务合同的采购。采购人有权根据本联邦法律进行采购并在结果基础上签订包含反投资义务的合同，且应考虑到以下几点：

应根据联邦主体国家最高权力执行机构的法律进行采购；应在将第 111.4 条规定考虑在内的前提下，通过根据本联邦法律进行电子招标的方式进行采购；只有法人可参与采购；已创建生产、使现有生产现代化和开发生产的货物应符合根据 2014 年 12 月 31 日第 488 号联邦法律《工业政策法》确定的批准在俄罗斯联邦境内生产工业产品的标准。

根据第 111.4 条第 1 款第 1 项所述联邦主体国家最高权力执行机构法令确定：采购人；应创建生产、使现有生产现代化和开发生产的货物名称，以及（或者）使用正在新建和重建财产（不动产或技术上相互关联的不动产和动产）提供的服务的名称，对此类货物和（或）服务特性的要求（如有）；反投资义务合同的有效期，且不得超过 10 年；进行货物生产创建、现代化和开发的最长期限，以及进行用于提供服务的财产新建和重建的最长期限，不得超过反投资义务合同的有效期；与之签订反投资义务合同的采购参与人在货物生产创建、现代化和开发，以及（或者）新建、重建用于提供服务的财产方面的最低投资金额，不得少于 1 亿卢布；关于在俄罗斯联邦境内进行货物生产创建、现代化和开发以及（或者）用于提供服务的财产（不动产或技术上相互关联的不动产和动产）新建和创建的要求，和（或）在联邦主体之间签署有关为货物生产创建、现代化和开发以及（或者）提供服务所使用财产（不动产或技术上相互关联的不动产和动产）新建和创建提供用地的协议时，关于在俄罗斯联邦其他主体境内进行此类活动的要求；创建生产、使现有生产现代化和开发生产所能确保供应的货物最低数量，以及（或者）使用正在新建和重建的财产所能确保提供的服务最小规模；在履行根据本联邦法律第 93 条第 1 款第 48 项所签订的合同时，与之签订反投资义务合同的采购人有权在一个日历年内实施的供应货物最大数量和（或）提供服务最大规模，且不得超过供应商（执行商）在日历年内所生产和（或）提供的此类货物数量和（或）此类服务规模的 30%。如在为满足某个俄罗斯联邦主体的需要进行采购时，根据本款第 5 项确定的最低投资额超过 10 亿卢布，则可能无法确定商品最大数量和（或）服务最大规模；对本款第 10 项第 a 目、第 b 目所述的要求，即根据本联邦法律第 93 条第 1 款第 48 项实施采购时，确定已创建生产、现有生产现代化和开发生产的货物边际单价，以及正在新建和重建的财产（包括不动产或技术上相互关联的不动产和动产）提供的服务边际单价的方式；以及对与已签订反投资义务合同的供应商（执行商）签订合同价格的确定程序的要求。

根据本联邦法律第 93 条第 1 款第 48 项进行采购设定下列价格的联邦权力执行机构：在将本款第 9 项规定要求考虑在内的前提下，确定已创建生产、使现有生产现代化和开发生产的货物边际单价以及（或者）使用正在新建和重建财产（不动产或技术上相互关联的不动产和动产）提供的服务边际单价；在将本款第 9 项规定要求考虑在内的前提下，确定与已签订反投资义务合同的供应商（执行商）签订合同的价格。

反投资义务合同中应包含以下条款：根据第 111.4 条第 2 款第 1~8 项确定的条款；创建生产、使现有生产现代化和开发生产的货物符合根据 2014 年 12 月 31 日第 488 号联邦法律《工业政策法》确定的批准在俄罗斯联邦境内生产工业产品的标准；在履行根据本联邦法律第 93 条第 1 款第 48 项签订的合同时，按照不超过依照第 111.4 条第 2 款第 10 项第 a 目规定程序确定的边际价格，供应已创建生产、使现有生产现代化和开发生产的货物和（或）使用正在新建和重建的财产（不动产或技术上相互关联的不动产和动产）提供服务；如超过根据第 111.4 条第 2 款第 8 项确定的供应货物数量和（或）提供服务规模，供应商（执行商）应以罚款的形式承担责任，其金额为超出货物数量和（或）服务规模成本的 50%［如确定履行根据本联邦法律第 93 条第 1 款第 48 项签订的合同时，供应商（执行商）在一个日历年内有权实施的供应货物最大数量和（或）提供服务最大规模］；供应商（执行商）应编制关于一个日历年内所生产货物数量和（或）所提供服务规模的报告，以及在履行其根据本联邦法律第 93 条第 1 款第 48 项签订的合同时在一个日历年内所供应货物数量和（或）提供服务规模报告，使用供应商（执行商）负责人的增强型电子签名进行签署，并在俄罗斯境内建立以下登记册并发布：生产或使现有生产现代化和（或）开发生产的货物的唯一供应商登记册；使用正在新建和重建的财产（包括不动产或技术上相互关联的不动产和动产）提供服务的唯一执行商登记册。

第 111.4 条所述采购可通过本联邦法律第 25 条规定的电子招标方式进行，用于满足两个或两个以上联邦主体的需要。在实施此类采购时，除应满足第 111.4 条的要求外，还应符合下列协议或法律的规定：联邦主体之间的协议，其中包含：第 111.4 条第 2 款第 1~10 项所述条款。

同时，应考虑到以下几点：第 111.4 条第 2 款第 5 项规定的最低投资额不得低于 4 亿卢布；针对作为上述协议缔约方的每个俄罗斯联邦主体，确定在履行根据本联邦法律第 93 条第 1 款第 48 项签订的合同时供应商（承包商）有权在一个日历年内供应货物的最大数量和（或）提供服务的最大规模。作为上述协议缔约方的所有俄罗斯联邦主体的货物数量和（或）服务规模总和不得超过供应商（执行商）在日历年内所生产此类货物数量和（或）所提供此类服务规模的 30%。如第 111.4 条第 2 款第 5 项所述最低投资额超过 10 亿卢布，则可以确定一个联邦主体，其采购人以及位于其领土范围内的市政府采购人根据本联邦法律第 93 条第 1 款第 48 项实施的采购未计入履行该条约签订的合同时所供应的此类货物数量和（或）提供的此类服务规模；协议双方的权利、义务和责任，争端解决程序；联合电子招标组织者；缔结本款第 1 项所述协议的俄罗斯联邦各主体的国家最高权力执行机构法令，其中根据该协议条款对第 111.4 条第 2 款第 1~10 项所述条款作出规定。

签订反投资义务合同的采购人应在建立生产、使现有生产现代化和开发生产的货物唯一供应商登记册、使用正在新建和重建的财产（不动产或技术上相互关联的不动产和动产）提供服务的唯一执行商登记册中列入下列资料和文件：采购人名称、地址；供应商（执行商）在其所在地的名称和地址；正在建立生产、使现有生产现代化和开发生产的货物名称，以及（或者）正在新建和重建的财产（不动产或技术上相互关联的不动产和动产）提供服务的名称；反投资义务合同的有效期；签订反投资义务合同的供应商（执行商）在货物生产创建、现代化和开发，以及（或者）新建、重建用于提供服务的财产（不动产或技术上相互关联的不动产和动产）方面的投资金额；根据第 111.4 条第 2 款第 10 项确定的联邦主体权力执行机构的名称；反投资义务合同条款变更的信息（列入此类登记册的条款）；反投资义务合同终止的信息。

根据本联邦法律第 93 条第 1 款第 48 项签订合同时，应考虑到以下几点：应在第 111.4 条第 5 款第 7 项规定的期限内签订合同；签订合同的期限不得超过反投资义务合同有效期的范围；根据合同所供应货物和（或）提供服务的单价不得超过依照第 111.4 条第 2 款第 10 项第 a 目规定程序确定的边际价格。此类合同的价格应依照第 111.4 条第 2 款第 10 项第 b 目规定的程序进行确定。

此类合同的标的是根据反投资义务合同供应正在建立生产、使现有生产现代化和开发生产的货物，以及（或者）根据反投资义务合同使用正在新建和重建的财产（不动产或技术上相互关联的不动产和动产）提供服务。

俄罗斯联邦政府有权确定：反投资义务合同履约保证金；对于联邦主体权力执行机构依据本联邦法律第93条第1款第48项进行采购时所设立的价格确定程序的要求；已创建生产、使现有生产现代化和开发生产的货物边际单价以及（或者）使用正在新建和重建财产（不动产或技术上相互关联的不动产和动产）提供的服务边际单价；与已签订反投资义务合同的供应商（执行商）签订合同的价格。

根据第111.4条规定可就相同或类似货物和（或）服务签订若干反投资义务合同，同时采购人有权根据本联邦法第93条第1款第48项进行此类货物和（或）服务的采购。

（6）环境污染索赔案件

根据《俄罗斯联邦民事诉讼法典》第28条、《俄罗斯联邦仲裁程序法典》第35条，对环境造成损害的赔偿应在被告所在地提出。2018年为优化检察院职权，圣彼得堡立法大会曾向国家杜马提案引入一项规定，在民事和仲裁程序的框架内，对环境造成损害的赔偿要求也可以提交给其因果关系发生地的法院。为此，新法案建议对《俄罗斯联邦民事诉讼法典》第29条进行补充，增加第6.4部分，对《俄罗斯联邦仲裁程序法典》第36条进行补充，增加第6.1部分。

此外，根据《俄罗斯联邦仲裁程序法典》第53条第1部分第6款的新规定，检察官有权就赔偿法律实体和独资经营者在开展创业和其他经济活动时对环境造成的损害向仲裁法院提出申请。这样一来，仲裁法院便可以要求从他人的非法占有中收回国家和市政财产，《俄罗斯联邦行政诉讼法典》第52条第1款第4部分的规定，组织或公民个人也可以对《国家行动纲领》、国家、联邦主体、地方自治机构的非规范性法律规定提出质疑，如果这些规定影响到企业和其他经济活动领域的组织和公民的权利和合法利益。

与此同时，根据2002年1月10日第7号联邦法《俄罗斯联邦环境保护法》第78条第1部分、第3部分的规定，对违反环境保护领域立法造成的损害的赔偿目前根据自愿由法院或仲裁法院进行判决。在这种情况下，损害的数额根据恢复环境受干扰状态的实际费用确定，同时应考虑所造成的损失，包括利润损失，以及其他恢复工程。而提出此类损害赔偿要求的截止期限为

20 年。[1]

《俄罗斯联邦宪法》第 42 条明确规定，公民依法享有良好环境的权利。而保护环境和确保公民享有其权利的最重要手段之一是对造成损害的人施加全额赔偿的义务，以及暂停、限制或终止将来可能造成损害的活动的义务。这可以采取措施使受到经济和（或）其他活动不利影响的环境状态恢复正常，并预防未来违反环保要求以及对环境的危害。

为了确保法院正确和统一适用对环境造成损害赔偿义务的立法，俄罗斯联邦最高法院全体会议根据《俄罗斯联邦宪法》的规定，俄罗斯联邦最高法院决定作出以下解释：对环境造成的损害的赔偿根据《俄罗斯联邦民法典》、《俄罗斯联邦土地法典》、《俄罗斯联邦森林法典》、《俄罗斯联邦水法典》、2002 年 1 月 10 日第 7 号联邦法《俄罗斯联邦环境保护法》、其他关于环境保护和环境管理的法律和条例进行。

法院在审议这类争端时，应考虑到经济和其他活动所依据的环境保护原则。根据《俄罗斯联邦环境保护法》第 3 条的规定，开发（利用）自然资源需缴纳费用，损害环境需赔偿。根据环境保护领域的要求，对从事经济和（或）其他导致或可能导致环境污染的活动的法人和个体企业家进行强制性融资，采取措施防止和（或）减少对环境的不良影响，消除这种影响的后果。[2]

《俄罗斯联邦环境保护法》第 14 章第 75 条对违反环境保护领域立法的行为规定了财产、纪律、行政和刑事责任。《俄罗斯联邦行政违法法典》规定的环境保护和自然管理领域行政违法行为的罚款数额，以及俄罗斯联邦主体法律规定的环境保护和自然管理领域行政违法行为的行政罚款数额，计入俄罗斯联邦主体预算和地方预算，是为了查明和评估累积的环境损害对象，以及组织消除累积的环境损害的工作，以防止和（或）减少经济和其他活动对环境的负面影响，保护和恢复自然环境，合理利用和再生产自然资源，确保环境安全。

根据《俄罗斯联邦民事诉讼法典》第 45、46 条，《俄罗斯联邦仲裁程序法典》第 53 条以及《俄罗斯联邦环境保护法》第 5、6、11、12、66 条的规

---

[1] Подсудность дел о возмещении вреда окружающей среде могут изменить. https://www.garant.ru/news/1180378/

[2] Статья 3 Федеральный закон от 10 января 2002 г. N 7-ФЗ "Об охране окружающей среды"

定，检察长、公民、社会团体和从事环境保护活动的非营利组织有权向俄罗斯联邦授权的国家当局、俄罗斯联邦主体的权力机关申诉，要求对环境造成的损害进行赔偿，鉴于《俄罗斯联邦环境保护法》第 3 条第 6 款规定的事实，俄罗斯联邦国家权力机关、俄罗斯联邦各主体国家权力机关、地方自治机关，有责任在相应负责的区域内保障良好的环境和生态安全。

在《俄罗斯联邦环境保护法》第 79 条的含义内，对环境造成的损害应予赔偿，因法人和自然人的经济活动和其他活动的不良环境影响对公民健康和财产造成损害的，应全额赔偿造成的公民健康和财产的损害[1]。同样，对环境损害的赔偿并不是免除个人因实施经济或其他活动以及违反环境保护领域的立法而对环境造成负面影响，从而对公民健康或个人和法律实体财产造成损害的责任的基础。例如，在农业中使用不受环境分解的有毒化学品的人可能有义务赔偿对环境造成的损害和土地（森林）地块的特定所有者（用户）所遭受的损失。

根据《俄罗斯联邦民法典》第 1064 条，《俄罗斯联邦环境保护法》第 77 条第 1 款的规定，法人和自然人，因污染环境，耗竭、损坏、毁灭、不合理利用自然资源，使自然生态系统、自然综合体和自然景观遭受退化和破坏及其他违反环境保护法规的行为给环境造成损害的，应依法承担全部损害赔偿责任[2]。而找到一个由其活动导致土地污染或其他损害的人所拥有的土地，这个事实本身不能作为解除该人恢复土地原状和赔偿对环境造成损害的义务的基础。使一个人承担财产责任的基础是对他们造成损害的评估，这种损害表现为环境状况的负面变化，具体包括污染、资源枯竭、损害、自然生态系统退化、动植物死亡或损害以及其他不利影响。根据《俄罗斯联邦民法典》第 1064 条以及《俄罗斯联邦环境保护法》第 77 条的含义，申请对环境造成损害赔偿的人应提出证据，证明存在损害，并以合理的可靠性证据证明被告的作为（不作为）与造成的损害之间的因果关系。

根据《俄罗斯联邦环境保护法》第 3 条、第 22 条第 3 款、第 34 条第 2 款的规定，如果法人或个体经营者的活动超过所允许的环境影响的既定标准，则假定由于其行为而造成损害。而证明由于其他因素或其发生而产生负面后

---

〔1〕 Статья 79 Федеральный закон от 10 января 2002 г. N 7-ФЗ "Об охране окружающей среды"

〔2〕 Статья 77 Федеральный закон от 10 января 2002 г. N 7-ФЗ "Об охране окружающей среды"

果的情况的责任，无论所犯的违法行为如何，都由被告承担。

根据《俄罗斯联邦民法典》第 1064 条和《俄罗斯联邦环境保护法》第 77 条的规定，作为一般规则，只要对环境造成损害，则有义务做出赔偿，按照法律规定，即便在损害者没有过错的情况下，也应做出损害赔偿。

因此，根据《俄罗斯联邦民法典》第 1079 条第 1 款的规定，活动与增加对他人的危险有关的法人和公民有义务赔偿由危险系数增加造成的损害，无论其是否有罪，除非可以证明该损害是由于不可抗力产生。在这方面，例如，输油管道的所有者应对第三方非法侵入输油管道而造成的环境损害负责。例如，《俄罗斯联邦城市规划法》第 481 条第 1 部分、《俄罗斯联邦海商法典》第 327 条第 2 款第 3 项、《俄罗斯联邦内陆水运法》第 86 条第 1 款、1996 年 4 月 3 日 "关于资助特别辐射危险和核危险工业和设施" 联邦法第 1 条、1997 年 7 月 21 日 第 116 号 "关于危险生产设施的工业安全" 联邦法法律附录 1 和 2、2010 年 7 月 27 日第 225 号 "关于危险设施所有者因危险设施事故造成损害的民事责任强制保险" 联邦法第 5 条均对上述情况做了此类规定。

根据《俄罗斯联邦民法典》第 1079 条第 2 款的含义，危险源的所有人如果能证明同时存在两个条件，则可以不对危险源造成的损害负责：由于其他人的非法行为，危险源的危险系数增加，则可不追究其所有者的责任，以及增加危险系数的危险源所有人在撤出其占有过程中未发生过错，包括由于存在第三方进入危险源，而导致缺乏适当的保护等情况。《俄罗斯联邦商船法典》第 317、328、362 条也规定了，排除导致危险系数增加的危险源所有者责任的理由。

根据《俄罗斯联邦民法典》第 1080 条第 1 款的规定，共同对环境造成损害的人对该行为承担共同责任，该行为的共同性质可以通过它们的一致性、协调性和注重执行所有行为者的共同意图来证明。因此，委托并接受可能导致环境损害的客户，以及实际执行这些工程的承包商，可以被认定为承担共同责任。如果客户证明承包商在执行工作时超出了客户给他的任务的限制，则客户可以被免除承担责任。《俄罗斯联邦民法典》第 1079 条第 3 款规定，如果环境损害是由于几个危险源的相互作用而造成的，则其所有者应共同承担责任。例如，输油管道的所有人和建筑设备的所有人，由于其操作发生石油产品泄漏，则应共同承担责任。

根据《俄罗斯联邦民法典》第 1064 条的含义，如果几个人彼此独立行事，并且他们每个人的行为均导致了对环境的损害，作为一般规则，这些人承担共同责任。《俄罗斯联邦民法典》第321条规定，每个损害者所占份额的大小可能受到每个伤害者活动的危险性、强度等因素的影响。因此，两个独立将固体家庭废物储存在非用于这些目的的土地上的人，可按废物量的比例负责。例如，用于清除废物的车辆数目、其容量、这些人的活动所产生的废物的危险类别和其他因素。当不可能确定对具体公民造成伤害的具体份额时，他们应平等承担该责任。

《俄罗斯联邦民法典》第1064条和《俄罗斯联邦环境保护法》第77条第1款均规定了对环境造成的损害应进行全额赔偿。《俄罗斯联邦民法典》第1083条第3款规定，除了环境损害由故意实施的行为造成的情况外，法院有权在考虑其财产状况下，减少公民对环境造成损害的赔偿金额。

根据《俄罗斯联邦民法典》第1082条以及《俄罗斯联邦环境保护法》第78条的规定，损害赔偿可以通过收缴损害赔偿金和通过强制被告恢复环境受干扰状态的方式进行。向法院提出申请时所造成损害的赔偿方式的选择由原告做出。

与此同时，根据《俄罗斯联邦环境保护法》第78条第1款、2款，《俄罗斯联邦民事诉讼法典》第196条第1款，《俄罗斯联邦仲裁程序法典》第168条的规定，考虑到需要采取有效措施，使环境恢复到造成损害之前的状况，鉴于有利的环境状况中存在公共利益，法院应考虑到案件所涉人员的地位和案件的具体情况，有权根据最符合环境立法目标和任务决定采用何种损害赔偿方法。

按照《俄罗斯联邦环境保护法》第77条第3款、第78条第1款，《俄罗斯联邦森林法典》第100条第3、4部分，《俄罗斯联邦水法典》第69条第2部分以及1992年2月21日第N2395-I号邦底土法第51条的规定，根据既定程序批准的税收和缴纳方法，用于计算对环境、自然环境的各个组成部分（土地、水体、森林、野生动物等）造成的损害量，可由法院申请确定法律人或个体经营者所造成损害的赔偿数额。而根据《俄罗斯联邦环境保护法》第78条第1款第2段的规定，在没有税收和缴纳方法的情况下，在环境保护和自然管理领域违反立法所造成的环境损害的数额根据恢复环境受干扰状态已经或应该发生的实际费用确定，同时应考虑包括利润损失以及根据其他修复工程项目在内的损失。同样，《俄罗斯联邦环境保护法》第77条第1款规定了在计算公民对环境造成的损害的数额时，上述规定也适用。根据《俄罗斯联邦环境保护法》第 78 条第 21 款的规定，在按照税收和缴纳方法确定对环境造成的损害数额时，应考虑消除该损害所产生的费用，这些费用的核算程序和条件由授权的联邦行政当局确定。

但在批准上述程序之前，法院必须从以下事实出发：在确定应赔偿的损害数额时，当对无意造成环境损害的人采取强制行为之前，无意造成环境损害的人随后善意行事，自费采取积极行动以消除所造成的环境损害的情况下，允许考虑损害者消除环境污染的费用以及材料成本。法院在作出判决时应当考虑确定损害造成者有罪的形式和程度的情况，犯罪是否为了获得经济利益，其后行为的性质和犯罪的后果，以及他为消除违法行为而规定的费用数额。

根据《俄罗斯联邦预算法典》第 46 条第 6 款第 2 段的规定，法院对环境损害索赔所裁定的赔偿金额，按照 100% 的标准计入环境损害发生地市辖区、市区、市区内分区、联邦级城市莫斯科、圣彼得堡和塞瓦斯托波尔的预算。金融机关参与案件并不是强制性的。

法院根据《俄罗斯联邦环境保护法》第 78 条第 2 款的规定来确定是否满足实物赔偿要求时，根据是否客观上采取了旨在恢复环境受损状态的措施来进行判断。根据《俄罗斯联邦民法典》第 3083 条第 1 款的规定，法院应从消除由于被告的恢复施工而发生的环境负面变化是否可行着手，既包括通过被告自己的努力（如果有技术和其他可能性），又包括通过第三方来消除由于被告的恢复施工而发生的环境负面变化。如果环境状态恢复工作在造成损害之前实施，作为恢复工作的结果，只有部分环境可被恢复（包括由于存在不可弥补和难以恢复的环境损失），则对相应剩余部分的损害的赔偿以货币形式进行。

根据《俄罗斯联邦环境保护法》第 78 条第 2 款的规定，是否可将恢复受损环境状态的义务强加给被告，取决于其是否按照现行立法的要求开发和批准的恢复项目。因此，根据《俄罗斯联邦民事诉讼法典》第 170 条第 5 部分、第 198 条第 5 部分的规定，法院在满足实物损害赔偿要求时，应以有关项目为基础，并在判决执行书中指出。如果不存在类似的项目，则法院应撤回关于以货币形式赔偿损害的决定。

《俄罗斯联邦民事诉讼法典》第 206 条、《俄罗斯联邦仲裁程序法典》第 174 条规定，法院可以应原告的要求判定损害者（及其合法继承人）有义务向环境保护领域的国家权力机关或地方自治政府授权机关报告根据法院决定采取的恢复环境的措施以及所采取措施的效力和效率。

根据《俄罗斯联邦民法典》第 3083 条第 1 款的规定，为了鼓励被告及时采取旨在恢复环境受损状态的措施，法院可以在不执行相关司法判决的情况下向债权人——追索者分配货币资金。根据《俄罗斯联邦民法典》第 397 条、《俄罗斯联邦民法典》第 206 条第 1 部分，《俄罗斯联邦仲裁程序法典》第 174 条第 3 部分的规定，法院还可以在判决中指明，如果被告未在规定的期限内执行判决，原告有权自行或在第三方的帮助下，进行恢复工作，并向被告追回必要的费用。

《俄罗斯联邦民法典》第 79 条、《俄罗斯联邦仲裁程序法典》第 82 条规定，为了正确解决需要特别知识的问题，包括在确定伤害来源、造成伤害的机制，恢复工作的必要规模、数量、实施的可能性和时间方面等问题，可以在生态学家、卫生医生、动物学家、鱼类学家、猎人、土壤学家、林务工作者等专家的参与下进行相应鉴定。

根据《俄罗斯联邦环境保护法》第 78 条第 3 款的规定，对环境损害的赔偿请求可以在 20 年内提出。根据 1995 年 11 月 21 日第 170 号联邦《核能使用法》第 58 条的规定，辐射暴露于环境所造成损害的赔偿要求的时效期限为自该人得知或本应得知其权利受到侵犯之日起 3 年内。

根据《俄罗斯联邦民事诉讼法典》第 203 条、《俄罗斯联邦仲裁程序法典》第 324 条的规定，被告人（及其法定继承人）未按照恢复工作项目全面、充分地履行必要的工作，或者有其他情况表明司法决定难以执行或者不可能执行的，争议当事人或者法警有权向法院申请改变司法判决的执行方式，收取按照税收和损害金额计算方法计算的损害赔偿。而如果上述情况不存在，则根据已经发生或应该发生的恢复环境受损状态的实际费用以及利润损失收取损害赔偿金。

根据《俄罗斯联邦民法典》第 1065 条第 2 款，《俄罗斯联邦环境保护法》第 34、56、80 条的规定，如果损害因违反环境保护领域立法的企业、设施或其他活动的经营造成，继续造成损害或可能造成新的损害，原告有权向法院提出要求，要求被告有义务限制、暂停或终止有关活动。个人违反环境保护领域的要求是限制、暂停或终止相关活动的基础，特别是在企业或设施的运营中，可以表现为没有为遵守环境要求而颁发的必要许可和资质证明，或者违反其条件，污染物和微生物超标排放，违反废物管理领域的要求，不遵守工业安全要求。

在违反环境要求的行为具有可管理性质的情况下［例如排放超过有害物质含量标准的废水或在没有必要许可证的情况下向大气排放有害（污染）物质］，法院有权决定限制或暂停违反环境要求的活动。根据《俄罗斯联邦民事诉讼法典》第 206 条第 2 部分、《俄罗斯联邦仲裁程序法典》第 174 条第 1、2 部分的规定，在作出决定时，法院必须说明与将来恢复此类活动的可能性相关的情况（例如获得环境评估的积极结论、调试处理设施、获得污染物排放许可证），以及消除所犯违规行为的必要期限。未能在规定的期限内消除违规行为可成为向法院申请终止相关活动请求的基础。如果违反环境保护领域的立法是不可逆转的，法院有权责成被告停止相关活动。

根据《俄罗斯联邦民事诉讼法典》第 56、65 条，在案件中没有证据表明存在足够理由终止被告违反环境立法进行的活动的情况下，法院可考虑确保环境安全和维持有利环境的公共利益，有权就案件所涉人员提出限制或暂停此类活动的问题进行讨论。法院在审议关于限制、暂停或终止在环境保护领域违反立法进行的活动的争议时，必须在确保环境安全和解决社会经济问题的需要之间保持平衡。与此同时，法院不仅应考虑确保人民和组织正常运作的因素（例如，与城市建设企业、火力发电厂、污水处理厂的活动有关），还应考虑终止（暂停、限制）活动的后果与因继续这种活动而可能发生的对环境的损害的相称性。

《俄罗斯联邦民事诉讼法典》第 56 条、第 57 条第 1 部分，《俄罗斯联邦仲裁程序法典》第 66 条第 2 部分规定，为确定是否存在与公共利益间的矛盾，法院有权将此问题提交参与案件的人进行讨论，并邀请他们提出相关证据。《俄罗斯联邦民法典》第 1065 条第 2 款第 2 段规定，如果其暂停或终止违反公共利益法院有权拒绝限制、暂停或终止违反环境保护领域立法进行的活动的索赔。但拒绝满足索赔要求并不妨碍就这种活动造成的损害提出赔偿要求。

根据《俄罗斯联邦民法典》第 1065 条第 1 款的规定，日后对环境造成损害的危险，包括与企业、设施或其他活动的经营有关的危险，可能成为禁止造成这种危险活动的理由。原告必须证明，被告的活动既违反了环境保护领域的既定要求，又在提出相关要求时有必要禁止相关活动（例如，在珍稀濒危动物、植物和蘑菇栖息地规划建造或建造新的工业设施）。而被告拥有造成损害风险的活动许可以及环境评估的积极结论并不能成为拒绝索赔的基础。[1]

3.4.6 环境污染索赔案件

在俄罗斯，环境污染索赔案件中的法律和诉讼程序存在很多复杂性和不确定性，且审理时间可能很长，因此当事人在进行相关业务前应进行充分的法律调研，了解相关法律规定。俄语区国家的宪法中均明确了公民享有健康和环境的权利，并要求政府保护环境。此外，各国均颁布了《环境保护法》，其作为国家环境保护政策的法律基础，具有环保领域母法的地位，在俄语区国家《生态鉴定法》与《环境保护法》相互补充，构成了该区各国的生态保护制度。对于某些特定自然资源的保护和使用，俄语区国家也颁布了专门的法律进行管制。民法典、刑法典中对民事主体间的权利和义务，包括环境污染索赔中的赔偿进行了规定，以及环境污染等犯罪行为的规定和惩罚。

俄罗斯环境污染索赔案件适用的法律包括：

《俄罗斯联邦环境保护法》(Федеральный закон "Об охране окружающей среды")：主要规定了环境保护的法律框架，包括环境影响评估、环境清理、污染物排放和废物处理等方面的规定。《俄罗斯联邦环境保护法》是俄罗斯国家环境保护政策的法律基础，具有环保领域母法的地位，确保社会经济问题的平衡解决，保护有利的环境、生物多样性和自然资源，以满足今世后代的需要，加强环境保护和环境安全领域的法治。它规定了因执行与俄罗斯联邦境内、大陆架和俄罗斯联邦专属经济区内自然环境的影响有关的经济活动和其他活动而产生的社会与自然相互作用领域的关系。

《俄罗斯联邦环境保护法》规定内容全面具体，法律框架清晰，结构层次分明，符合新时期环境保护要求。该法包括总则、环境保护管理基础、公民、社会团体和其他非商业性团体在环境保护领域的权利和义务、环境保护领域的经济调整、环境保护标准制度、环境影响评价和生态鉴定、对进行经济活

---

〔1〕 Постановление Пленума Верховного Суда Российской Федерации от 30 ноября 2017 г. N 49 г. Москва "О некоторых вопросах применения законодательства о возмещении вреда, причиненного окружающей среде" Постановление Пленума Верховного Суда Российской федерации от 18 октября 2012 года № 21 - О применении судами законодательства об ответственности за нарушения в области охраны окружающей среды и природопользования

动和其他活动的环境保护要求、生态灾难区、紧急状态区、受特殊保护的自然客体、国家环境监测、环境保护监督、环境保护科学研究、建设生态文化的基础、违反环境保护法规的责任和环境保护纠纷的处理、环境保护领域的国际合作等内容，共计 16 章 84 条。

《俄罗斯联邦生态鉴定法》(Федеральный закон "Об экологической экспертизе" от 23. 11. 95 № 174-ФЗ) 对生态鉴定领域发生的各种关系进行调节，旨在通过预防经济活动或其他活动对环境造成负面影响，以实现俄罗斯联邦公民拥有美好环境的宪法权利。《俄罗斯联邦生态鉴定法》与《俄罗斯联邦环境保护法》相互补充，构成了俄罗斯的生态保护制度，反映了新时期生态环境保护的要求。

俄罗斯生态鉴定制度是俄罗斯国家环境管理长期实践的成果，其基础是广泛研究和借鉴国外环境影响评价制度。根据《俄罗斯联邦生态鉴定法》第 1 条的规定，生态鉴定的目的是确保拟议进行的经济活动和其他活动符合生态要求，以预防对自然环境产生不良影响及相关的社会、经济和其他后果。生态鉴定是俄罗斯执行环境管理和生态监督职能的重要手段，旨在保护自然和采取预防性措施。生态鉴定制度的基本任务包括审阅和评价报送的有关拟议经济活动和其他活动的材料，查明或判定这些活动是否符合生态要求；在确认符合生态要求的前提下，做出能否允许其实施的结论。生态鉴定最终旨在发现不符合生态要求但已列入实施计划的经济活动和其他活动，并对其做出不能准许实施的结论，以预防对自然环境产生不良影响。

在环保领域的普通法中，还有《俄罗斯联邦水文气象服务法》(Федеральный закон «О гидрометеорологической службе» от 09. 07. 98 № 113-ФЗ) 以及 "关于在国家控制（监督）期间保护法律实体和个人企业家权利的联邦法"（Федеральный закон «О защите прав юридических лиц и индивидуальных предпринимателей при проведении государственного контроля (надзора)» от 08. 08. 2001 № 134-ФЗ)

生态安全领域立法包括：

《人口卫生和流行病法》(Федеральный закон «О санитарно-эпидемиологическом благополучии населения» от 30. 03. 99 № 52-ФЗ)

《关于保护领土居民不受自然和人为紧急情况影响的联邦法 》（Федеральный закон «О защите населения территорий от чрезвычайных ситуаций природного и техногенного характера» от 21. 12. 94 №68-ФЗ）

《基因工程活动领域的国家管制法》（Федеральный закон «О государственном регулировании в области генно-инженерной деятельности» от 05. 06. 96 № 86-ФЗ с изменениями от 12. 07. 2000 № 96-ФЗ）

《关于批准"控制危险废物越境转移及其处置巴塞尔公约"的联邦法》（Федеральный закон «О ратификации Базельской конвенции о контроле за трансграничной перевозкой опасных отходов и их удалением» от 25. 11. 94 № 49-ФЗ）

《农药和农用化学品安全处理法》（Федеральный закон «О безопасном обращении с пестицидами и агрохимикатами» от 19. 07. 97 № 109-ФЗ）

《水利工程安全法》（Федеральный закон «О безопасности гидротехнических сооружений» от 21. 07. 97 № 117-ФЗ）

《生产和消费废物联邦法》（Федеральный закон «Об отходах производства и потреблениях от 24. 06. 98 № 89-ФЗ）

辐射安全领域立法包括：

《原子能使用法》（Федеральный закон «Об использовании атомной энергии» от 21. 11. 95 № 170-ФЗ）

《人口辐射安全法》（Федеральный закон «О радиационной безопасности населения» от 09. 01. 96 № 3-ФЗ）

《特别辐射危险及核危险工业和设施资助法》（Федеральный закон «О финансировании особо радиационно- опасных и ядерно-опасных производств и объектов» от 03. 04. 96 № 29-ФЗ）

《辐射污染地区领土恢复的特别环境计划法》（Федеральный закон «О специальных экологических программах реабилитации радиационно загрязненных участков территории» от 10. 07. 01 № 92-ФЗ）

自然资源保护领域立法包括：

《大气保护法》（Федеральный закон «Об охране атмосферного воздуха» от 04. 09. 99 № 96-ФЗ）

《水法典》（Федеральный закон «Водный кодекс Российской Федерации» от 16. 11. 95 № 167-ФЗ）

《国家水体使用法》（Федеральный закон « О штате за пользование

водными объектами» от 06. 09. 98 № 71 –ФЗ)

《贝加尔湖保护法》（Федеральный закон «Об охране озера Байкал» от 01. 05. 99 № 94–ФЗ)

《土地法典》（Федеральный закон «Земельный кодекс Российской Федерации» от 25. 10. 01 № 136–ФЗ）。

《土地税率指数化法》（Федеральный закон «Об индексации ставок земельного налога» от 14. 12. 01 № 163–ФЗ)

《国家土地所有权划界法》（Федеральный закон «О разграничении государственной собственности на землю» от 17. 07. 01 № 101–ФЗ)

《土地开垦法》（Федеральный закон «О мелиорации земель» от 10. 01. 96 № 4–ФЗ)

《底土法》（Федеральный закон «О недрах» от 03. 03. 95 № 27–ФЗ)

《可根据生产共享条款授予的地下区域使用权法》（Федеральный закон «Об участках недр, право пользования которыми может быть предоставлено на условиях раздела продукции» от 21. 07. 97 № 112–ФЗ)

《森林法典》（Федеральный закон «Лесной кодекс Российской Федерации» от 29. 01. 97 № 22–ФЗ)

《自然治疗资源、改善健康的地区和度假村法》（Федеральный закон «О природных лечебных ресурсах, лечебно–оздоровительных местностях и курортах» от 23. 12. 95 № 26–ФЗ)

《自然保护区法》（Федеральный закон от 14 марта 1995 г. N 33–ФЗ "Об особо охраняемых природныхтерриториях"）：规定了自然资源和生态系统的保护和管理规定。

《动物种群法》（Федеральный закон «О животном мире» от 24. 04. 95 № 52–ФЗ)

《俄罗斯联邦内海、领海和毗邻区法》（Федеральный закон «О внутренних морских водах, территориальном море и прилежащей зоне Российской Федерации» от 31. 07. 98 № 155–ФЗ)

《俄罗斯联邦大陆架法》（Федеральный закон «О континентальном шельфе Российской Федерации» от 30. 11. 95 № 187–ФЗ)

《俄罗斯联邦北部、西伯利亚和远东土著少数民族传统性质领土使用法》

（Федеральный закон «О территориях традиционного природопользования коренных малочисленных народов Севера, Сибири и Дальнего Востока Российской Федерации» от 07. 05. 01 № 49-ФЗ）

俄罗斯环境污染索赔案件的主要诉讼机构包括：俄罗斯联邦最高法院：负责审理环境污染索赔案件的上诉和监督；俄罗斯联邦仲裁庭：负责处理俄罗斯国内和跨国企业之间的环境污染索赔案件。

具体来说，《俄罗斯联邦民法典》规定了民事主体间的权利和义务，包括环境污染索赔中的赔偿规定。《俄罗斯联邦刑法典》规定了环境污染等犯罪行为的规定和惩罚。

解决中俄投资争端的法律基础及机制问题

4.1 国际投资相关制度

国际投资是指资本的跨国流动，包括国际直接投资和国际间接投资两种。国际直接投资主要方式包括：在国外设立独资公司、企业或合营企业，收购、兼并外国企业和为参与企业经营而取得外国企业的股份等；国际间接投资主要方式包括：购买外国公司的股票或其他证券、购买外国政府债券和贷款等。国际间接投资以取得一定的收益为目的，一般不存在企业经营管理权的取得问题，即使是在对股权证券进行投资的情况下，也不构成对企业经营管理的有效控制。

4.1.1 国际规范

国际规范可分为双边性、区域性、全球性三类。

（1）双边国际法规范

①友好通商航海条约（Договор о дружбе，торговле и мореплавании）

友好通商航海条约作为一种国际法律文件，是在各国秉持友好外交政策的前提下，专门为规范和促进两国间经济交流与海上商贸活动而订立的一种综合性贸易协定。此类条约尤其盛行于第二次世界大战之前，尽管其中确实包含对外商个人财产和相关投资权益的保护条款，但其核心关注点更多地倾向于保护从事国际贸易的商人权益，而非现代意义上的工业投资者权益。

友好通商航海条约的主要调整对象和规定内容，集中于建立和巩固缔约双方之间的友好合作关系，确保缔约国国民在对方领土上从事商业活动时享有充分的法律保障，同时赋予缔约国在航海领域的广泛自由权利。尽管此类条约中也涉及投资保护的规则，但其重心明显偏向于对航海贸易活动的保护，而非对投资者权益的深度保障。

在国际投资保护内容的发展演变历程中，友好通商航海条约可划分为两大历史阶段。第二次世界大战以前，以美国为首的西方国家与其他国家签署的友好通商航海条约，旨在协调和强化双边商贸联系。尽管条约文本中包含了对外国商人资产及关联投资的保护条款，但实际焦点依然停留在对传统商人群体权益的保护上，而非着重于现代意义的工业投资者权益保护。

然而，第二次世界大战结束后，随着全球经济格局的深刻变革和国际投资活动的迅猛增长，友好通商航海条约的内容结构发生了显著转变，开始更加明确并强化对国际私人投资的保护力度，反映出国际法在适应新兴跨国投资需求方面的积极演进与创新。

②双边投资保证协议（Двустороннее инвестиционное соглашение）

第二次世界大战结束后，特别是在 20 世纪 60 年代以来，发达国家的私人资本大规模涌入发展中国家，为确保其海外私人投资的安全与收益，资本输出国纷纷与资本输入国签订了双边投资保障协议。此类协议聚焦于规范外国投资者的待遇标准、投资项目及其具体内容、政治风险保障机制以及代位求偿权和投资争议解决程序等方面，主要分为以美国为代表的投资保证协定模式和以联邦德国为代表的促进与保护投资协定模式，它们共同构成了国际投资保护不可或缺的重要工具之一。

双边投资协定在国际投资法领域占据举足轻重的地位，并在保护外国投资方面发挥了多重关键作用：双边投资协定构建了东道国吸引外资的有利法制环境，其约定内容遵循国际法普遍接受的诚信原则，对缔约国有强大的法律约束力。一旦缔约国违反协定义务，就可能触发国家责任。因此，相较于单纯的国内法对外国投资者及其投资的保护，双边投资协定具备更强的执行力；相比追求多边利益平衡的多边投资条约，双边投资协定仅涉及两个缔约国，更易在平等互惠的基础上兼顾双方利益，故被众多国家广泛应用，成为保护投资的最重要国际法律机制之一。双边投资协定有助于增强或确保国内法的有效执行。当前，许多国家特别是发达国家建立了自身的海外投资保险或担保制度，通常将双边投资协定作为实施此类国内制度的法律基础，从而使双边投资协定成为强化国内海外投资保险或担保制度的关键国际法工具。双边投资协定，尤其是促进与保护投资协定，不仅涵盖了缔约双方的权利与义务等实体性规定，而且还包括了代位求偿权、解决投资争议等程序性规定。这为缔约双方的私人海外投资者预设了清晰的法律架构和行为规范，有利于减轻或消除法律壁垒，确保投资关系的稳定，进而推动国际私人投资活动的蓬勃发展。双边投资协定不仅明确了缔约国因条约解释与执行产生的争议的解决方式与程序，还规定了外国投资者与东道国政府间因投资引发争议的解决路径与程序，多数协定甚至明确规定通过"解决投资争议国际中心"等机构处理此类争议，从而为投资争议的有效解决提供了坚实的法律保障。

为切实维护中国企业在海外的合法权益，中国政府已与全球超过 100 个国家和地区建立了双边经贸混合委员会机制，并已签署 127 个双边投资保护协定，不断拓展和完善我国海外投资的法律保护网络[1]。

（2）区域性多边国际法规范

以调整成员国之间和成员国与非成员国之间私人投资关系为主要内容的条约：如欧洲联盟的《马斯特里赫特条约》"Маастрихтский договор"。

以调整成员国和非成员国之间私人投资关系为主要内容的条约：如《安第斯共同市场外国投资规则》"Правила иностранных инвестиций Андского Общего рынка"。

以促进和保护区域性国际组织成员国之间相互投资为主要内容的条约：如《东南亚国家联盟促进和保护投资协定》"Соглашение о поощрении и защите инвестиций Ассоциации государств Юго-Восточной Азии"。

（3）全球性国际法规范

全球性国际法规范如《华盛顿公约》（Вашингтонская конвенция）。

华盛顿会议是 1921 年 11 月 12 日至 1922 年 2 月 6 日，美国、英国、日本、法国、意大利、荷兰、比利时、葡萄牙、中国九国在美国首都华盛顿举行的国际会议。华盛顿会议的核心议程主要包括两大议题：一是针对海军军备限制的问题，二是探讨涉及太平洋及远东地区的复杂问题。为高效处理这

---

[1] 参见程钰淮：《中国企业对外直接投资的风险分析及对策》，载《中国商贸》2012 年第 30 期。

两类议题，会议组织设立了两个专门委员会——"限制军备委员会"和"太平洋及远东问题委员会"。此次会议的主要成就体现在三个关键性的国际公约："四国公约"、"限制海军军备条约"以及"九国公约"，这三大公约统称为《华盛顿公约》。

在《华盛顿公约》的第25条第1款中，明确规定可以提起仲裁申请的投资者必须是"另一缔约国国民"，这一条款实际上排除了缔约国之间、缔约国与非缔约国之间、缔约国国内不同主体之间以及缔约国与其本国国民之间的争端，确立了国籍作为识别争议主体国别属性的核心基准。鉴于自然人投资者与法人投资者在国籍判定上的显著差异，此处将进一步详尽解析。

针对自然人投资者的国籍要求，《华盛顿公约》第25条第2款第1项明确禁止同时持有东道国国籍的投资者作为仲裁申请人，这一规定在实践中并未引起过多争议。而对于法人投资者的国籍要求，《华盛顿公约》第25条第2款第2项规定，法人被视为"另一缔约国"的条件包括：在争端双方同意将争端提交调解或仲裁之时，该法人拥有除争端方所在缔约国外的其他缔约国国籍；即便在该日期法人具有争端一方缔约国国籍，但在外国控制下，且争端双方出于《华盛顿公约》目的同意的特定情况下，法人仍可视为"另一缔约国"。据此，即使法人具有争端缔约国国籍，只要符合外国控制、符合公约目的及当事人双方同意这三大要素，即可作为例外情况对待。鉴于《华盛顿公约》序言明确阐明了公约宗旨，围绕这一规定的异议主要聚焦于对外国控制要件的理解与适用。

特别需要注意的是，俄罗斯虽然于1992年签署了《华盛顿公约》，但由于尚未完成批准程序，实际上并未正式加入该公约。尽管如此，俄罗斯在ICSID框架内的参与与《华盛顿公约》的应用确系通过一项附加议定书得以衔接。此类议定书是一种法律文件，规定了某些权利，但并未设定明确的义务。目前，俄罗斯尚未成为在ICSID框架下审议投资争端的《华盛顿公约》缔约方。尽管俄罗斯在双边协议中采纳了促进和相互保护投资的条款，但在未批准《华盛顿公约》的情况下，将其争端转移至ICSID并不能为外国投资者提供超出双边协议范围的额外保护。因此，俄罗斯无法忽视《华盛顿公约》中关于解决投资争端的规定方法。俄罗斯未能批准这一多边公约，事实上极大地限制了外国投资者利用公约中规定的机制解决投资争端的权利。

在此背景下，正如有学者所指出的，越来越多在俄投资的外国投资者正转向依赖国际双边协议中的相关规定，将其视为直接保障自身权益的法律渊源。尽管如此，俄罗斯未加入《华盛顿公约》的局面仍然对外国投资者运用公约机制解决投资争端的能力构成了实质性制约。同时，《促进和相互保护投资示范协定》中包含了依据《华盛顿公约》规定提交投资争端中心解决争端的可能性规则，但这并不能弥补俄罗斯未批准《华盛顿公约》所带来的在投资争端解决机制上的缺失。

《多边投资担保机构公约》（международная конвенция об учреждении Многостороннего агентства по гарантиям инвестиций，MIGA/МИГА 公约），简称《汉城公约》（现称《首尔公约》Сеульская конвенция），1985 年 10 月 11 日在世界银行年会上通过，于 1988 年 4 月 12 日正式生效。根据该公约建立了多边投资担保机构，属于世界银行集团的成员，但它同时又是独立的国际组织。

中国于 1988 年 4 月 30 日正式向世界银行提交了对《汉城公约》（MIGA Convention）的核准文件，由此成为该多边投资担保体系的创始成员国。该公约及机构的创建初衷是激励成员国之间，特别是发达国家向发展中国家成员国输送生产性投资，并着力增进东道国与外国投资者间的相互理解和信任。通过为发达国家流向发展中国家的私人海外投资提供担保服务，强化国际合作，推动全球经济一体化进程。

自公约生效以来，多边投资担保机构通过承保非商业性风险，诸如货币转移限制、国有化、违约、战争、革命以及内部政治动乱等风险，有效填补了国家、地区性及私人担保机制的空白，对促进成员国之间，特别是向发展中国家成员国输送生产性资本起到了积极作用。

《汉城公约》第 13 条对"合格投资者"的国别属性作出了详细规定，对自然人和法人投资者的国籍或注册地要求作出了明确区分。

对于自然人投资者，根据《汉城公约》第 13 条 a 款 i 项规定，自然人需为东道国以外的成员国国民，这与《华盛顿公约》对"另一缔约国"的要求相呼应。同时，《汉城公约》还对投资者拥有双重或多重国籍的情况以及公约的扩大适用性作了明确规定。根据公约第 13 条 b 款和 c 款，符合条件的自然人即便具有东道国国籍，如其投资来源于东道国境外、投资者与东道国联合提出申请，并获得多边投资担保机构（以下简称 MIGA）董事会特别多数票同意，仍可被认定为"合格投资者"。

针对法人投资者，《汉城公约》第 13 条 a 款 ii 项要求法人须在某一成员国注册且主要营业地位于成员国境内，或其大部分资本由一个或多个成员国，或这些成员国国民所拥有，但必须是非东道国的其他成员国。第 13 条 a 款 iii 项进一步强调，法人必须基于商业基础运作。同样，法人投资者的"合格投资者"身份也可依据第 13 条 b 款和 c 款的条件进行扩展，即使法人注册于东道国，只要满足相关法律要件，仍有可能被纳入担保范围。

1992 年，俄罗斯批准了《多边投资担保机构公约》（现被称作《首尔公约》）。基于该公约，世界银行发起成立了 MIGA，该机构具有法律和财政独立性，是联合国系统的一个组成部分。其核心目标在于通过提供各种形式的担保，特别是对非商业性投资风险的保险，来鼓励外国直接投资用于生产目的。然而，俄罗斯在加入《首尔公约》后，由于其接受和承认外国投资者权利的机制尚不能完全满足公约的要求，导致外国投资者难以充分利用国际保险服务体系，因此，俄罗斯的参与并未能充分实现预期的吸引外国投资效果。

WTO 下的《与贸易有关的投资措施协议》（TRIMs）。《与贸易有关的投资措施协议》（以下简称 TRIMs 协定）（Соглашение по инвестиционным мерам связанным с торговлей，TRIMs/ТРИМС）是世界贸易组织管辖的一项多边贸易协议。它由序言和 9 条及 1 个附件组成。其条款主要有：范围、国民待遇和数量限制、例外、发展中国家成员、通知和过渡安排、透明度、与贸易有关的投资措施委员会、磋商与争端解决、货物贸易理事会的审议等条款。

促进投资自由化，制定为避免对贸易造成不利影响的规则，促进世界贸易的扩大和逐步自由化，并便利国际投资，以便在确保自由竞争的同时，提高所有贸易伙伴，尤其是发展中国家成员的经济增长水平。协议的基本原则是各成员实施与贸易有关的投资措施，不得违背《关贸总协定》（以下简称 GATT）的国民待遇和取消数量限制原则。

除了 TRIMs 协定和 GATT，其后 WTO 签署的其他一些协议或协定对国际直接投资的发展也产生了重要影响，如《与贸易有关的知识产权协定》（TRIPs）、《服务贸易总协定》（GATS）和《补贴与反补贴措施协议》（ASCMs）。

《与贸易有关的知识产权协定》（Соглашение по торговым аспектам прав интеллектуальной собственности 缩写 TRIPs/ТРИПС）（简称《知识产权协定》），是世界贸易组织管辖的一项多边贸易协定。《知识产权协定》（TRIPs）

共 73 条，详尽规定了对七种知识产权的保护范畴，涵盖版权及相关权、商标权、地理标志权、工业品外观设计权、发明专利权、集成电路布局设计权以及未公开信息的专有权，包括商业秘密等，并设定了最低保护标准。此外，协定还涉足对限制竞争行为的监管问题，制定了强化知识产权执行程序的规则，并在一定条件下对不同类型的成员国实行差别待遇。协定的核心目标是推动在全球贸易范围内更全面、有效地保护知识产权，确保权利人从其创新成果中获取合理回报，从而激发持续创新的动力；同时，力求降低知识产权保护对国际贸易的扭曲效应，确保知识产权协定的执行机制不会形成对合法贸易的壁垒。

《服务贸易总协定》（GATS）作为关贸总协定乌拉圭回合谈判的重要成果，是首个具有法律约束力的国际服务贸易多边协定，于 1995 年 1 月正式生效。协定旨在通过透明度和逐步自由化的方式拓宽国际服务贸易规模，进而刺激各成员国经济增长，并特别注重发展中国家服务业的发展进步。协定由序言和六大章节共 29 条款组成，辅以 8 个附录和 8 项部长会议决定，构筑了一套初步的国际服务贸易总体规则框架，标志着服务贸易自由化进程的重大突破。协定结合了原则性和灵活性的特点，对发展中国家给予了适当的优惠待遇，有助于各国在服务贸易领域深化合作与交流。协定内容覆盖了服务贸易的范围和定义、一般义务与纪律、具体承诺、逐步开放市场的义务、机构条款以及最终条款等多个层面，其中心原则包括最惠国待遇、国民待遇、市场准入、透明度以及支付款项和资金转移的自由流动等。协定适用于各成员国对服务贸易采取的所有政策措施，不论其出自中央政府、地方政府、行政机构或是非政府授权机构。

《补贴与反补贴措施协议》(Соглашение по субсидиям и компенсационным мерам ASCMs）作为世界贸易组织管辖下的多边贸易协议，是对 GATT 东京回合的多边贸易协定的修订与补充，具体细化了 GATT 第 6 条和第 16 条的规定。该协议由 11 个部分共计 32 条正文和 7 个附件组成，明确规定了补贴的分类、禁止性补贴、可诉补贴、不可诉补贴的界定以及反补贴措施的调查程序。协议主张采用双轨制的救济措施：一是通过 WTO 争端解决机制获得直接救济；二是通过各成员国自身的反补贴程序征收反补贴税。协议旨在规范各成员国实施补贴和反补贴措施的行为，并设置了补贴与反补贴措施委员会以监督协议的执行。协议的 7 个附件分别详述了禁止性补贴清单、投入物消耗认定准则、替代退税制度的反补贴调查规则、从价补贴总额计算方法、收集严重损害信息的程序、实地调查程序以及发展中国家成员的特殊规定等内容。

1994 年的 TRIMs 协定是全球贸易体系中至关重要的一部国际协定，于 2012 年 8 月 22 日在俄罗斯正式生效。作为构成世界贸易组织成立基础的马拉喀什协议的组成部分，TRIMs 协定被纳入附件 1A "货物贸易多边协定"。俄罗斯在 1998 年加入了《统法社国际融资租赁公约》，这是管理投资问题的另一份重要国际文件。

2001 年 11 月 10 日，中国批准了《中华人民共和国加入议定书——世界贸易组织》，并于 2001 年正式成为世界贸易组织的一员。如同俄罗斯一样，中国同样是 1994 年 TRIMs 协定的缔约国。TRIMs 协定作为世贸组织法规体系的关键元素，明确规定了影响货物贸易的投资措施如违反国民待遇原则或含有禁止的数量限制，则被视为不可接受。协定的附件中列举了一系列不合规的投资措施示例，如与使用当地原材料挂钩的条件、对进口制成品施加的某些限制以及对出口或以外汇购买进口产品的限制等。自加入世界贸易组织以来，中国一直致力于恪守 TRIMs 协定的相关规定。

4.1.2 国内法规

（1）投资国国内法规

①对外投资审核。一般有专门的机构负责，我国是由发改委负责。我国由审批制转为核准制。

②海外投资保险。又称海外投资保证制度，是指资本输出国政府对本国海外投资者在国外可能遇到的政治风险提供保证或保险，投资者向本国投资保险机构申请保险后，若承保的政治风险发生，致投资者遭受损失，则由国内保险机构补偿其损失的制度。它是国际投资保护的重要法制之一。

在国际法律文献中，多数国家趋向于采用"海外投资保证"（Investment-Guaranty/Инвестиционные гарантии）这一术语取代"海外投资保险"，尽管二者在广义上可视为同质概念，但在严谨的法律意义上，当前各国推行的所谓投资保证实质上相当于投资保险的一种表现形式。两者相较而言，投资保证通常提供对投资损失的全额赔偿，而投资保险则是在特定条件和一定比例基础上对投资损失进行有限补偿，并且投资保险通常不涵盖商业风险。

海外投资保险制度是全球资本输出国普遍采纳的机制。自从 1948 年美国在执行马歇尔计划过程中创立这一制度以来，包括日本、法国、德国、挪威、丹麦、澳大利亚、荷兰、加拿大、瑞士、比利时、英国在内的诸多发达国家相继引入了海外投资保险制度。不仅如此，发展中国家和地区也在 20 世纪 70、80 年代开始为其海外投资者提供政治风险保险。我国自 1979 年以来，海外直接投资无论在企业数量还是投资规模上均取得了显著增长，尤其是在发展中国家的投资日益增加，而这些国家的政治风险概率通常高于发达国家。为了进一步提振海外投资信心，我国有必要根据国情建立一套适宜的海外投资保险法律制度。

在采用海外投资保证制度的国家中，其立法实践普遍采用两种机制：一种是双边保证机制，即投资者母国实行海外投资保证制度的前提是与东道国签订"双边投资保证协议"。双边保证机制的优势在于通过双边协定确认投资者母国的代位求偿权，并促使东道国放弃"国家及其财产豁免权"。另一种则是单边保证机制，即依据国内法直接实施海外投资保证制度，无需考虑与东道国之间是否存在双边协定。日本、法国、澳大利亚等国选择了此种机制。单边保证机制的优点在于其实施便捷、灵活。

海外投资面临的风险部分由企业自行承担，部分由政府承担，还有部分通过社会化分散风险的方式，即通过保险机制来化解。海外投资保险作为国际通行的做法，其主要防范政府违约风险，例如法律法规变动带来的影响。在此过程中，还会涉及一系列其他风险因素。当前，中国已在这方面展开了初步探索，中国出口信用保险公司已设立了境外投资保险制度。然而，鉴于中国对外投资活动起步较晚，我国保险业如何开发出更多样化、针对性强的保险品种和产品，切实支持企业"走出去"，有效解决企业在国际化进程中面临的各种风险关切，仍有待通过不断积累经验去逐步完善。总的来说，我国已经在建设这一制度，并将持续改进和完善。随着实践经验的积累，这套制度将会愈发成熟和完善。

（2）东道国国内法规

①发达国家

较典型的有以美国为代表的开放派，以日本为代表的保守派。此外，西欧投资环境宽松，各国投资政策有差异。

②发展中国家

在国际投资法领域中，各国通常会制定专门的"外商投资法"，该法典的核心内容囊括了对外资项目的审批机制（包括程序性审批和实质性审批）、投资领域、股权比例配置、投资期限设定、国有化与征收政策、企业经营管理权的确立以及劳动雇佣等方面的法律规范。

发展中国家在外商投资保护与激励的立法层面，尤为重视对外资的公平待遇原则。其中，"最惠国待遇"条款旨在确保各国间外商投资享受同等的优惠待遇，而"国民待遇"条款则意图使外国投资者在东道国境内的待遇与本土投资者趋于一致。在资本和利润汇出的法律规定上，尽管大部分发展中国家仍实行外汇管制措施，但多数国家在特定条件下许可外资的原始投资和利润流出，如在国有化或征收时的补偿规定、多种财政税收优惠政策的设定，以及解决投资争端的相关法律规定。

发展中国家对外资实施的管控措施多样，主要包括外资审批制度的设立，对外资运营过程的监管，以及对外资投向的定向引导。此外，对外资资本和利润汇出的管制措施、对利用当地资源的要求（通常通过政策导向促使外资企业优先使用东道国原材料和零部件等）、对外国雇员雇佣的限制，以及对投资期限和本土化要求的设定，都是发展中国家对外资进行调控的重要手段。

针对发展中国家对外投资的立法举措，一方面表现为对海外投资的保护与激励措施，如提供信息和技术援助，实行财税优惠政策，包括优惠贷款、税收减免等措施；另一方面则通过对特定产业项目或投资方向的限制性规定，以实现对外投资的有序引导和风险管理。

关于外汇管制问题，发展中国家的企业在进行对外投资时，其所需外汇需经过国家相关部门审批，在获批限额内方可使用外汇。此外，对外投资项目使用的外汇以及投资本金和利润的回流，均有严格的法律法规予以规定和约束。

4.1.3 中俄投资法律规定

在当今经济发展阶段，俄罗斯与中国间投资关系的重要性不容忽视，这突显了双方亟需加强投资合作，特别是在能源领域这一中俄对话的关键支柱上推进联合项目的开发与执行。

　　鉴于西方制裁对外国资本流入俄罗斯形成的制约，俄罗斯的银行业内企业已战略性地转向东方，特别是积极寻求与中国金融机构的合作机会。事实上，与亚太地区，尤其是与中国这一主要战略伙伴深化投资合作，长期以来便是俄罗斯国家战略任务的一部分，而西方制裁进一步催化了这一趋势。

　　现阶段，尽管中俄投资合作展现了一定的增长潜力，但仍未充分发掘。2014 年 5 月，俄罗斯总统普京率团访问中国，开启了双方寻找与亚洲投资者合作契机的密集探索之旅，此行成果之一便是签署了五十多份双边文件。

　　俄罗斯与中国的地理相邻性，两国间拥有世界上最长的陆地边界及深厚的历史纽带，加之俄罗斯丰富的自然资源与中国作为全球最大能源消费国之一的地位，为双方合作奠定了坚实的基础。截至 2018 年初，中国对俄罗斯的投资已达到 500 亿美元[1]，然而，这一数额在两国贸易和经济关系的大背景下仍显得相对较低，仅占中国对外投资总量的百分之一左右。俄罗斯学者 Ц. Шуцзян 认为，提升中俄投资合作水平，首要之举在于构建共同理念，着力增加投资规模，强化政府层面与私营部门的合作力度。

　　中俄两国之间的投资合作以一系列双边协议为基础，如 2006 年签署的《中华人民共和国政府和俄罗斯联邦政府关于促进和相互保护投资协定议定书》、2009 年批准的《中俄投资合作规划纲要》以及《中国东北地区与俄罗斯远东及东西伯利亚地区合作规划纲要》等。俄罗斯加入 WTO 后，其远东地区发展战略的全面实施为中俄两国进一步密切合作注入了新的活力。

　　在中国，对外商投资的双边监管历史悠久，早在 1980 年便缔结了首项此类条约。至今，中国已签署 86 项相关协议，包括 8 项洲际协议（如与美国于 1980 年、1983 年，与德国、奥地利于 1985 年、1988 年，与日本、土耳其于 1990 年，与匈牙利于 1991 年，与西班牙于 1992 年，与沙特阿拉伯于 1996 年签订协议）及 78 项政府间协议。

　　2014 年在上海召开的亚信峰会标志着两国战略伙伴关系迈入全新阶段。普京总统在同年 5 月 20 日访华期间明确了双边关系发展的新优先领域，峰会取得的务实成果为中俄战略伙伴关系的三大支柱，即政治、经济和人文交流开辟了新的发展空间。峰会上签署了创纪录数量的文件，包括 47 项协议、谅解备忘

──────────

　　〔1〕《中国对俄投资总额已达到 500 亿美元》，载 https://www.safe.gov.cn/heilongjiang/2019/1031/1137.html，最后访问日期：2024 年 4 月 20 日。

录和合同，实际上巩固并扩大了经济中所有双边合作领域，如金融、能源、航空制造业、基础设施建设、增强双向投资流量、信息技术等领域的发展。

2014 年，中俄投资合作呈现多元发展趋势。中国商务部数据显示，当年中国对俄投资减少了 80.6%，降至 7.9 亿美元，而俄罗斯对华投资则增长 85.1%（409 万美元）。2014 年俄罗斯在中国吸引外资总额中的比重为 0.04%，相较于 2013 年的 0.02% 有所上升。值得关注的是，2014 年上海协议进一步印证了部分研究者的观点，即中国有意借助"一带一路"倡议推动形成从亚洲到欧洲的系列经济项目，计划中的经济走廊南北两线都将穿越俄罗斯，为两国在项目实施中开展互利合作提供了契机。在那次上海会晤中，普京总统与习近平主席就丝绸之路经济带项目与俄罗斯欧亚经济联盟项目的对接达成共识。

当前，中俄投资合作的主要领域集中于能源（如核能项目、俄罗斯石油的运输与加工、电力设施建设和改造）、矿产开发、木材加工、建筑业以及工业生产等。使用本国货币结算被视为中俄金融合作的重要一环。2014 年，两国签署了货币互换协议，而 2015 年 5 月习近平主席访俄期间，双方又签署了鼓励在贸易、投资及贷款领域使用本国货币结算的协议。据俄罗斯国家开发集团（ВЭБ. РФ）数据显示，2015 年以人民币支付的金额增长了 250%，超过 120 亿卢布，人民币互换交易额达 92 亿元，同比增长 11 倍。

中俄合作发展中的一大鲜明特征是两国私营企业间互动的加深。其中最具代表性的例子便是滨海边疆区旅游度假地的建设，多家公司包括中国公司在内计划总投资超过 20 亿美元。该项目完工后，滨海边疆区将成为配备高素质本地员工的国际级全年度假胜地，对远东地区经济发展具有战略意义。

中国企业海外投资活动的管理主要由中华人民共和国商务部承担主导职责。在俄罗斯联邦与中华人民共和国之间的投资关系方面，双方受国际法原则（特别是国际条约）以及国家与投资者之间契约关系和各自国家立法的共同约束。两国通过各自的国内法律体系，如投资法、税法、环保法、劳动法等，对跨国投资活动进行国家层面的监管。

如同其他国家，俄罗斯和中国构建了一个由国际法和国内法组成的双重层次法律体系，用以管理和规范在其各自领土内的外国投资行为。通过缔结和加入国际条约，以及制定和更新国家立法和行政规定，两国不断丰富和完善这一法律体系，以适应全球投资环境的变化，促进和保障国际投资活动的健康发展。

（1）中国对外投资的国内立法

中国企业赴外国投资的国内立法主要涉及对外直接投资的审批、监管、外汇管理、税收优惠以及对外投资的权益保障等多个方面。以下是近年来中国对外直接投资立法体系的主要组成部分：

《境外投资管理办法》：由中国商务部制定并多次修订，该办法对我国企业境外投资的申报、审批、备案、变更和终止等环节进行了规定，旨在规范和促进境外投资活动的有序进行。

《国家外汇管理局关于进一步简化和改进直接投资外汇管理政策的通知》：这一系列通知和规定旨在简化对外投资的外汇管理，为我国企业对外投资提供便利，包括简化直接投资外汇登记手续、放宽境内机构境外直接投资前期费用汇出限制等。

《企业境外投资管理办法》：由国家发展和改革委员会制定，规定了中国企业境外投资项目的核准、备案制度，以及相关的风险防控和后续监管措施。

《对外直接投资统计制度》：由商务部、国家统计局、国家外汇管理局制定，规定了对外直接投资的统计原则、范围、内容和方法，为我国对外直接投资的宏观管理和决策提供数据支持。

税收优惠政策：我国对外投资企业在税收方面享有一定的优惠政策，如《中华人民共和国企业所得税法》及其实施条例、财政部和税务总局发布的相关政策文件等，为企业境外投资活动提供了税收方面的指引和支持。

虽然中国尚未出台专门针对境外投资保护的全国性法律，但现有的相关法律法规中包含了对外投资权益保护的内容，并在与他国签订的双边投资保护协定中进一步明确了对中国企业境外投资权益的保护。

而且，中国政府通过不断完善国内立法，规范并促进了中国企业赴外国投资的活动，同时通过签署和执行国际投资协定，为中国企业海外投资提供了更广阔的空间和安全保障。随着中国"走出去"战略的深入推进，预计未来对外投资相关的法律和政策将继续得到充实和完善。

中国对外投资政策

中国政府针对我国企业对外投资的政策呈现出全局性、服务性、法治化以及产业导向性强等特点，旨在通过系统性的政策支持和法律保障，助力中国企业稳健、高效地进行对外投资，深度参与全球经济合作与竞争。

具体来说，在国家层面，政策明确将推动共建丝绸之路经济带和 21 世纪海上丝绸之路作为对外投资的重要导向，通过多种政策工具支持和服务"一带一路"建设；政策协调方面，涉及发改委、商务部、外交部、国家质量监督检验检疫总局、国家税务总局、最高人民法院、最高人民检察院等多个部门，从不同角度对"一带一路"共建国家和地区投资提供支持；在服务与保障层面，包括简化行政审批、优化税收服务、加强司法保障、风险防范与应对、金融支持等方面，旨在降低对外投资的风险和成本，提高投资效率；地方政策配合方面，各地政府积极响应国家号召，出台地方性政策，推动企业"走出去"，鼓励企业把握"一带一路"建设机遇，积极参与境外投资；在法规体系建设方面，从 2000 年至 2010 年，中国逐步建立健全了一系列与境外投资相关的法规，如境外投资项目核准和备案管理办法、境外投资外汇管理规定、境外投资企业税收服务与管理工作意见等，对境外投资活动的各个环节进行了详细规定和规范。

有鉴于此，中国的对外投资政策呈现出整体性与连贯性、服务综合性、产业导向性、风险防控性、法律保障健全性等特征。具体来说，制度设计既关注顶层战略，又注重政策的连续性和一致性，通过逐年修订和完善相关法规，适应不断变化的国际投资环境。各类政策涵盖投资前审批、投资中管理和投资后保障等全过程，涉及多个政府部门协同配合，提供一站式、全方位的服务和支持。政策强调境外投资的安全性，通过建立风险预警、信息通报、应急管理等机制，保障企业境外投资的平稳进行。鼓励和支持优势产业和企业"走出去"，并与"一带一路"共建国家和地区开展多种形式的合作，如产能合作、金融合作等。除了专项境外投资法规外，我国还通过民法、民事诉讼法、知识产权法等国内法来保护中国投资者在海外的合法权益。

例如，《境外投资管理办法》（2014）对境外投资项目的核准和备案进行了明确规定，简化了审批流程，提高了投资效率。同时，各地方人民政府结合本地实际情况，制定了一系列具体实施意见。

（2）俄罗斯联邦外国投资的立法

俄罗斯联邦现行与外国投资有关的法律有：《俄罗斯联邦外国投资法》[1]
《俄罗斯联邦投资活动法》[2]《俄罗斯联邦外汇调节及监管联邦法》[3]《俄
罗斯联邦产品分成协议法》[4]《俄罗斯联邦固定资产投资法》[5]《俄罗斯联邦融
资租赁法》[6]《俄罗斯联邦土地法典》[7]《俄罗斯联邦经济特区法》[8]《俄
罗斯联邦马加丹特别经济区法》[9]《俄罗斯联邦关于保护有价证券市场投资
者权利和合法利益的联邦法》[10]《俄罗斯联邦有限责任公司法》[11]《俄罗斯
联邦股份公司法》[12]《俄罗斯联邦实施国家监督过程中法人和个体经营者权
益保护法》[13]《俄罗斯联邦法人国家登记法》[14]《俄罗斯联邦不动产权和交

〔1〕 Федеральный закон от 09. 07. 1999 № 160–ФЗ «Об иностранных инвестициях в Российской Федерации》

〔2〕 Федеральный закон от 25. 02. 99 N 39–ФЗ «об инвестиционной деятельности в Российской Федерации》

〔3〕 Федеральный закон «О валютном регулировании и валютном контроле» от 10. 12. 2003 N 173–ФЗ

〔4〕 Федеральный закон от 30. 12. 1995 N 225–ФЗ «О соглашениях о разделе продукции》

〔5〕 Федеральный закон от 25. 02. 1999 N 39 – ФЗ（ред. от 08. 12. 2020）«Об инвестиционной деятельности в Российской Федерации》

〔6〕 Федеральный закон от 29 октября 1998 г. N 164–ФЗ «О финансовой аренде（лизинге）》

〔7〕 Земельный кодекс Российской Федерации / Федеральный закон от 25 октября 2001 г. № 136 –ФЗ

〔8〕 Федеральный закон от 22 июля 2005 г. N 116 – ФЗ «Об особых экономических зонах в Российской Федерации》

〔9〕 Федеральный закон от 31 мая 1999 г. N 104 – ФЗ «Об Особой экономической зоне в Магаданской области》

〔10〕 Федеральный закон от 5 марта 1999 г. N46–ФЗ «О защите прав и законных интересов инвесторов на рынке ценных бумаг》

〔11〕 Федеральный закон от 08. 02. 98 N 14–ФЗ «об обществах с ограниченной ответственностью》

〔12〕 Федеральный закон от 26. 12. 1995 N 208 – ФЗ（ред. от 31. 07. 2020）«Об акционерных обществах》

〔13〕 Федеральный закон от 26 декабря 2008 г. N 294–ФЗ «О защите прав юридических лиц и индивидуальных предпринимателей при осуществлении государственного контроля（надзора）и муниципального контроля》

〔14〕 Федеральный закон от 08. 08. 2001 N 129 – ФЗ（ред. от 27. 10. 2020）«О государственной регистрации юридических лиц и индивидуальных предпринимателей》

易国家登记法》〔1〕《俄罗斯联邦森林法典》〔2〕《俄罗斯联邦租让协议法》〔3〕《俄罗斯联邦自然垄断法》〔4〕《俄罗斯联邦生态鉴定法》〔5〕《俄罗斯联邦环境保护法》〔6〕。

苏联解体后，俄罗斯从意识形态到经济制度都发生了巨大的变化。俄罗斯大力加快私有化的进程，力图建立西方发达国家模式的市场经济。为推动经济发展，俄罗斯打开国门，对外开放。有效的法律保障是实现经济发展目标所必不可少的，因此俄罗斯对外资立法十分重视，希望建立良好的外商投资法律环境以吸引外资。近年来，随着俄罗斯经济发展和对外开放工作的不断推进，鼓励外商投资的法律文件相继出台，规定对外国投资者采取比国内投资者更优惠的政策〔7〕。除了这些法律，俄罗斯还通过联邦总统令、法规、部门规章以及地方性法律和规范性法律文件调整外商投资活动。

迄今为止，俄罗斯在监管外国投资以推动国家经济发展方面已建立了一系列必要的法律框架。这些法律直接或间接规范着外国投资在俄罗斯经济中的吸引过程。在投资活动领域的立法涉及三个主要方面：

第一，一般规范商业和投资活动的立法遵从《俄罗斯联邦宪法》。该宪法奠定了外国投资监管的基本原则，包括建立外国人和无国籍人的国家制度，并界定了金融、货币、信贷和海关监管等与投资法律相关的重要问题的专属权限。

第二，投资活动从民事立法角度被视为创业活动之一。因此，投资活动的法律监管建立在联邦一级规范商业活动的法律框架之上，专门为监管投资活动采取相应行动。其中，《俄罗斯联邦民法典》适用于外国公民和外国法人之间的关系，为投资过程提供法律依据，明确参与者的法律地位并解决责任

---

〔1〕 Федеральный закон от 21. 07. 1997 N 122–ФЗ（ред. От03. 07. 2016）《О государственной регистрации прав на недвижимое имущество и сделок с ним》

〔2〕 Лесной кодекс Российской Федерации от 4 декабря 2006 г. N 200–ФЗ（ЛК РФ）

〔3〕 Федеральный закон от 21. 07. 2005 N 115 – ФЗ（ред. от 08. 12. 2020）О концессионных соглашениях

〔4〕 Федеральный закон от 17 августа 1995 г. N 147–ФЗ《О естественных монополиях》

〔5〕 Федеральный закон от 23 ноября 1995 г. N 174–ФЗ《Об экологической экспертизе》

〔6〕 Федеральный закон от 10 января 2002 г. N 7–ФЗ《Об охране окружающей среды》

〔7〕 殷敏：《"一带一路"倡议下中国对俄投资的法律风险及应对》，载《国际商务研究》2018年第1期。

问题等。

第三，规范性法律文件包括直接管理投资活动的一般和特定领域的法律。例如，1991 年颁布的《俄罗斯联邦投资活动法》和 1999 年颁布的《俄罗斯联邦以资本投资形式进行的俄罗斯联邦投资活动法》等法律，规定了投资活动的法律和经济基础，以及保护投资者权利的措施。此外，针对特定情况的法律文件如《俄罗斯联邦生产共享协议法》、《俄罗斯联邦融资租赁法》和《俄罗斯联邦特许权协议法》等，也为外国投资者提供了相应的法律保障和监管措施。

总体而言，俄罗斯已建立了涵盖各个方面的法律框架，以确保外国投资得到适当的监管和保护，促进国家经济的发展。

在克里米亚共和国和塞瓦斯托波尔联邦市领土上的重要自由经济区监管方面，需要着重关注。根据 2014 年 11 月 29 日第 377-FZ 号联邦法律（经 2014 年 12 月 31 日修订）《克里米亚联邦区和自由经济区在克里米亚共和国和联邦重要城市塞瓦斯托波尔的领土上的发展法》中的规定，特别突出了对投资者权利的保障，符合欧亚经济联盟条约规定，这一保障是持久的。

根据《克里米亚联邦区和自由经济区在克里米亚共和国和联邦重要城市塞瓦斯托波尔的领土上的发展法》的规定，为确保克里米亚共和国作为经济特区的合同投资者享有国际条约所赋予的权利，特别是欧亚经济联盟条约权利，投资者有权要求赔偿因俄罗斯联邦内部动荡、军事行动、革命、叛乱、紧急状态或其他相似情况对其投资造成的损害。此外，在征用、国有化或类似措施方面，投资者也有权享受公平对待，且在符合俄罗斯法律的情况下，这些措施应当是非歧视性的，并应当提供及时充分的赔偿。

2014 年 11 月 29 日第 377 号联邦法律（经 2014 年 12 月 31 日修订）《关于建立损害赔偿保障和禁止征用、国有化以及其他类似措施的修正案》[1]规定，在俄罗斯联邦遵守国际义务的前提下，无需联邦预算或俄罗斯联邦实体的预算承担额外财务成本。

鉴于克里米亚共和国和塞瓦斯托波尔联邦市的设立并建立了自由经济区，

---

〔1〕 "О защите прав и законных интересов физических лиц при осуществлении деятельности по возврату просроченной задолженности и о внесении изменений в Федеральный закон "О микрофинансовой деятельности и микрофинансовых организациях"

俄罗斯法学界主张修订税收立法以设立优惠税收制度，豁免中小企业代表的地方税收，以吸引外国资本（包括中国资本）投资于该地区的现代化疗养胜地、旅游业和葡萄酒生产。中国商界代表对自由经济区的发展、税收政策以及其他优势表现出极大兴趣。

投资领域涉及的规范性法律中包含了监管外国投资组织活动的特定法律规范措施，涵盖行政和财政立法。具体而言，这些规定涉及建立投资者与授权机构之间的行政和金融法律关系，确保遵守反垄断和货币法规、税收及关税缴纳要求，以及提供各级预算支持措施等方面。

行政法规的监管法律行为包括对商品市场垄断活动、自然垄断、广告等方面的法律规范，以及俄罗斯联邦总统的个别法令。而监管金融法务关系的法规文件包括《俄罗斯联邦税法典》〔1〕。

总体而言，俄罗斯的投资立法体系广泛涵盖了监管整个投资过程或特定领域的法律规范措施。这项立法在形成过程中经历了多次修改和补充，与国际公约和双边协议结合，形成了一个有利且完备的监管框架，用于规范外商投资。

然而，一些俄罗斯法律对外国投资的规定需要进一步澄清和明确。因此，俄罗斯法学界考虑改进国内立法，特别是直接规范外国投资的主要法律来源——《俄罗斯联邦外国投资法》。该法律虽然是外国投资的主要法律依据，但在实践中存在一些缺陷，例如没有包括一些重要监管问题，如劳动关系、社会保险、商品认证等。因此，俄法学界主张对这些法律进行重大修订，以更全面地规范与外国投资相关的各种关系。

对外国投资者而言，面对各类政治和其他风险的投资担保问题是至关重要的议题。尽管投资领域受到广泛监管法律的约束，并向外国投资者提供广泛的担保，但这一问题依然备受关注。据《俄罗斯联邦外国投资法》规定，在投资项目的投资回收期内，外国投资者对俄罗斯联邦法律的不利变化提供了最长不超过 7 年的稳定保证，起始于项目融资启动之日。然而，这种限制显然无法为外国投资者在整个投资回收期内提供充分的保障，特别是针对长期投资。因此，建立一个无时间限制的全面稳定条款的设想迫在眉睫，这将为外国投资者提供全面保障，防止联邦法律和其他规范性法规的生效，从而

---

〔1〕 Налоговый кодекс Российской Федерации（НК РФ）

改变外国投资者的税收负担或体制。

在处理外国投资者担保问题时，必须关注国际私法中保护外国投资者财产权和利益的法律议题。许多中国投资者认为俄罗斯的投资法律保护力度不足，这种对投资环境的担忧限制了投资规模，投资环境的不确定性比俄罗斯的制裁和当前经济形势更加引人关注。俄罗斯与中国在投资领域的合作被专家认为缺乏必要的氛围，两国之间的相互投资水平仍然较低。

俄罗斯被视为一个投资气候不利的国家，缺乏向外国投资者提供的优惠政策。此外，腐败、金融机构的不发达以及俄方设立的障碍也妨碍了投资进程，这解释了中国对俄直接投资规模不大的原因。

为了维护外国投资者的权益，俄罗斯在 2010 年设立了联邦投资专员办公室，支持外国投资者的项目。该办公室受俄罗斯经济发展部监管。据该部门称，该机构已被证明相当成功，据初步估计，约 80% 的问题可通过申请解决。

目前，根据 2011 年 12 月 14 日生效的《金融市场社会调解者条例》[1]，俄罗斯设立了金融监察员办公室，负责解决与金融组织自然人客户之间因合同签订、变更、履行或终止而产生的纠纷相关的投诉。

投资监察员和投资顾问机构在俄罗斯联邦运作顺利。鉴于在联邦一级处理投资者投诉的良好经验，各地区的投资监察员职能由俄罗斯联邦总统在各联邦区的副全权代表负责。然而，投资监察员和投资顾问的活动缺乏必要的规范框架。在俄罗斯法律中，2013 年 5 月 7 日第 78-FZ 号联邦法（经 2013 年 11 月 2 日修订）《俄罗斯联邦企业家权利保护专员法》[2]中首次引入了联邦一级投资专员的概念。该法案的第 7 条规定了投资专员的职责。此外，2014 年 4 月 3 日阿尔泰边疆区的法律中也提及了投资专员这一概念，指明投资专员作为阿尔泰边疆区行政当局或地方自治机构的官员，根据现行法律赋予其官方权力，以吸引经济投资并促进投资项目在该地区的实施。

为促进研究所的发展和改进，俄罗斯法学界提出了在联邦一级通过规范性法律法案的建议，以明确投资监察员/投资专员和投资顾问的法律地位。

为了吸引外国的实物和资金，引入先进的工艺技术和管理经验，以有效

---

〔1〕　Положение об Общественном примирителе на финансовом рынке (Финансовом омбудсмене)

〔2〕　Федеральный закон от 07.05.2013 № 78 - ФЗ « Об уполномоченном по защите прав предпринимателей в Российской Федерации»

应用于国民经济建设，俄罗斯联邦于 1998 年颁布了第一个《俄罗斯联邦外国投资法》[1]，该法确立了对外国投资者的投资、投资回报和利润权利的基本保障，以及外国投资者在俄罗斯联邦境内经营的条件。俄罗斯吸引外资的主要原则是减少对外国投资者经营活动的限制，使其逐步享有接近或等同于俄罗斯本国投资者的待遇。同时，俄罗斯致力于整体改善国内投资环境，以确保国内外投资者在相同政策条件下公平竞争。简而言之，该政策强调为外资提供"国民待遇"。

新版《俄罗斯联邦外国投资法》于 1999 年 7 月 9 日重新颁布，经过 2002 年 3 月、7 月以及 2003 年 12 月的多次修订。该法明确规定了以下内容：外国投资活动受到俄罗斯国家法律的保护；外国投资者可以在俄罗斯从事任何合法的投资活动，包括购买有价证券、自然资源、房屋、建筑物等，并参与俄罗斯的私有化进程，享受法律提供的各种优惠；俄罗斯政府保障外资重点项目在投资期间不受政策法规变化的影响；外资的权利与义务可向第三方转让；外资财产不会被非法没收、征用或国有化，若出现特殊情况，俄罗斯政府必须进行赔偿；外资经过合法纳税后，可自由支配其收入（如利润、股息、利息等），包括将收入汇出境外；外资在俄罗斯境内发生争议和诉讼时将得到公正对待；外资有权将投资带入的资产和资料带出俄罗斯境内[2]。

长期以来，俄罗斯在吸引外资方面表现不佳，主要外资流入集中在证券投资领域，这种短期赢利导向的金融投机并未为俄罗斯经济发展带来实质性益处。为解决这一问题，俄罗斯制定了新版外商投资法，明确规定该法不适用于银行、金融和保险等领域，这些领域受到专门法律的限制，旨在引导国外资本流向实际生产领域。

俄罗斯是一个联邦制国家，实行多级分权管理制度。根据俄罗斯法律，各州区政府有权根据本地特色制定优先投资项目，以发展当地主导和欠发达产业。然而，由于俄罗斯地域广阔，区域差异明显，各地区重点发展的领域和引资项目各不相同，缺乏统一性。

俄罗斯参考其他国家的先进引资经验，在境内设立了若干特别经济区，

---

[1] Федеральный закон от 09.07.1999 № 160-ФЗ 《Об иностранных инвестициях в Российской Федерации》（далее - Закон об иностранных инвестициях）

[2] 董欣：《俄罗斯利用外资政策与法律的演变》，载《对外经贸》2014 年第 3 期。

但受联邦立法管理的特别经济区仅有两个：加里宁格勒经济特区和马加丹经济特区。其他特别经济区基本通过条例管理，级别低于前述两个特区。

根据 2004 年 7 月 29 日通过、2005 年 1 月 1 日起生效的第 95 号联邦法规，俄罗斯境内企业的所得税税率为 24%。其中，向联邦财政预算缴纳 6.5%，向州区财政预算缴纳 17.5%。州区政府有权降低个别纳税户的地税税率，但最低不得低于 13.5%。对于经营非俄罗斯境内业务的外国机构代表处，收入所得应向联邦财政预算缴纳 20%；从事国际联运并使用、保养或租借船舶、飞机及其他交通工具、集装箱的所得应向联邦财政预算缴纳 10%。俄罗斯国内公司从本国机构获得的利息收入应向联邦财政预算缴纳 9%，而外国公司从俄罗斯机构获得的利息收入或俄罗斯公司从外国机构获得的利息收入则应向联邦财政预算缴纳 15%。

对于国家或市政证券的利息所得，在 2007 年 1 月 1 日后签发的抵押或直接纳入证明的托管银行抵偿贷款收入，需向联邦财政预算支付 15%。而 2007 年 1 月 1 日前发行且价值不高于 3 亿美元的市政证券收益所得、2007 年 1 月 1 日前发售的政府抵偿贷款证券收益所得，以及 2007 年 1 月 1 日前签发抵押或直接纳入证明的政府托管单位抵偿款收入，需向联邦财政预算支付 9%。

外资企业在俄罗斯可以享受各种优惠政策，例如税收减免、海关优惠、贷款支持等。根据不同的法律法规和地方政府政策，外资企业可以获得不同的支持和待遇。在特别经济区内，外资企业可以享受更多的税收减免和海关优惠，促进企业在该区内的发展。各州区政府也制定了吸引外资的法律，为外资企业提供支持和保护，以促进当地经济发展。总体而言，俄罗斯各级政府都致力于吸引外资，为外资企业创造良好的投资环境。

根据俄罗斯法律框架，外资企业在俄罗斯境内可能享受的优惠政策包括以下几个方面：

《俄联邦产品分成协议法》：该法旨在调节国内外投资者在俄罗斯境内投资、勘探和开采矿物资源等活动。在该法的指导下，外资企业可以在协议有效期内免除企业所得税、资源使用税、俄籍雇员的社会医疗保险费以及其他各种税费，征税基本上被按照协议条款分配产品所取代。

《俄罗斯联邦融资租赁法》：根据该法规定，外资企业可以享受国家对租赁活动的支持，包括联邦预算拨款、国家担保、投资贷款、免除 3 年以上的企业所得税等优惠政策，同时还可获得税收和贷款方面的优惠，在更新机械设备时允许快速折旧等。

《俄联邦加里宁格勒特别经济区法》：该法设立了特别经济区，为俄罗斯和外国投资者提供税收减免优惠和海关便利措施，其中包括在特别经济区内生产的商品免交关税、运往俄罗斯其他地区和关税联盟的商品享受优惠等。

各州区外资吸引法律：各俄罗斯州区政府可以根据宪法和联邦法律制定自己的吸引外资规划和法规，支持外商对当地的投资活动。这些法规可能包括对投资者提供税收贷款、税收优惠，担保优先投资项目等措施，以及针对不同投资金额和方向的外商提供不同的优惠和保护。

为吸引外资，2019 年 12 月 10 日，俄罗斯联邦国家杜马一读通过了联邦第 828237-7 号法案《关于保护和鼓励在俄罗斯联邦投资以及发展投资活动》[1]（以下简称《投资法案》）。《投资法案》旨在加强国家及地区的投资支持机制，为投资项目的实施创造最有利条件。俄罗斯国家杜马主席维亚切斯拉夫·沃洛金在开启 2020 年春季会议时表示，该法案被称为"投资法典"，在对法案进行二读之前，有必要与政府和专家一起举行听证会继续审议。此前，在关于该法案的听证会上，俄罗斯联邦总理兼俄罗斯联邦财政部长安东·西卢安诺夫表示，建议废止一些过时的法律规范，在《投资法案》中加入必要的新规定。

法案的主要内容

《投资法案》规定了一般投资条件（Общий инвестиционный режим）和项目投资条件（Проектный инвестиционный режим），两种投资条件都对实施投资项目的组织、投资项目本身、国家和投资者的责任和义务，以及国家给予投资者的支持等作出了规定。

一般投资条件适用于所有投资者，主要规定了国家及地区对投资活动的支持措施（Меры государственной <муниципальной>поддержки），并且对影响投资项目的法令设置了延迟生效时间的规定；项目投资条件适用于与国家达成保护和鼓励投资协议（Соглашение о защите и поощрении капиталовложений）的投资者，允许在投资协议中制定一系列有利于投资活动的优惠条款，项目投资条件设置了门槛。

---

〔1〕《О защите и поощренииикапиталовложений и развитии инвестиционной деятельности в Российской Федерации》

一般投资条件

一般投资条件遵循以下原则：保证投资者获得国家及地区支持的平等权利、优先发展投资项目所必须的基础设施、国家权力机关及主管人员在法律未作规定的情况下不得妨碍投资者之间执行合同关系、奉行统一的金融和信贷政策、确保遵守反垄断法等。

一般投资条件规定了国家对投资活动的一系列支持措施，包括税务和关税优惠、从国家预算提供财政支持等。此外，一般投资条件规定，某些法令的生效时间延后三年，此类法令包括：对实施投资项目时行使和（或）获得的权利规定补充要求、义务、限制和（或）禁止的法令，取消某些优惠的法令，导致实施投资的组织额外花销的法令等。比如，在税务方面，如果对所得税、土地税、财产税的相关法规进行了修正，并且这些修正会对投资项目的实施产生不利影响，那么修正的生效时间延后三年。

俄罗斯经济发展部会对任何立法举措进行评估，如果认定某项法案会对企业产生负面影响，则会对该项法案作出延迟生效的规定，让企业适应新变化。《投资法案》还规定设立金融和投资审计机构，以便在为项目吸引投资者的同时，尽量减少预算支出。

项目投资条件

项目投资条件吸引投资者将个人财产投入特定经济活动领域的新项目、俄罗斯联邦或俄罗斯联邦主体计划实施的项目。在项目投资条件下，国家和企业可以在 2030 年之前达成投资协议，约定包括稳定条款（延迟某些不利于投资的法令的生效时间）和国家及地区对投资活动的支持措施在内的一系列优惠条款。涉及某些领域的投资不能签订投资协议，比如石油天然气开采、酒精和烟草生产、博彩、银行业和其他金融活动等。

项目投资条件区分了申请程序（Заявительный порядок）和声明程序（Декларационный порядок）。申请程序中，由投资者发起实施新的投资项目（私人项目倡议– Частная проектная инициатива）；声明程序中，由俄罗斯联邦执行机构、俄罗斯联邦主体的国家权力执行机构发起实施投资项目（公开项目倡议– Публичная проектная инициатива）。

项目投资条件门槛

在医疗、教育、文化和体育领域，项目投资条件适用于总预算不低于 10 亿卢布、投资者个人财产投入不少于 2.5 亿卢布的投资项目。

在工业、农业和数字经济领域，项目投资条件适用于总预算不低于 70 亿卢布、投资者个人财产投入不少于 15 亿卢布的投资项目。

在其他经济领域，项目投资条件适用于总预算不低于 250 亿卢布、投资者个人财产投入不少于 50 亿卢布的投资项目。

俄罗斯联邦各主体也可以与企业签订涉及地区税收和某些延迟法令生效时间的投资协议，与俄罗斯联邦各主体签订投资协议的门槛略低：投资项目总预算不低于 10 亿卢布不超过 50 亿卢布、投资者个人财产投入金额不少于 2 亿卢布不超过 10 亿卢布。这将为中型企业提供签订投资协议的机会。

投资协议可以约定稳定条款

涉及税收的不利法令可以在整个投资协议期间不生效。

涉及国家支持变动的不利法令可以在投资协议的关联协议（关于投资协议执行及国家支持的协议）规定的期间内不生效。

涉及技术规范、许可证制度、改变土地使用及开发要求等的不利法令可以在法令本身生效后 3 年内（不超过投资协议期限）不在投资项目上生效等。

同时，《投资法案》按照不同投资金额规定了不同的稳定条款，总预算超过 500 亿卢布、投资者将个人财产投入超过 100 亿卢布的投资项目，除上述稳定条款外，还可以选择获得以下保障：

涉及价格计算公式和出口关税税率等的不利法令在整个投资协议期间不生效。

关于出口货物价格限制、外国公民入境劳动邀请函发放限制、某些资源配额限制、某些强制性付款费率、森林资源单位费率的不利法令可以在法令本身生效后 3 年内（不超过投资协议期限）不在投资项目上生效等。

设立投资协议登记簿制度

如果投资新项目，并且国家承诺提供包括财政支持在内的支持，则这些支持措施将写在投资协议中，国家有责任在整个投资项目实施时期保留并实施这些支持措施。《投资法案》提议制定投资协议登记簿（Реестр соглашений о защите и поощрении капиталовложений），所有投资协议由俄罗斯联邦国库以电子形式登记并保存在案，以确保不改变在投资协议框架内作出的所有支持决定。

"赏罚分明"

除了稳定条款外，参考企业建议，《投资法案》提出了第二项重要创新：

在实施新的投资项目时，企业家建设基础设施的成本将从未来应缴纳的税款中补偿，包括所得税、财产税、增值税等。也就是说，实质上是从国家预算资金中得到补偿。这项创新非常重要，因为涉及社会工程基础设施，并且它将减少企业家进行投资和实施新项目的成本。

《投资法案》规范了签订、执行、变更和终止投资协议的程序。如果国家违反投资协议的有关规定，将提供赔偿。如果企业家违反投资协议条款，并且相应的投资项目未能执行，则必须退还在项目实施过程中收到的补充支持。

为了进一步保护投资者和促进中小企业的发展，2019 年俄联邦对相关领域法律进行了修正，旨在使投资平台更加透明和可靠，投资者更容易找到合适的项目进行投资。同时，新修订措施也限制了一些不合格的投资者和个人，以确保投资的安全和合法性。随着俄罗斯金融市场的不断发展，这些规定将为投资者和企业带来更多的机会和保障。

例如，2019 年 8 月 2 日颁布了《关于利用投资平台吸引投资以及修订俄罗斯联邦某些法案》第 259 号联邦法[1]（以下简称第 259 号法律），根据该修正案，2020 年起吸引投资的投资者和个人将面临限制。2019 年 8 月 2 日所颁布的第 259 号法律调节的是零售金融（众筹）活动，也就是说，当一些个人包括普通公民利用特殊的互联网平台向项目注资时，这类情况受到俄罗斯联邦法律的监管。例如，一个人每年可以吸引最多 10 亿卢布的投资。非合格投资者将可最多投资 60 万卢布。新法对投资平台本身也提出了新的要求。平台自身必须至少有 500 万卢布的资本，该平台必须在俄罗斯银行登记注册。此外，新法规定了什么是功利数字权利，以及如何解释。第 259 号法律规定了投资者和吸引投资的个人之间的关系，他们通过投资平台找到对方。第 259 号法律是根据俄罗斯联邦到 2030 年期间中小企业发展战略编制的，该战略由俄罗斯联邦政府于 2016 年 6 月 2 日发布的第 1083 号命令批准。该文件中谈到了需要发展集体融资–众筹（краудфандинг）和众投（краудинвестирование）。最初，该法案被称为"关于吸引投资（众筹）的替代方法"。该法案最初的文本还将众筹称为零售融资。然而，"众筹"一词后来从法案中删除。许多专家

---

〔1〕 Федеральный закон от 2 августа 2019 г. N259–ФЗ "О привлечении инвестиций с использованием инвестиционных платформ и о внесении изменений в отдельные законодательные акты Российской Федерации"（с изменениями и дополнениями）

指出，第259号法律的文本与众投更相关，这是一种众投形式。他们之间的区别是：当众筹时，人们将资金投到一个项目，他们因此会得到一些好处或特权，或者什么也得不到。因此这通常是音乐家、游戏开发者和其他人在各种互联网平台上为他们的项目筹集资金的方式。它更像是一个慈善机构。与此同时，一些此类网站认为，第259号法律不适用于他们，因为他们在预购或赞助的原则下工作。当众投时，投资者为了之后能赚钱而将钱投到一个生意中。当从投资者那里收集到所需的金额时，项目就会启动，投资者会收到公司的股份或股票。第259号法律规定，只有某些俄罗斯公司和个人创业者——投资平台运营商才能为中小企业筹集资金用于零售融资。他们将通过投资平台组织招商引资。根据新规，投资平台运营商的资本金额不得少于500万卢布。俄罗斯银行将对这些运营商进行注册。类似的平台已经存在，但在此之前他们的活动没有受到法规调节，其最低资本形式没有受到限制，有必要将其列入俄罗斯银行的登记册中。投资平台的操作如下：运营商将与吸引投资的个人签订提供投资促进服务的合同以及提供投资援助服务的合同，这两项合同都是附着合同。运营商必须在投资平台的规则中确定他们的条款。服务有偿与否，取决于特定投资平台的规则。投资平台运营商将向俄罗斯银行汇报。他们还必须确定吸引投资的投资者和个人。在签订投资援助服务合同之前，投资平台运营商将被要求从个人投资者那里获得确认，确认其已熟悉投资相关的风险，了解使用投资平台进行投资是高风险的，可能导致全部投资损失，并接受此类风险。要使用投资平台进行投资，公民不需要作为个人企业家进行国家注册。如果为吸引投资的人集资到了所需的金额，双方将以电子形式缔结投资协议。投资者的资金从投资平台运营商的名义账户汇入吸引投资的人的银行账户的那一刻起，该投资协议将被视为履行完毕。投资协议的缔结可以通过投资平台运营商发布的合同登记册的摘录来确认。如果双方签订了获得基于功利主义原则数字权利（功利数字权利）的投资协议，这些信息可以根据关于在投资平台中出现功利数字权利的信息的规则进入合同登记册，也可以通过合同登记册中的信息直接确认。有些个人不能吸引投资，能吸引投资的也不会是所有人。其中，禁止范围将扩大到：①其控制者个人或其唯一执行机构：被列入参与极端主义活动或恐怖主义的组织和个人名单中；或据报参与大规模毁灭性武器扩散的组织和个人名单；②对于法人而言，如果其控制人或唯一执行机构有过在经济领域或危害国家权力、国家机关和地方自治机构利益方面的犯罪记录；对于其唯一执行机构而言，被认为受到取消资格的行政处罚期尚未过期；法人已被提起破产程序；③对于个人企业家而言，如果他有过在经济领域或危害国家权力、国家机关和地方自治机构利益方面的犯罪记录，在破产案件中，仲裁法院对其采取的程序自破产之日起对其适用。破产程序中的资产处分或终止程序尚未结束的，根据 2002 年 10 月 26 日第 127 号《俄罗斯联邦破产法》[1]的规定，无权从事企业活动，也不得在法人管理机构担任职务，以及以其他方式参与法人管理。通过投资平台进行投资的方式只能以非现金形式进行。规定可以通过下列方式进行：提供贷款、购买投资平台发行的证券（不包括信贷机构、非股本金融机构、结构债券和针对合格投资者的证券）、获得功利数字权利。

其中，功利数字权利（Утилитарные цифровые права）指的是：要求物品转让的权利，要求转让知识产权或使用知识产权的权利，要求完成工作或服务的权利。如果最初是根据使用投资平台签订的关于获取功利性数字权利的协议中作为数字权利出现的，那么该数字权利被认为是功利性的。功利数字权利的所有权将在数字证书中加以确认。这是一种非发行的无凭证证券，没有面值，证明其所有权属于可支配的数字实权持有人。存管机构将向该存管机构登记的功利数字权利持有人颁发数字证书。第 259 号法律规定了吸引投资的一些限制。因此，在一年中，一个人将能够利用投资平台吸引价值高达10 亿卢布的投资。这一限制不适用于通过投资者收购功利数字权利吸引投资的公共股份公司。个人投资每年有 60 万卢布的限制。

此限制不适用于：个人创业者和被投资平台运营商认可为专业投资者的个人；根据与公共股份公司签订的投资协议获得功利数字权利的个人。个人在其申请后被投资平台运营商认可为合格投资者。如果一个人投资金钱，但受到限制，则投资平台的营运者有义务根据该人的要求，向其购买在这一投资平台上获利的产权、证券或功利数字权利。如果个人向投资平台运营商提供了遵守限制的虚假保证信息，则此后果将不适用。投资者有权在交易超过限额之日起一年内提出申请。第 259 号法律于 2020 年生效。当日起，只有那些在俄罗斯银行注册的投资平台才能运作。已经通过众筹平台提供服务以吸引

---

〔1〕　Федеральный закон от 26. 10. 2002 N 127 - ФЗ（ред. от 20. 04. 2021）"О несостоятельности（банкротсве）"

投资的个人必须在 2020 年 7 月 1 日之前使他们的活动符合新的要求。

4.2 涉中俄投资合作相关制度

在当前国际背景下，中俄两国间的投资合作构成了双边经贸关系的核心组成部分，并基于稳固的政治互信与坚实的经济结构基础得以巩固与发展。尤其在当前全球格局下，强化双边投资合作的互利共赢特性，旨在充分利用双方各自的相对优势，从而有效推动两国经济结构升级与经济增长动力的提升。同时，这一过程对于充实及提升中俄全面战略协作伙伴关系的经贸合作维度，丰富其内涵，具有显著的战略意义与实际效能。

4.2.1 中俄双边投资相关制度

中俄两国在经贸、投资合作领域的稳固基础建立在一系列政府间协议和条约之上。这些法定框架包括：《中华人民共和国政府和俄罗斯联邦政府关于经济贸易关系的协定》（1992 年 3 月 5 日）[1]、《中华人民共和国和俄罗斯联邦睦邻友好合作条约》（2001 年 7 月 16 日）[2]、《中华人民共和国政府和俄罗斯联邦政府关于经济现代化领域合作备忘录》（2011 年 10 月 11 日）[3]、《中华人民共和国政府和俄罗斯联邦政府关于促进和相互保护投资协定》（附带 2006 年 11 月 9 日议定书）[4]。

此外，在改革开放以来的进程中，中俄两国签订了大量双边协议以深化经济领域的合作关系，如 1992 年的《中华人民共和国政府和俄罗斯联邦政府

---

〔1〕 Соглашение между Правительством Российской Федерации и Правительством Китайской Народной Республики о торгово-экономических отношениях

〔2〕 Договор о добрососедстве, дружбе и сотрудничестве между Российской Федерацией и Китайской Народной Республикой（Москва, 16 июля 2001 г.）

〔3〕 Меморандум между Правительством Российской Федерации и Правительством Китайской Народной Республики о сотрудничестве в области модернизации экономики（Пекин, 11 октября 2011 г.）

〔4〕 "Соглашение между Правительством Российской Федерации и Правительством Китайской Народной Республики о поощрении и взаимной защите капиталовложений"（вместе с Протоколом от 09.11.2006）

关于经济贸易关系的协定》[1]，1994 年的《中华人民共和国政府和俄罗斯联邦政府关于对所得避免双重征税和防止偷漏税的协定》[2]，1996 年的《中华人民共和国政府和俄罗斯联邦政府关于进出口商品合格评定合作协议》[3]，1998 年的《中华人民共和国政府和俄罗斯联邦政府关于解决政府贷款债务的协定》[4]；2000 年的《中俄政府间 2001—2005 年贸易协定》[5]、《中华人民共和国政府和俄罗斯联邦政府关于中华人民共和国公民在俄罗斯联邦和俄罗斯联邦公民在中华人民共和国的短期劳务协定》[6]、《中华人民共和国政府和俄罗斯联邦政府关于共同开发森林资源合作的协定》[7]。

中俄两国经贸、投资合作的基础是依托于多维度、多层次且持续更新的法律和政策框架，这些协议涵盖了贸易、税收、商品质量监管、债务解决、劳动力流动以及资源开发等多个领域，不仅体现了双方紧密的经济联系，也为未来合作的深度和广度提供了坚实的基础和指导原则。

（1）《中华人民共和国政府和俄罗斯联邦政府关于促进和相互保护投资协定》

中俄两国签署双边投资保护协定旨在为投资者提供争议解决途径和法律保护，这一做法在国际上已被广为采纳。中俄双边关系悠久，自进入 21 世纪

---

〔1〕　Соглашение между правительством РФ и правительством КНР о торгово‑экономических отношениях России и Китая

〔2〕　"Соглашение между Правительством Российской Федерации и Правительством Китайской Народной Республики об избежании двойного налогообложения и предотвращении уклонения от налогообложения в отношении налогов на доходы" （Заключено в г. Пекине 27. 05. 1994） （с изм. от 13. 10. 2014）［вместе с "Протоколом" （Подписан в г. Пекине 27. 05. 1994）］

〔3〕　Соглашение между Правительством Российской Федерации и Правительством Китайской Народной Республики о сотрудничестве в области оценки соответствия импортируемой и экспортируемой продукции （Пекин, 25 апреля 1996 г. ）

〔4〕　Соглашение между Правительством Российской Федерации и Правительством Китайской Народной Республики об окончательном урегулировании задолженности бывшего СССР и Российской Федерации перед Китайской Народной Республикой

〔5〕　Торговое соглашение между Правительством Российской Федерации и Правительством Китайской Народной Республики на 2001 – 2005

〔6〕　Соглашение между Правительством Российской Федерации и Правительством Китайской Народной Республики о временной трудовой деятельности граждан Российской Федерации в Китайской Народной Республике и граждан Китайской Народной Республики в Российской Федерации

〔7〕　Соглашение между Правительством Российской Федерации и Правительством Китайской Народной Республики о сотрудничестве в совместном освоении лесных ресурсов

以来，两国均步入市场经济转型期，开展了广泛的深层次合作。双方已签署多达数十项涵盖政治、经济和文化等领域的条约和协定，为两国的国际合作提供了坚实的法律支持和保障[1]。

1992 年 6 月 19 日，中俄两国签署的《中华人民共和国和俄罗斯联邦关于民事和刑事司法协助的条约》[2]自生效后，即互相承认并执行对方法院在条约生效后作出的民事裁决、刑事案件中的损失赔偿裁决以及仲裁庭的裁决。该条约还规定，一方法院或其他主管机关制作或证明的文书，经签署和正式盖章后即为有效，可在对方国家的法院或主管机关使用，无需再次认证。此举为俄罗斯商事争端解决机制带来的重要变革提供了法律框架[3]。

2006 年 11 月 9 日，中俄两国签署了《中华人民共和国政府和俄罗斯联邦政府关于促进和相互保护投资协定》[4]（以下简称为《中俄投资保护协定》）。作为重要的双边协定，该协定旨在为两国投资者提供稳定的法律环境，鼓励双方进行相互投资，推动在平等互利原则基础上的国际合作与共同繁荣[5]。

该协议由 2009 年 4 月 9 日第 54 号联邦法律批准，是确保俄罗斯和中国之间投资领域关系的主要双边协议之一。作为典型双边协议，该协议旨在为商业和投资活动提供法律保障和条件，为一方投资者在另一方领土上的投资创造良好条件。协议涵盖促进和保护投资的议题，规定向各方投资者提供公平待遇，杜绝歧视性措施，并确保与本国投资者或第三国投资者享有同等待遇。

《中俄投资保护协定》规定了"капиталовложение"这一投资形式，共设有 13 条。第 1 条解释了"投资"的概念。根据该协定对"投资"的定义，投资者可以采用多种财产形式进行投资，包括有形财产、债权、无形财产等，

---

〔1〕 殷敏：《"一带一路"倡议下中国对俄投资的法律风险及应对》，载《国际商务研究》2018 年第 1 期。

〔2〕 Договор между Российской Федерацией и Китайской Народной Республикой о правовой помощи по гражданским и уголовным делам от 19 июня 1992 г.

〔3〕《浅谈俄罗斯商事争端解决机制》，载 https://m.thepaper.cn/baijiahao_4533618，最后访问日期：2024 年 4 月 23 日。

〔4〕"Соглашение между Правительством Российской Федерации и Правительством Китайской Народной Республики о поощрении и взаимной защите капиталовложений"（вместе с Протоколом от 09.11.2006

〔5〕 殷敏：《"一带一路"倡议下中国对俄投资的法律风险及应对》，载《国际商务研究》2018 年第 1 期。

这为各类投资机构提供广泛的投资选择空间。第 2 条规定了对外资的便利和保护原则，第 3 条则进一步确保一国在其领土内对其投资者（"инвестор"）的保护，包括平等对待原则和特殊对待方式，如"国民待遇"和"最大限度实行"的限制。关于征收和补偿的规定包含在第 4 条中。在公益目的下，根据协定规定的"按照国内法律程序，无歧视，给予补偿"原则，限制了一国对另一国投资者在本国境内的投资采取征收、国有化或类似手段的做法，严格规定了征收程序和补偿原则。第 5 条和第 6 条保证了投资人在面临不可抗力时的补偿，以及投资款项的自由汇出。第 8 条和第 9 条是关于纠纷处理的条款，分别详细规定了《中俄投资保护协定》中双方处理争端的方式，以及处理双方之间争端的程序。

协定还明确规定了投资者请求赔偿的权利、当事人责任、协商、协定适用、生效、期限和终止等事项。最后，第 1 条第 1 款明确指出投资是指投资者根据对方国家法律在对方领土内投入的各种财产，强调了管理中俄投资活动的法律适用应在投资所在国境内进行，避免因过度依赖本国法律而导致权益受损的情况发生[1]。该《中俄投资保护协定》虽然篇幅不长，但《中俄投资保护协定》是国际法范畴中涉及双边投资监管的重要法律文件，确立了投资合作的基础和核心原则，为应对潜在风险提供了法律框架，是一项有效保护投资者权益的法律工具，该协定在私法和公法关系的法律框架中再次显现为核心要素。

《中俄投资保护协定》及类似协定旨在为中华人民共和国和俄罗斯联邦投资者的商业和投资活动提供国际法律保障和条件。通过创造良好的投资环境，这些协定完善了我国的投资政策，促进了外国资本的流入，并为投资项目的实施提供了法律保障。

《中俄投资保护协定》涉及国家和国际法层面。首次将外国投资作为一个国家法律概念，涉及国际私法性质，这体现在俄罗斯学者 А. Г. Богатырев 的研究中。根据《中俄投资保护协定》（附带 2006 年 11 月 9 日的议定书），中俄在双边投资层面受到国际法律监管。自 20 世纪 80 年代末开始，我国按照国际惯例缔结了关于外国投资担保的双边国际协定，促进了市场经济的形成。

---

[1]　殷敏：《"一带一路"倡议下中国对俄投资的法律风险及应对》，载《国际商务研究》2018年第 1 期。

中俄之间的首个双边投资协定缔结于 1990 年，标志着与其他国家的投资关系协定初步合并。管理投资的国际协定在促进投资合作发展的新方法方面具有重要意义。俄罗斯国际法学派创始人之一 Ф. Ф. Мартенс 认为，国际协定一直是澄清和确定法律关系的最佳手段之一。中俄与其他国家一样，通过国家立法和其他监管行为以及签署（或加入）国际协定，形成了管理国内外投资活动的两级法律规范的法律体系。在这种相互作用中，俄罗斯学者 Г. И. Тункин 认为，国家法律对国际法的影响更大，强调国内法的优先性，这源于国内政策高于外交政策的原则。

（2）中俄经贸投资领域的其他合作协议

随着改革开放的推进，中俄两国在经贸投资领域的合作关系日益深化，双方签署了一系列广泛的双边协议和条约，涵盖了货物贸易、税务协调、跨境航行、资源开发、金融监管、能源合作、矿产开发、动植物检验检疫、劳工交流、林木业投资、核能合作、银行业务合作、油气供应、机电产品贸易、基础设施贷款、能源对话机制、矿产资源开发、电力输送等诸多领域。这些法律文件不仅为中俄两国的经贸投资活动提供了有力的法律保障，而且也促进了双方在众多产业层面的务实合作与共同发展。例如：

1988 年《中华人民共和国政府和苏维埃社会主义共和国联盟政府渔业合作协定》；

1992 年《中华人民共和国政府和俄罗斯联邦政府关于经济贸易关系的协定》；

1992 年《中华人民共和国政府和俄罗斯联邦政府关于经济贸易关系的协议》（1992 年 3 月 5 日在北京缔结）；

1994 年《中华人民共和国政府和俄罗斯联邦政府关于对所得避免双重征税和防止偷漏税的协定》；

1994 年《中俄两江议定书》；

1994 年《中华人民共和国政府和俄罗斯联邦政府关于船只从乌苏里江（乌苏里河）经哈巴罗夫斯克城下至黑龙江（阿穆尔河）往返航行的议定书》；

1996 年《中华人民共和国政府和俄罗斯联邦政府关于进出口商品合格评定合作协议》；

1997 年《中国人民银行与俄罗斯联邦中央银行关于金融机构业务监管合作的协议》；

1997 年《中华人民共和国政府和俄罗斯联邦政府关于发展两国金刚石—钻石领域的合作协定》；

1998 年《中华人民共和国政府和俄罗斯联邦政府关于解决政府贷款债务的协定》；

2000 年《中俄政府间 2001—2005 年贸易协定》；

2000 年《中俄政府间关于共同开发森林资源合作的协定》；

2000 年《中华人民共和国海关总署与俄罗斯联邦兽医和植物检疫监督局关于中国从俄罗斯输入猪肉的检验检疫和兽医卫生要求议定书》

2000 年《中华人民共和国政府和俄罗斯联邦政府关于中华人民共和国公民在俄罗斯联邦和俄罗斯联邦公民在中华人民共和国的短期劳务协定》；

2000 年《中华人民共和国政府和俄罗斯联邦政府关于共同开发森林资源合作的协定》；

2001 年《中华人民共和国与俄罗斯联邦睦邻友好合作条约》；

2002 年《中国人民银行与俄罗斯联邦中央银行关于边境地区贸易的银行结算协定》；

2001 年《中华人民共和国和俄罗斯联邦睦邻友好合作条约》（2001 年 7月 16 日在莫斯科签署）；

2006 年《中国石油天然气集团公司与俄罗斯天然气工业股份公司关于从俄罗斯向中国供应天然气的谅解备忘录》；

2006 年《中国石油天然气集团公司与俄罗斯石油公司关于在中国、俄罗斯成立合资企业深化石油合作的基本原则协议》；

2006 年《中国石油天然气集团公司和俄罗斯管道运输公司会谈纪要》；

2006 年《中国国家电网公司与俄罗斯统一电力系统股份有限公司关于全面开展从俄罗斯向中国供电项目的可行性研究的协议》；

2008 年《中国建设银行与俄罗斯外贸银行全面合作谅解备忘录》；

2008 年《中国原子能工业公司与俄罗斯技术供应出口公司关于技术协助建造离心四期工厂和向中国提供铀浓缩服务或铀浓缩产品合同基础条款的协议》；

2009 年《中华人民共和国商务部和俄罗斯联邦经济发展部关于促进双边

机电产品贸易与合作的谅解备忘录》；

2009 年《中国进出口银行与俄罗斯对外经济银行 7 亿美元贷款框架协议》；

2009 年《中俄石油领域合作政府间协议》；

2009 年《中华人民共和国政府与俄罗斯联邦政府能源谈判机制会谈纪要》；

2009 年《关于天然气领域合作的谅解备忘录》；

2009 年《关于煤炭领域合作的谅解备忘录》；

2009 年《中国黄金集团公司与俄罗斯列诺瓦集团关于联合开发贵金属的合作备忘录》；

《俄罗斯中央银行与中国人民银行关于扩大使用本国货币进行双边清算地理范围的协定》《俄罗斯贸易经济发展部和中国商务部关于进一步推动双边经贸合作的议定书》（2010 年到 2016 年）；

2009 年《关于完善中俄投资促进会议机制的谅解备忘录》；

2009 年《关于完成中俄投资合作规划纲要研究拟定工作的纪要》以及相关项目的合作协议；

2009 年《中俄投资合作规划纲要》；

2010 年《关于煤炭领域合作的谅解备忘录的议定书》；

2011 年《中华人民共和国政府和俄罗斯联邦政府关于经济现代化领域合作备忘录》（2011 年 10 月 11 日在北京签署）〔1〕。

然而，尽管存在如此丰富的法律框架，实际执行过程中仍面临一些挑战。目前，由于缺乏对这些双边协议的有效普及与宣传，不少投资者对其内容和价值认知不足，导致部分协议的重要性未能得到充分认识。此外，有观点指出，这些协议在实际操作中，往往过于侧重于理论上的行业高效发展，对企业主体的利益体现和公私合作伙伴关系的构建尚需加强。

总之，中俄经贸投资领域的合作协议具有涉及面广、内容多元、层次丰富等特点，既凸显了两国战略合作的深度和广度，也反映出在实施环节中需要进一步强化企业参与和利益绑定，以提升协议的实际执行力和经济效益。

---

〔1〕 参见 https://cn. investinrussia. com/rossijsko‑kitajskaya‑komissiya，最后访问日期：2024 年 4 月 20 日。

同时，应积极推动法律普及，增强投资者对双边协议的认知与运用能力，从而更好地服务于两国经贸投资合作的长远发展。

（3）政府合作机制

中俄两国在政府层级上，已构建了若干制度化机制，旨在系统性地推动双边投资深入拓展。首先，两国政府首脑间的定期会晤机制（Механизм регулярных встреч глав правительств Китая и России）起始于 1992 年，而正式确立定期会晤机制则是在 1996 年。1996 年 4 月，时任俄罗斯总统叶利钦对中国进行国事访问期间，双方领导人原则上一致同意建立定期高级别交流机制，着重强调各级别、各渠道常态对话的重要性，特别是两国领导人之间的高端互动和磋商。同年 12 月 26 日至 28 日，时任国务院总理李鹏对俄罗斯进行了工作访问，双方确立了中俄总理定期会晤机制，并为配合此机制成立了政府首脑定期会晤委员会，下设经贸与科技合作、能源合作及运输合作等分委会。此次会晤标志着中俄两国总理定期会晤机制实质性启动运作。

其次，中俄投资合作分委会机制（Межправительственная Российско - Китайская комиссия по инвестиционному сотрудничеству）自 2014 年成立以来，已成为双边投资合作的核心平台，其联合主席分别由俄罗斯第一副总理安德烈·别洛乌索夫和时任中华人民共和国国务院副总理韩正担任。在此框架下，专设了一个由两国大型企业代表组成的企业家咨询处，并在俄罗斯直接投资基金会（RDIF）和中国投资有限责任公司（CIC）的共同指导下，扮演着维护和推进双边投资项目的关键角色。2020 年 11 月 17 日，中俄投资合作委员会在北京钓鱼台国宾馆以视频方式召开了第七次会议，审议了双边投资合作议程中的主要议题，听取了委员会秘书处 2020 年度工作报告及 2021年工作计划，并审议通过了重要投资项目清单。截至 2020 年初，中国在俄罗斯的直接投资额已累计达到 37 亿美元，成为俄罗斯经济的最大投资者之一和首要贸易伙伴。

过去五年间，中俄双边贸易额近乎翻倍，除传统原材料和能源部门外，在天然气化工、基础设施建设、农工综合体及机械工程等领域亦取得显著进步。俄罗斯-中国政府间投资合作委员会在推动固定资本投资增长及实现两国领导人设定的 2024 年双边商品和服务贸易额达 2000 亿美元目标上发挥了重要作用。委员会每年批准的重大投资项目涵盖广泛地域和行业范围，其中包括"跨贝加尔湖地区 Bystrinsky 矿区开发"及"与 Jsc Legendagro 控股在远东共建俄中农业控股集团"等项目。例如,2020 年,Bystrinsky 矿冶厂首批铜精矿已出口至中国,Jsc Legendagro 滨海边疆区首次出口数千吨玉米。与此同时,黑河—布拉戈维申斯克黑龙江(阿穆尔河)边境大桥建设完工,双方正积极采取措施以便尽快开通交通。

此外,俄罗斯联邦各地区与中国各省之间的合作也取得了重大突破,双方计划积极策划联合区域项目,尤其关注支持受疫情影响严重的中小企业,并采取联合措施减轻疫情带来的金融、经济和社会风险,探索防控新冠病毒传播的新途径。在此背景下,俄方表达了积极参与联合生产首个俄罗斯冠状病毒疫苗项目的意愿,凸显两国在全球抗疫斗争中的密切协作。

2020 年内,委员会秘书处的俄罗斯方(由俄罗斯联邦经济发展部代表)负责项目筛选和监控,并将 5 个连续两年无明显进展的项目从重要项目清单中移除,同时积极协助解决管理、行政及其他相关问题。两国秘书处均同意,在未来数年中,项目选择的重点将转向提升项目质量和其社会经济效益。俄罗斯联邦经济发展第一副部长米哈伊尔·巴比奇在会议中强调了继续协同努力完善项目执行情况监控的必要性。会后,委员会联合主席批准了一份包含约 70 个重大项目、申报总投资额近 1070 亿美元的清单。至今为止,俄罗斯直接投资基金会(RDIF)和俄中投基金会(RCIF)在政府间委员会的部分项目中投资超过 5 亿美元,并预计在吸引国际合作伙伴投资后,总投资额将增至 60 亿美元。

整体来看,中俄两国在多个关键领域的投资合作正呈现积极发展趋势,例如 2020 年 7 月设立了规模达 10 亿美元的中俄技术投资基金,并计划与广东宇信投资控股共同建立一支总额 10 亿美元的中俄大湾区基金。[1]

此外,中俄能源合作分委会机制(механизм сотрудничества энергетического Подкомитета)是 2008 年两国元首倡议成立的副总理级能源谈判机制(现更名为中俄能源合作委员会)。2008 年 7 月,时任副总理王岐山和时任俄罗斯副总理谢钦在北京启动中俄能源谈判机制。

2020 年在习近平主席和普京总统亲自关注和推动下,中俄能源合作始终保持着积极发展的良好态势。面对新冠肺炎疫情全球蔓延和世界经济下滑的

---

〔1〕 参见俄联邦经济部网站 https://www.economy.gov.ru。

严峻挑战，两国能源合作展现出强大的韧性和生命力，能源贸易大幅增长，重大合作项目稳步推进，新合作成果不断涌现。中方愿与俄方一道，以新时代中俄全面战略协作伙伴关系为引领，认真落实好两国元首重要共识，推动中俄能源合作积极向前发展，取得更多务实成果。

韩正指出，要积极推进重大战略性项目合作，寻找更多利益契合点，将高水平战略关系转化为更多能源领域互利合作成果；要积极拓展新合作领域，务实推动能源技术装备、创新研发、可再生能源、氢能、储能等领域合作，更多使用本币开展能源贸易结算和项目投融资；要积极开展中小项目合作，充分利用中俄能源商务论坛等平台，加强信息分享和需求对接，形成上中下游合作一体化，大中小型项目全面推进的合作格局。诺瓦克表示，面对疫情蔓延，俄中在重要双多边议程中通力配合，各领域合作迅速重回上升通道。俄方愿同中方一道，共同落实好两国元首重要共识，加强包括能源领域在内的全方位合作，推动两国关系再上新台阶。会后，韩正和诺瓦克共同签署了《中俄政府间能源合作委员会第十七次会议纪要》。

再次，中俄运输合作分委会机制（Российско-китайская подкомиссия по сотрудничеству в области транспорта）是中俄总理定期会晤委员会下的重要工作机制，也是中俄交通运输领域最高级别的合作机制。中俄运输合作分委会成立于1997年，两国交通运输主管部长担任分委会双方主席，分委会及其下设各工作组每年举行一次会议。

中俄交通运输合作是中俄全面战略协作伙伴关系的重要组成部分，中俄运输分委会在推动两国互联互通、共享行业发展经验等方面发挥着关键性作用。

2020年在中俄双方的共同努力下，分委会及其下设的6个工作组及自动驾驶技术合作工作组在全面推进两国交通运输合作和交通基础设施互联互通方面积极开展工作，取得了令人鼓舞的新进展。中俄跨境基础设施建设稳步推进，中俄黑河公路大桥工程已完工并具备通车条件，同江铁路大桥口岸中方侧已基本建成口岸查验设施、换装站。"滨海1号""滨海2号"国际运输通道正在提质升级，自动驾驶技术合作迈出实质步伐，北极航道合作也在不断深入，两国铁路口岸保持畅通，铁路运输发展平稳，国际货物运输未受到疫情影响。

4.2.2 涉中俄区域性投资相关制度

（1）WTO/BTO

2011 年，俄罗斯正式加入世界贸易组织（WTO），为中俄区域合作开启了新的篇章。这一举措不仅促使两国对各自经济合作法律进行了重要修改，还为建立中俄自由贸易区域奠定了坚实的法律基础，从而极大推动了两国的经济发展和区域合作。

中俄两国加入 WTO 的时间较晚，各自经济法律建设较为初级，且经济体制存在差异，都处于转型和完善阶段。因此，在经济合作框架下，两国的法律体系仍存在诸多不足之处。

由此可见，中俄两国应加强在涉及双边区域性投资制度方面的努力，以完善两国区域性投资相关制度和机制。这一举措将有助于进一步深化两国经济合作，促进双边关系的发展。

（2）G20/"Группа двадцати"

2020 年 11 月 17 日，联合国贸发会议（UNCTAD）发布了题为《G20 投资措施报告（第 24 次报告）》的研究成果。该报告针对新冠肺炎疫情带来的全球挑战，包括人员伤亡、经济和社会损失等，对 2020 年 5 月中旬至 10 月中旬 G20 成员国采取的投资措施进行了全面评述。在新冠肺炎疫情和封锁措施对大多数国家正常生产和生活造成重大影响的情况下，G20 成员国政府积极努力应对这一健康危机，同时努力减少相关损失。在有效保护公民健康的同时促进经济活力方面，各国政府面临着重大挑战。报告强调，新冠肺炎疫情的传播对 G20 成员国的外国投资政策产生了重要影响，特别是威胁到健康领域和外国直接投资相关的根本安全利益的政策。疫情加速了各国引入和加强针对这些威胁的政策。

在 2020 年前九个半月，与风险相关的投资政策的制定达到历史最高水平。鉴于外国投资在缓解严重经济危机方面的重要作用，各国政府继续创造有利于国际投资蓬勃增长的环境，同时保护本国的根本安全利益。各国政府有责任共同坚持公平、透明和可预测的投资原则。在此过程中，国际组织制定的国际文件、指南和政策框架将发挥积极作用。总而言之，G20 成员国在

贸易和投资领域的国际合作对于战胜新冠肺炎疫情并推动经济强劲复苏至关
重要。

（3）"一带一路"倡议与欧亚经济联盟对接 Сопряжение（Стыковка）
«Пояса и пути» и ЕАЭС

俄罗斯正积极构建欧亚经济联盟，旨在联合白俄罗斯、哈萨克斯坦、吉
尔吉斯斯坦、亚美尼亚及乌兹别克斯坦等国，构建一体化经济共同体，实行
统一的经贸政策。面对"一带一路"倡议这一非实体性质的国际合作框架，
中俄两国政府正着力探索其实质性对接欧亚经济联盟的可能性。鉴于中国与
俄罗斯均深度参与了诸如上海合作组织（SCO/ШОС）、亚太经合组织
（APEC/АТЭС）、亚欧会议（ASEM/Встреча Азия–Европа）、亚洲合作对话
（ACD/ДСА）、亚信会议（CICA/СВМДА）、金砖国家（BRICS/БРИКС）等
一系列多边合作机制，并在其中扮演着关键角色，两国应寻求通过这些既有
平台实现"一带一路"倡议与欧亚经济联盟的有效对接。

尤为值得一提的是，上海合作组织成员国与欧亚经济联盟成员国存在显
著交集，这为利用上合组织作为对接桥梁提供了天然优势。因此，首要之举
应是依托上海合作组织，推进"一带一路"倡议与欧亚经济联盟的对接工作，
同时强化与俄罗斯及其他成员国间的对话与协作，共同研讨降低投资风险、
构建有效争端解决机制的策略，旨在为中俄两国企业在彼此国家的投资运营
创造有利的宏观环境。

在此方面，中俄两国已付诸实际行动并取得初步成效。至 2020 年，上海
合作组织秘书处已与俄罗斯达成共识，正式确认对接"一带一路"倡议与欧
亚经济联盟，此举标志着双方在推动区域经济融合与合作方面迈出了重要
一步。

4.2.3 中俄投资政策对比与评析

当前，中华人民共和国与俄罗斯已在多个对两国经济繁荣至关重要的领
域展开了积极协作。两国间签署的合作协议及项目数量逐年递增，这些项目
的成功实践为中俄两国深化合作奠定了坚实基础。

当前阶段，中国已成为全球经济发展的主要驱动力之一。过去十年间，
其国内生产总值年增长率维持在 6.6% 至 10% 之间，特别是在 2008 年至 2009

年全球金融危机期间，中国 GDP 增长态势依然稳健，显示其经济发展整体稳定性较强且对外部不利因素具有较强的抵御能力。同时，中国作为开放战略的核心部分，近年来不断优化外商投资环境，积极推动外资引入。

而俄罗斯经济在从投资危机复苏的过程中，国内储蓄资源的匮乏成为一大制约因素。显然，若要实现持续发展，必须依赖于外来资本的引进和积极的投资政策。因此，中国在构建有利于资本积累与转化的有效机制方面的实践经验，对于指导俄罗斯投资政策的制定与执行具有显著价值。在本研究中，我们将对中俄两国的投资政策进行比较分析，并探讨双方在联合项目上的实施策略。

在改革开放初期，中国面临严重的资金短缺问题，尤其是知识密集型产业的发展进程较为迟缓。为了吸引更多投资，中国自 1979 年起相继颁布了一系列保障外国投资者法律地位的法规，如《中华人民共和国中外合资经营企业法》（1979 年）、《中华人民共和国外资企业法》（1986 年）以及《中华人民共和国中外合作经营企业法》（1988 年）。这些法规不仅为外国投资者在华投资提供了法律保障，更在推动中国改革开放进程中发挥了重大作用。它们明确规定了外国投资者与中方企业合作的程序，并允许外国投资者全额独资设立企业。按照《中华人民共和国外资企业法》第 2 条定义，外资企业是指根据中国法律规定，在中国境内设立且资本全部由外国投资者出资的企业；同时明确指出，外国企业和其他经济实体在中国设立的分支机构不属于外资企业范畴。

为进一步细化和执行上述法规，中华人民共和国国务院及其下属行政机关陆续于 2013 年推出一系列针对外国投资者的规章和指南，作为下一阶段投资政策改革的重要组成部分。其中关键文件包括：2013 年 5 月 13 日实施的关于简化外国直接投资规则的规定，旨在取消涉及国际交易支付的货币兑换限制；2013 年 3 月 14 日出台的《关于吸引外资的指导意见》，确立了提升中国投资吸引力的主要措施等。这些文件共同构成了中国国家政策的逻辑延伸，旨在不断提升国家投资吸引力，这一进程始于外国投资基本法的制定与实施。

然而，随着中国经济规模的扩大以及外汇储备的积累，原有的涉外投资法规逐渐显露出适应性不足的问题。专家指出，外国投资在现有三部法律框架下完成审批流程异常复杂，且法规内容存在较多重复甚至冲突之处。因此，自 2013 年起，整合规范外商投资的法律需求日益凸显。据此，中华人民共和国商务部于 2015 年起草了《中华人民共和国外商投资法》，并于 2019 年 3 月15 日审议通过，该法于 2020 年 1 月 1 日正式生效。同时，原有的上述三项涉外投资法宣告废止。

在对《中华人民共和国外商投资法》的部分条款进行深入剖析时，以下几点核心内容值得关注：首先，《中华人民共和国外商投资法》首章界定了外商投资的概念，并详述了投资活动的具体形态。依据该法所述，外商投资系指外国公民、企业或其他组织在我国境内进行的直接或间接投资行为，涵盖注入中国企业法定资本的外国直接投资，以及我国法律规定的其他投资形式，诸如有价证券等金融投资工具。此外，该法第 3 条阐明了对外商投资秉持开放和鼓励的原则。

中国投资政策的重点在其第 3 条和第 28 条得到体现，即将外商投资细分为三大类别，分别对应不同的投资领域和活动特性：一是鼓励类投资，着重提及现代制造业、高新技术产业、节能减排、可再生能源和现代农业等领域；二是限制类投资，此类别中，对外资企业在特定领域的最低注册资本有所提高，并对投资者增设额外要求，以及对在华经营活动设置限制，比如限制外国投资者在诸如生物燃料生产、贵金属开采与加工、特定酒精饮品制造、商业地产开发等领域的最大持股比例；三是禁止类投资，凡是对自然文化遗产或国家安全构成潜在威胁的行业，如中药生产、象牙加工、特定种类茶叶种植、传媒业、军火制造、邮政服务及航空运输等，均被明确禁止。同时，值得注意的是，中华人民共和国商务部先前已发布《外商投资准入特别管理措施（负面清单）》，列明了对外商投资予以禁止或限制的行业明细。由此可见，我国在外商投资管理方面采取的部门原则，乃是通过赋予外国投资者国民待遇及特定优惠政策，有效引导外资流向更具必要性和增值潜力的经济与生产领域。

综上所述，现行有效的《中华人民共和国外商投资法》是一份系统性规制外国投资者在华活动的综合性法律文件。它不仅是我国外资政策实施的逻辑产物，更是通过对外商投资发展与保护的各项规定，实质上确保了国内外投资者的平等待遇，提高了投资流程的透明度和可预见性，从而营造出一个利于外商投资在我国集聚的有利环境。

关于俄罗斯联邦境内的外国投资调控机制，值得注意的是，主导外国投资者在俄境内活动的主要法律文本源自 20 世纪 90 年代末期，并持续更新与修订，其中包括第 160 号联邦法《俄罗斯联邦外国投资法》、第 39 号联邦法《关于在俄罗斯联邦以资本投资形式实施投资活动的法律》以及后续通过的第 57 号联邦法《关于在对国防和国家安全具有战略意义的经济社会领域实施外国投资的程序法》[1]。这些法规详细界定了外国投资者在俄罗斯联邦进行投资活动的程序与范围。

首先，从法律层面分析，《俄罗斯联邦外国投资法》和《关于在俄罗斯联邦以资本投资形式实施投资活动的法律》对"投资"概念及其活动对象的定义呈现差异性。《俄罗斯联邦外国投资法》将外国投资定义为外国投资者直接且独立地将外国资本投入到俄联邦境内的企业活动项目中，同时列举了投资活动对象的形式。相反，《关于在俄罗斯联邦以资本投资形式实施投资活动的法律》则将投资解释为指向企业和其他活动进行的投资，目标在于获取利润和/或其他有利成果，明确了投资的预期目标。

其次，两部法规对投资活动对象的列举有所不同，《俄罗斯联邦外国投资法》给出了具体且有限定的投资对象类型列表，包括但不限于金钱、证券、财产、财产权利、知识产权货币化权利以及服务和信息等。而《关于在俄罗斯联邦以资本投资形式实施投资活动的法律》中的投资对象范围更为宽泛，采用了开放式列举。

另外，《俄罗斯联邦外国投资法》对外国投资者的身份进行了明确界定，包括外国法人、不受俄联邦公民或实体控制的非法人外国组织，以及外国公民和无国籍人士。该法还阐述了外国直接投资的概念，尽管未明确提及有价证券投资形式，但第 6 条规定了外国投资者可通过多种方式进行投资。

《俄罗斯联邦外国投资法》的其他条款，为外国投资者提供了多项保障，如国民待遇原则（第 4 条）、法律保护（第 5 条）、在国有化或征收外国投资者财产时的补偿保障，以及外国投资者有权自由支配在俄联邦境内合法取得的利润和其他货币资金的权利（第 11 条）等。

综合分析上述调控外国投资的法律法规，可以看出，俄罗斯法律制度在定义和程序上的模糊性可能不利于营造良好的投资环境。学者们普遍认为，

---

〔1〕 Федеральный законот 29.04.2008 N 57 – ФЗ "О порядке осуществления иностранных инвестиций в хозяйственные общества, имеющие стратегическое значение для обеспечения обороны страны и безопасности государства"

"俄罗斯投资环境的不利性在一定程度上源于投资立法的不健全"。

然而，观察俄罗斯的整体投资政策趋势，近年来其已提出多项旨在增强外国投资吸引力的建议和举措。例如，俄罗斯联邦经济发展部在《2020 年至 2022 年间预算、税收和关税政策规划》中提出一系列改善投资环境的措施，包括起草"保护和促进投资及发展投资活动"的法律草案、引入新预算规则、规范化投资税收抵免的计算方法和扩大抵免理由清单、对外资占比较高企业的税收优惠和减免政策等。

值得注意的是，《俄罗斯联邦外国投资法》第 4 条与《中华人民共和国外商投资法》相似，均规定了对外资的激励和限制性豁免。其中，限制性豁免主要针对那些对维护国家宪法制度、道德准则、公民权利和他人合法权益至关重要的领域，例如通过《关于实施外国投资到对国家国防和国家安全具有战略意义的经济公司程序法》（2008 年第 57-FZ 号联邦法）[1]进行规定。与此相对，激励性豁免则为有利于俄联邦社会经济发展的外国投资者提供了优惠措施，例如，根据《俄罗斯联邦税法典》第 251 条，用于工业目的的外国资本投资在计算企业所得税基数时不计入，即这类投资享受免税待遇。

当前，俄罗斯投资政策旨在最大程度地恢复投资活力，并为吸引外国投资者营造最具吸引力的环境。然而，若不改革投资立法体系，这一过程将会进展缓慢，学术界普遍呼吁统一投资立法，制定一部综合性的法律，既明确外国投资者的权益保障，又规定投资活动的实施程序。

中俄两国间的相互投资是当前战略合作的核心议题之一。2012 年至 2014 年间，双方签订了数十项合作协议，并已初见成效。近五年来，两国合作主要集中于能源（包括核能项目、石油运输和加工、电力设施建设和改造）、矿产开采、木材加工、建筑业和制造业等领域。

其中一个典型例子是西伯利亚天然气管道项目。2014 年 5 月，俄罗斯天然气工业股份公司与中石油签署协议，通过东线管道向中国供应天然气。同年，通过西线管道向中国供应天然气的协议也得以签署，这条线路被称为"西伯利亚力量-2"。

---

〔1〕　Федеральный закон от 29.04.2008 N 57 – ФЗ "О порядке осуществления иностранных инвестиций в хозяйственные общества, имеющие стратегическое значение для обеспечения обороны страны и безопасности государства"

中俄投资合作的另一重点领域是中国对俄罗斯先进发展区域（Advanced Development Areas，ADAs）的参与。2014年，俄罗斯联邦第473-FZ号联邦法《关于俄罗斯联邦先进社会发展领域》生效，为在政府批准的省级和单一产业城镇内设置了特殊的营商环境，使得这些区域和特区能够吸引更多投资项目，降低对单一产业的依赖。据统计，中国投资者目前在俄罗斯ADAs项目中占比约35%，并且在远东地区有多项来自中国企业家的投资申请正在审议之中。

总体而言，俄罗斯和中国之间的投资合作逐年加深，这一点可以从已实施的联合项目数据和新增协议数量上得到印证。此外，在政治层面，两国领导人设定了到2020年将双边贸易额提升至2000亿美元的目标。

然而，国家间投资合作仍面临诸多困难与风险。例如，由于俄罗斯联邦投资活动规则的不清晰性，不少外国投资者在签署协议后难以迅速启动项目。同时，外国投资者有时会遭遇到地方政府的信任缺失问题。在风险层面，有专家指出，中国投资者在长期合作过程中可能逐渐掌控俄罗斯企业在进口中国商品方面的主动权，另外，专注于资源开采行业的投资可能导致外国投资者运营土地上的资源过度消耗。

最后，值得一提的是，当前中国的投资政策呈现出高度连贯性，旨在有针对性地吸引资本流入优先发展领域。相比之下，俄罗斯正积极采取多元措施吸引外国资本并优化投资环境，但由于政策连续性和投资立法完善的欠缺，这些努力可能会放缓进程。尽管如此，俄罗斯与中国的投资合作无疑对两国发展产生了积极影响，未来合作还需关注在执行联合项目过程中可能出现的风险。

此外，2021年6月4日，俄罗斯提议建立金砖国家投资仲裁机构，该机构拟具备如下特征：基于自愿加入的投资保护条约和组建仲裁机构条约，由金砖国家和非金砖国家自主选择是否参与；不仅处理投资争议仲裁，还涵盖商事争议仲裁；仲裁裁决并非终局，可在仲裁机构内部进行上诉；仲裁员需对其做出的仲裁裁决承担责任；所有仲裁程序原则上在线进行，特殊情况下可采用线下庭审；强制预审调解；仲裁裁决无需经过国家法院即可执行。

4.3 中俄仲裁法律制度及对比

4.3.1 俄罗斯仲裁法律制度

俄罗斯现有的仲裁法律制度采用的是"双轨制"的立法模式，分为国内仲裁和国际商事仲裁两种类型。

在国内仲裁方面，2016 年以前，俄罗斯的国内仲裁主要由 2002 年 7 月 24 日通过的第 102-FZ 号《俄罗斯联邦仲裁法院法》[1]调整。2015 年 12 月 29 日，俄罗斯通过了第 382-FZ 号的《俄罗斯联邦仲裁（仲裁审理）法》[2]，该法自 2016 年 9 月 1 日起对俄罗斯的国内仲裁进行规范，自此俄罗斯政府对俄罗斯联邦仲裁院和常设仲裁机构的仲裁程序、仲裁庭组成、仲裁范围、仲裁裁决的承认与执行等方面进行了大刀阔斧的改革。

在国际商事仲裁方面，主要由《俄罗斯联邦国际商事仲裁法》[3]调整。2015 年 12 月 29 日同时通过了《俄罗斯联邦国际商事仲裁法》修正案[4]，对商事仲裁机构数量进行了削减。

（1）俄罗斯仲裁法津制度改革

俄罗斯联邦于 2013 年启动了仲裁法律制度改革。2015 年 12 月 29 日，俄罗斯颁布了新的《俄罗斯联邦仲裁（仲裁审理）法》，并通过了《俄罗斯联邦国际商事仲裁法》修正案。该法案的通过旨在改革并完善国内仲裁制度现状，将俄罗斯仲裁制度与世界接轨。

---

[1] Федеральный закон от 24 июля 2002 г. N 102 – ФЗ " О третейских судах в Российской Федерации" (с изменениями и дополнениями)

[2] Федеральный закон от 29 декабря 2015 г. N 382 – ФЗ " Об арбитраже (третейском разбирательстве) в Российской Федерации"

[3] Закон РФ от 7 июля 1993 г. N 5338–I " О международном коммерческом арбитраже" (с изменениями и дополнениями)

[4] Федеральный закон от 29.12.2015 г. № 409 – ФЗ О внесении изменений в отдельные законодательные акты Российской Федерации и признании утратившим силу пункта 3 части 1 статьи 6 Федерального закона «О саморегулируемых организациях» в связи с принятием Федерального закона « Об арбитраже (третейском разбирательстве) в Российской Федерации»

①俄罗斯仲裁法律制度改革背景

苏联解体后，俄罗斯本着向西方看齐的态度，开始着手建立新的仲裁制度，通过了一系列法律法规。新时期的仲裁制度根据调整对象可分为国际商事仲裁和国内仲裁。国际商事仲裁主要由《俄罗斯联邦国际商事仲裁法》调整，国内仲裁主要由《俄罗斯联邦仲裁（仲裁审理）法》调整。此后，随着全球化趋势的加强和资本主义制度在俄罗斯的施行，仲裁制度在俄罗斯飞速发展。据统计，截至2016年末，俄罗斯境内约有1500家仲裁机构，平均每年受理150-200起仲裁案件，最多的时候一年受理了将近500起仲裁案件。然而，在仲裁业雨后春笋般发展的同时，各种专业水平参差不齐的仲裁机构使案件的审理质量令人担忧，仲裁裁决的权威性和公信力也受到了质疑[1]。为此，时任司法部副部长叶莲娜·鲍里森科曾大声疾呼："（目前的）仲裁庭简直是诈骗和盗窃财产的手段"。与此同时，在俄罗斯的仲裁实践中，还存在着诸如俄罗斯仲裁院以违反俄罗斯公共政策为由拒绝承认与执行仲裁裁决的情况。积弊已久的仲裁制度亟待改革。

2013年12月，俄罗斯联邦总统弗拉基米尔·普京在致联邦会议的咨文中责成政府与工商会和俄罗斯工业企业家联盟共同就非国家间仲裁规则做出调整。2014年1月17日，司法部公布了仲裁法修改草案的第一稿。同年夏天，总统办公厅法律总局对改革提出了批评，指出司法部关于仲裁庭工作许可发放的新版条例调节性不够，而且总的说来国家监管过多。该草案文本随即被退回司法部重新修订。

2015年春天，政府批准了立法修订草案并递交至国家杜马。2015年12月29日，俄罗斯颁布了新的《俄罗斯联邦仲裁（仲裁审理）法》，并通过了《俄罗斯联邦国际商事仲裁法》修正案。该法案的通过旨在改革并完善国内仲裁制度现状，使之与国际接轨。

与此同时，国家杜马通过了一项法律，明确了可以提交仲裁庭审理的案件性质。即：与公司的创建、重组及法人清算有关的争议；法人成员因其与第三方具有法律关系而提起的诉讼；对法人管理机关的裁决提出的上诉；议员允许向仲裁庭提交关于国有资产交易的诉讼，但涉及国家采购的诉讼除外。

---

〔1〕《俄罗斯联邦仲裁制度探究》，载 https://www.dehenglaw.com/CN/tansuocontent/0008/012900/7.aspx，最后访问日期：2024年4月23日。

《俄罗斯联邦仲裁（仲裁审理）法》于 2016 年 9 月生效，对俄罗斯联邦仲裁院和常设仲裁机构的仲裁程序、仲裁庭组成、仲裁范围、仲裁裁决的承认与执行等方面进行了大刀阔斧的改革。这次激进的改革完全改变了俄罗斯联邦仲裁院和常设仲裁机构的活动方式。该法规定，俄罗斯联邦仲裁机构应当自本法生效起一年内获得俄罗斯联邦政府颁发的许可，才可作为俄罗斯联邦常设仲裁机构进行仲裁活动。自此，俄罗斯联邦仲裁院实际上分为两种，一种为常设仲裁机构，即仲裁庭；另一种为争端双方为解决特定争端而组成的仲裁院，即临时仲裁院。常设仲裁机构只允许非营利组织成立。仲裁机构委任仲裁员应采纳专门设立的司法部下属的改进仲裁程序委员会的建议（该委员会成员包括社会团体的成员、企业家、法律和科学界的代表）。该法还规定，同一仲裁员不得被列入超过三个仲裁庭的仲裁员名单中。另外，议员们允许退休法官担任仲裁员。

此次改革之后的一个显著变化是，俄罗斯常设仲裁机构的数量由 1500 家锐减到 4 家，它们是：俄罗斯联邦工商会下属国际商事仲裁院（根据仲裁法）[1]；俄罗斯联邦工商会下属海事仲裁委员会（根据仲裁法）[2]；俄罗斯工业企业家联合会下属仲裁中心（根据 2017 年 4 月 27 日第 798 号俄罗斯联邦政府令）[3]；非商事自治组织下属仲裁中心现代仲裁院（根据 2017 年 4 月 27 日第 798 号俄罗斯联邦政府令）。

总体来说，经过此次改革后，俄罗斯以往臃肿、冗杂、低效的仲裁业积弊得到较大改善，仲裁效率和质量大大提高，仲裁裁决的权威性和公信力也大幅提升。俄罗斯仲裁制度发生如此大的变革，一方面与俄罗斯积弊已久的仲裁制度相关，一方面也展现了俄罗斯建设权威"国际仲裁中心"的决心。

---

〔1〕　俄罗斯联邦工商会下属国际商事仲裁院（下称"MKAC"）的前身是成立于 1932 年的全苏商会对外经贸仲裁委员会，目前依然是俄罗斯及东欧地区历史最为悠久的国际商事仲裁机构。MKAC 已经在伊尔库茨克、喀山、莫斯科州、下诺夫哥罗德、顿河畔罗斯托夫、圣彼得堡、乌法和秋明等八个城市设立分支机构。

〔2〕　俄罗斯联邦工商会下属海事仲裁委员会（下称"MAK"）的前身是成立于 1930 年的全苏商会下属航业争端专门仲裁院，是俄罗斯历史最悠久的仲裁院之一。

〔3〕　俄罗斯工业企业家联合会下属仲裁中心是在俄罗斯新仲裁法颁布后，政府批准设立的第一个常设仲裁机构，目前仲裁中心已经在圣彼得堡和克拉斯诺亚尔斯克两个城市设立了分支机构。

②俄罗斯各界对于仲裁制度改革的反应

A. 法律界的反应

2018 年，俄罗斯法律网（"Право. ru"）组织专家进行有关仲裁改革的初步总结。受访专家总体持谨慎乐观的态度。现代仲裁院仲裁中心仲裁员亚历山大·莫洛特尼科夫认为，目前只能对仲裁改革进行初步总结："要说全面的结果，还需要几年的时间。"同样地，迄今为止，诺顿罗氏集团国际法律事务所（Norton Rose Fulbright）的高级律师安德烈·巴诺夫表示，还未从上述变化中见到成效。律师列奥尼德·尼基津斯基相信，俄罗斯国家法院对仲裁制度改革始终保持警觉，显然这是个问题。司法部下属仲裁程序改进委员会和俄罗斯联邦总统人权委员会成员则解释道："仲裁庭的前提是公民、企业家和国家之间的高度信任，而我们现在一样都没有。"

为了改变目前的情况，仲裁员赫尔曼·卡涅夫斯基建议继续改革仲裁制度：在一个新的、更民主的层面上进行的改革，"不应当削弱而应当发展这个法律制度，首先是分区域"。他相信，建立可靠的区域仲裁机构可以有助于在俄罗斯更优质层面上发展这一制度，特别是"在国家可控的情况下"。

安德烈·巴诺夫认为，市场参与者在选择仲裁庭方面受到很大限制："四个机构（指常设仲裁机构）可以涵盖莫斯科，但像俄罗斯这么大的国家却不能涵盖"。巴诺夫相信，大型企业将继续使用仲裁程序，但对于中型企业来说，现在提出的选择可能太昂贵了。律师马克西姆·库利科夫怀疑未来几年内俄罗斯的仲裁机构数量会大大增加："不幸的是，趋势与其他地方一样——通过不同形式的巩固国家控制和服从国家控制来垄断市场"。

尽管如此，两家有业务的仲裁机构的代表仍对所作的修改表示肯定。俄罗斯工商会下属仲裁中心部主管亚历山大·扎马吉认为，提高社会和企业对仲裁制度的兴趣无疑是改革的一个有利的因素。他认为，媒体对改革的报道提高了仲裁的知名度，激发了认真的讨论，并表明仲裁庭在我们法律制度和经济中的重要作用。扎马吉认为这些"只会给整个体制信誉带来损害的伪法院退出舞台"是上述变化的重要结果。

除此之外，扎马吉证实："改革促使我们以新的眼光看待我们自己的内部体制，促使我们改进了许多机制"。他举例说，俄罗斯工商会下属仲裁中心计划扩大其活动并进入各区域。现代仲裁院总院长安德烈·果尔连卡也认为这个目标需要优先考虑。他预测未来提交仲裁的争端数量只会增加。此外，在年轻人中推广仲裁专业也是一个优先事项，为此现代仲裁院组织了学生仲裁竞赛会议，并为年轻专家成立了现代仲裁委员会。

基阿普律师事务所（АБ·КИАП）合伙人、首席仲裁员、现代仲裁院仲裁中心主席团成员安娜·格里申科娃也相信，仲裁程序可以成为国家法院中一个普及和优质非公开的程序，她补充道："然而，要实现这一目标，就必须学会将不同的利益攸关方联合起来，彼此间要更加互信"。巴诺夫则相信，在这方面 2019 年将是更有说服力的一年。此外，在仲裁改革的各个方面也会出现更多的判例，"特别是将公司争端提交仲裁的情况"，一位律师总结道[1]。

B. 工商界的态度

2018 年 4 月，俄罗斯工商界在科迈罗沃举行了一次重要的圆桌会议，主题是"解决争端的替代方法：仲裁和调解——新的商业机会"。这项活动由区域服务律师协会、库兹巴斯工商会、俄罗斯律师协会科迈罗沃区域部主办，并得到了现代仲裁院下属的仲裁中心，诺顿罗氏集团国际法律事务所（Norton Rose Fulbright）和俄罗斯工商会的支持。与会者讨论了与公司纠纷和采购纠纷的仲裁有关的司法程序问题，以及对不遵守仲裁裁决进行制裁的可能性有关的司法程序问题。

与会工商界代表认为，改革前，仲裁庭制度中存在两个主要问题：企业家利用仲裁庭进行不正当行为。一个最突出的例子是，通常为了启动受控制的破产程序，以便在作出决定时继续非法取得债权人的多数票以及最终在破产程序中获得虚假债权人的资金，设立一个虚拟的债权人欠款（应付账款）；载有仲裁条款的经济实力较强的合同当事一方强行选择"袖珍法院"。例如，在签订一项贷款合同时，强势的"俄罗斯储蓄银行"股份公司在仲裁条款中列入了在独立非商业组织"仲裁中心"审理争端的内容。"俄罗斯储蓄银行"股份公司本身就是该仲裁庭的协同创始人。然而宪法法院却不认为这与俄罗斯联邦宪法相违背。

有鉴于此，企业界甚至认为，签订带有仲裁条款的合同是不合适的：俄罗斯各地区的企业家们往往看不到签订带有仲裁条款的合同的意义。显然，对仲裁庭制度进行改革是必要的，所提出的上述问题已得到普遍解决。现行

---

〔1〕 Хотели как лучше, а получилось ли: как идет реформа третейских судов. 载 https://pravo.ru/review/view/146918/? ysclid＝lvcgkry7px876413332，最后访问日期：2024 年 4 月 23 日。

仲裁庭获得了比改革前更好的声誉，拥有大量不同领域高素质的仲裁员，这有助于提高商业界的信任度。

代表们同时认为，在遵守保密性原则的前提下，通过最大限度地公开仲裁庭的活动，可以提高商界对仲裁庭的需求。只有在确信仲裁员的高素质和仲裁机构的良好声誉之后，企业家才会开始考虑将争端提交仲裁庭。至于《俄罗斯联邦仲裁法》新规的实施情况，由于时间不长，目前下结论为时尚早。

③中国对俄罗斯仲裁制度改革的关注点

A. 改革的深层次原因

此次俄罗斯仲裁改革的深层次原因，资深涉俄仲裁员周广俊律师认为可以从国内国际两方面进行分析和判断。在俄国内原因方面，仲裁改革前，仲裁裁决一旦作出，便无法撤销或改变，这对经济合同和正常的法院审判造成了极大影响。在国际原因方面，此前备受关注的俄罗斯石油公司案可谓是改革的导火索之一，西方法院判决俄罗斯赔偿 500 亿美元，该案件使俄罗斯政府意识到，仲裁是一把双刃剑，如果没有相应的制度来规避国际仲裁裁决对俄方造成的负面影响和损失，西方社会会进一步利用仲裁限制俄罗斯企业，特别是关系国家经济命脉的大企业的生产发展，并进一步通过仲裁影响地方政府对经济的管理。因此，俄罗斯仲裁改革的最终目的之一就是通过运用俄方制定的游戏规则来抵御外部威胁。事实上，此次仲裁改革之后，外部力量企图通过仲裁对俄罗斯经济进行干预的可能性已经大大降低，俄方通过实行审批登记制度将仲裁话语权控制在了自己手中。[1] 而对于赴俄投资的中国企业而言，这一深刻变化对投资争端的仲裁解决方式产生了一定影响，需要予以高度重视。

B. 适用范围

改革后的《俄罗斯国际商事仲裁法》规定了可由仲裁审理的争端范围。该法第 2 章第 1 条规定，可通过双方协议提交国际商事仲裁的有：第一，合同纠纷和其他对外贸易以及其他国际经济关系中出现的民法关系纠纷，如果当事人中至少有一方的营业地在国外；第二，企业与外国投资主体和在俄罗

---

[1] 根据 2020 年 11 月 20 日在上海政法学院举办的第三届"一带一路"法律服务论坛上周广俊律师的发言整理。

斯联邦境内成立的国际协会和组织的争端：他们之间的争端，他们的参加者之间的争端以及他们与俄罗斯联邦其他法律主体之间的争端。

俄罗斯法律界人士普遍认为，仲裁法所取得的一项重大成就是仲裁纠纷的范围有所扩大。特别是，大多数公司争端在满足一定条件的情况下成为可仲裁争端。而过去，许多滥用仲裁程序的行为导致了国家法院将仲裁纠纷排除在外。在这些领域中，侵犯个人权利和公共利益的情况最为多见，如不动产登记权的仲裁争端、公司争端（与过于宽泛和模糊的公司概念解释有关）、公共采购争端等。

1. 仲裁协议

首先，仲裁法的改革没有对 2006 年修订的《联合国国际贸易法委员会国际商事仲裁示范法》中提出的协议的书面形式要求做出修改。

其次，在《俄罗斯国际商事仲裁法》中出现了仲裁协议的"有效解释"原则，这意味着在解释仲裁协议时，必须以使其有效和可执行的方式进行解释。在此之前，司法实践以保守的方式发展，对仲裁协议有效性的任何怀疑都被解释为无效。

此外，针对一些原先有争议的地方，新法案已明确规定，在发生人员变动的情况下，仲裁协议既适用于原始债权人，也适用于新的债权人和债务人。出于同样的原因，新法案还指出，合同中包含的仲裁协议也适用于与合同订立有关的任何争端，其生效、终止、有效性，包括根据合同执行的各方的返还，被认定为无效或不合法，除非仲裁协议本身另有规定。新法案承认《纽约公约》第 2 条所规定的仲裁协议的贬损效力。

另外，对俄罗斯法院审理涉及当事各方之间仲裁条款的案件的异议应在一方当事人就争端实质向初审仲裁法院提出第一次申请之日之前提出。

最后值得一提的是，新法案中关于新的法律结构的一项新规定，即当事各方之间关于某些仲裁规则的所谓"直接协议"。此种"直接协议"不得载于适用的仲裁规则中，各方当事人必须特别商定，是否在仲裁协议中列入。

在商事仲裁中，仲裁协议排除了法院管辖权，而赋予仲裁庭对特定争端的管辖权，因此，对于赴俄投资的中国企业而言，知晓该国法律对仲裁协议的要求，对于维护自身利益至关重要。通常来说，一国法律对于仲裁协议的要求可以分为形式要求和内容要求两个方面。在形式上，《俄罗斯联邦国际商事仲裁法》对仲裁协议的要求与《联合国国际贸易法委员会国际商事仲裁示范法》及大多数国家法律一致，即要求仲裁协议必须以书面形式达成。而在内容上，《俄罗斯联邦国际商事仲裁法》并没有明确规定仲裁协议须具备哪些内容，但毋庸置疑，仲裁协议必须载明当事人将现存的或可能发生的某项争端提交仲裁解决的共同意思表示。

2. 仲裁员

俄罗斯联邦高级仲裁法院认为，仲裁员的独立性和公正性是程序性公共政策问题。仲裁规则应规定在违反这些原则的情况下仲裁员提出异议的程序。

2010 年，俄罗斯联邦工商会批准了仲裁员公正性和独立性规则（2010 年 8 月 27 日工商会第 39 号命令"关于仲裁员公正性和独立性规则"）。对于在俄罗斯联邦工商会框架下（包括国际商事仲裁中心）运作的仲裁法院，这些规则是强制性的；对于其他仲裁法院，它则是咨询性质的。

3. 常设仲裁机构

首先，新的《俄罗斯联邦仲裁（仲裁审理）法》建立了一个允许成立常设仲裁机构的制度。因此，常设仲裁机构只能建立在非商业组织下属（根据立法者的逻辑，这是为了排除设立"袖珍"仲裁庭）。此外，常设仲裁机构必须持有一份不少于 30 名仲裁员的公开名单，其中至少有 1/3 的仲裁员须持有俄罗斯特定专业学位。而不少于一半的人应具有不少于 10 年的仲裁员或联邦法官经历。因此，新法案中有一整章内容涉及常设仲裁机构的行政管理。

新的《俄罗斯联邦仲裁（仲裁审理）法》只将某些权利赋予获得常设仲裁机构权的仲裁机构。这涉及公司争端的管理（特别是俄罗斯公司股票销售合同产生的争端）。然而，某些类型的公司争端只能由制定了解决公司争端特别规则的常设仲裁机构管理[1]。

《俄罗斯联邦仲裁（仲裁审理）法》第 44 条第 3 款规定，为本联邦法律之目的，外国仲裁机构在俄罗斯联邦被认定为常设仲裁机构，需依照本法获得行使常设仲裁机构职能的许可，为本联邦法律之目的，俄罗斯联邦仲裁院根据本联邦法律对未被承认为永久仲裁机构的外国仲裁机构作出的决定，在俄罗斯联邦被视为由双方为解决特定争端而组成的仲裁院作出的仲裁裁决。《俄罗斯联邦仲裁（仲裁审理）法》第 44 条第 8 款规定，外国仲裁机构获得

---

〔1〕 Грешников И. П., Международный коммерческий арбитраж и вопросы частного права. Сборник статей：Статут，2018. С. 5–11.

许可应符合四项条件：仲裁机构提交的仲裁规则应符合《俄罗斯联邦仲裁（仲裁审理）法》的要求；该仲裁机构具有符合《俄罗斯联邦仲裁（仲裁审理）法》要求的推荐仲裁员名单；提供的设立该仲裁机构的非商业组织及其设立人（参与人）的信息真实准确；设立常设仲裁机构的非营利组织的声誉，该组织及其设立（参与）人员组成的活动范围和性质能够对常设仲裁机构组织活动水平进行保障，其中包括对该仲裁机构的设立和活动的财政保障及该组织对俄罗斯联邦仲裁活动的发展〔1〕。

4. 仲裁的裁决

根据仲裁法要求，仲裁裁决应以书面形式提交，并由独任仲裁员或仲裁员签字。其中还应说明其依据的理由、对索赔的满意或拒绝的结论、仲裁费的数额和案件花销以及它们在当事方之间的分配。仲裁裁决的强制性要项包括裁决日期和裁决地点。

5. 裁决的撤销

该法规定了一个封闭和限制性的撤销理由清单，这些理由与《联合国国际贸易法委员会国际商事仲裁示范法》和《纽约公约》第 34 条所述理由相一致。

但是，根据新修订的《俄罗斯国际商事仲裁法》，双方可以通过直接协议规定仲裁裁决是最终裁决。最终裁决不得撤销。如果仲裁协议未规定仲裁裁决为最终裁决的，法院可撤销该裁决。

值得一提的是，俄罗斯联邦的法律允许法院审理撤销仲裁裁决的问题。中止程序最长为 3 个月，以便使仲裁员有机会就撤销裁决或拒绝签发强制执行令状的下列理由提出异议：未通知任命仲裁员/仲裁，包括开庭的时间和地点，或当事人因其他正当理由无法提出解释；裁决是就仲裁协议中没有规定的或不受其条款约束的争端作出的，或包含对仲裁协议之外的事项作出的裁决；仲裁庭的组成或仲裁程序不符合当事人协议或联邦法律。

6. 实际门槛的提高

在此次俄罗斯仲裁制度改革中，通过仲裁解决争端的条件和程序的规定变得更为具体，例如何种争端可以提交仲裁，不同的仲裁机构可以受理何种

---

〔1〕《俄罗斯联邦仲裁制度探究》，载 https://www.dehenglaw.com/CN/tansuocontent/0008/012900/7.aspx，最后访问日期：2024 年 4 月 23 日。

类型的争端，在新的仲裁法中都设定了较为苛刻的条件。从短期的实践案例来看，这大大提高了承认和执行临时仲裁的门槛，而在改革之前，俄罗斯对临时仲裁的承认与执行持积极态度[1]。

综上所述，鉴于改革后俄罗斯仲裁平台的特殊性、复杂性及政策的不确定性，赴俄投资的中国企业在处理投资争端、选择仲裁机构时，可以选择中国或第三国的仲裁机构，以期在投资争端解决过程中处于相对有利的地位。也正是在此背景下，我国应完善对俄投资争端的解决机制，建立健全以中国为主导的投资争端解决机制，特别是涉"一带一路"俄语国家，中国政府在行动。

7. 专业法律术语的辨析

对于中国法律学者和赴俄投资者而言，还需要了解在俄罗斯法律语境下"仲裁法院（Arbitration Court/ АрбитражныйСуд）"与"仲裁庭（Arbitration Tribunal/ ТретейскийСуд）"两个专业术语的区别，以免在投资争端发生时引发误解误判。由于特定的历史背景和渊源，在 20 世纪 80 年代末风云激荡的社会变革中，苏联的国家仲裁制度演变成了商事法院制度，当今俄罗斯专门处理商事案件的法院的官方名称仍沿用了"仲裁"两字，即"仲裁法院（Arbitration Court/ Арбитражный Суд）"。"仲裁法院"与"宪法法院"、"普通法院"共同组成了俄罗斯的法院体系。因此，在俄罗斯，仲裁法院是法院，而并非仲裁庭（Arbitration Tribunal/ Третейский Суд）。

2016 年改革之后的俄罗斯仲裁制度，在解决国际纠纷方面日益扮演着重要的角色。根据俄罗斯联邦工商会下属国际商事仲裁院公布的统计数据，该仲裁院于 2015 年仲裁的案件为 317 起，2016 年仲裁的案件为 271 起，2017 年仲裁的案件为 363 起，仲裁案件的数量赶超了斯德登哥尔摩仲裁院。[2]然而也应该看到，国际投资者，甚至俄罗斯商企界人士对本国的商事仲裁机构并不信任，所以重大案件、复杂案件都会选择在知名国际仲裁中心进行仲裁，而不会选择在本国较为知名的俄罗斯联邦工商会国际商事仲裁院作为争端解决机构。统计数据显示，俄罗斯联邦工商会国际商事仲裁院所受理的案件，

---

〔1〕 根据 2020 年 11 月 20 日在上海政法学院举办的第三届"一带一路"法律服务论坛上周广俊律师的发言整理。

〔2〕 张振利：《俄罗斯联邦仲裁制度探究》，载 https://www.dehenglaw.com/CN/tansuocontent/0008/012900/7.aspx，最后访问日期：2024 年 4 月 23 日。

绝大部分都是法律上并不复杂的供货合同争端，而且数额不大。由此可见，俄罗斯国际仲裁中心的建成，依然任重道远。

中俄两国经贸互补性强，随着新时期中俄全面战略协作伙伴关系的确立，两国双边贸易额的持续增长，越来越多的中国企业赴俄罗斯投资兴业。鉴于国际商事仲裁机制仍是目前中国企业解决涉俄投资争端的重要及有效途径，有关方面应当顺势而为，积极探索中企赴俄投资争端的多元化解决机制和平台，有效促进中俄国际商事仲裁领域的深入研究和交流，更好服务于"一带一路"倡议。

4.3.2 中国仲裁法律制度

仲裁制度是指民（商）事争议的双方当事人达成协议，自愿将争议提交选定的第三者根据一定程序规则和公正原则作出裁决，并有义务履行裁决的一种法律制度。仲裁通常为行业性的民间活动，是一种私行为，即私人裁判行为，而非国家裁判行为，它与和解、调解、诉讼并列为解决民（商）事争议的方式。但仲裁依法受国家监督，国家通过法院对仲裁协议的效力、仲裁程序的制定以及仲裁裁决的执行和遇有当事人不自愿执行的情况时可按照审判地法律所规定的范围进行干预。因此，仲裁活动具有司法性，是中国司法制度的一个重要组成部分。

2019 年 4 月，中共中央办公厅、国务院办公厅印发了《关于完善仲裁制度提高仲裁公信力的若干意见》，并发出通知，要求各地区各部门结合实际认真贯彻落实。

我国仲裁的类型有：商事仲裁、劳动争议仲裁、人事争议仲裁、农业承包合同纠纷仲裁。一般商事仲裁和劳动争议仲裁是常见的仲裁形式。商事仲裁是指合同纠纷和其他财产权益纠纷，当事人向约定的仲裁机构进行仲裁，仲裁一裁终局，仲裁裁决对当事人具有法律强制力。劳动争议仲裁是劳动者和用人单位发生劳动争议后被提起的前置处理程序（非一裁终局），当事人向劳动合同履行地或用人单位所在地的劳动争议仲裁委员会申请仲裁，仲裁委裁决后，一方不服裁决可向法院提起诉讼。

中国的商事仲裁机制采取的是"单一制"的立法模式，即国内仲裁和涉外仲裁统一由一部《中华人民共和国仲裁法》调整，《中华人民共和国仲裁法》只在单独章节内对涉外仲裁做出概括说明。

在国际商事仲裁层面，中国的国际商事仲裁始于 1956 年中国国际经济贸易仲裁委员会（CIETAC）的设立，当时名称为对外贸易仲裁委员会，迄今已有六十余年的历史。

中国国际经济贸易仲裁委员会是我国的涉外经济贸易仲裁机构，它是中国唯一受理国际经济贸易争议的仲裁机构，该机构设在北京，并在深圳经济特区设有深圳分会，在上海设有上海分会。

中国加入了《承认及执行外国仲裁裁决公约》（Convention on the Recognition and Enforcement of Foreign Arbitral Awards）、《联合国国际贸易法委员会仲裁规则》（UNCITRAL Arbitration Rules）等国际条约，并设立了中国国际经济贸易仲裁委员会（China International Economic and Trade Arbitration Commission，CIETAC）、香港国际仲裁中心（Hong Kong International Arbitration Centre，HKIAC）等知名的常设商事仲裁机构，积极促进中国仲裁活动的产业化发展。

中国现有的仲裁法律制度是以《中华人民共和国仲裁法》为基础构建的，其于 1994 年 8 月 31 日发布，历经两次修改，目前适用的是 2017 年修正的《中华人民共和国仲裁法》。《中华人民共和国仲裁法》共八章，分别对总则、仲裁委员会和仲裁协会、仲裁协议、仲裁程序、申请撤销裁决、执行、涉外仲裁的特别规定和附则进行立法规定。

在这期间，中国国际商事仲裁工作始终同国内社会发展与国际形势走向接轨，在国家的支持与世界的关注下取得了卓越的发展。以 CIETAC 为例，2016 年至 2018 年，受理仲裁案件的总量迅速增长，2018 年涉案标的额首次突破千亿元人民币大关，标的额上亿元案件达 171 件。同时随着"一带一路"倡议的稳步推进，中国的对外贸易投资持续增长，国际商事仲裁在良好的政策环境下得到更大程度上的推广和运用，并在解决国际货物买卖、建设工程纠纷、服务纠纷、技术纠纷等"一带一路"国家案件的主要争议类型上发挥着至关重要的作用。

在国家推进"一带一路"建设大背景下，中国自身仲裁机制也在一步步趋于完善。越来越多的企业在处理投资争端，特别是国际投资争端时选择了仲裁解决途径。中国政府高度重视涉"一带一路"国际商事的发展，从国家层面提出意见为"一带一路"国际商事争端解决机制的构建提供支持。

事实上，近年来越来越多赴俄投资的中资企业选择仲裁作为解决纠纷、维护权益的重要途径。

2018 年 1 月 23 日，中央全面深化改革领导小组会议审议通过了《关于建立"一带一路"国际商事争端解决机制和机构的意见》。该意见计划打造诉讼、仲裁、调解相衔接的"一站式"争端解决中心。

2019 年 6 月 1 日，《深圳国际仲裁院管理规定》正式施行，将东道国与投资者争端纳入受案范围，进一步推动了中国国际投资仲裁的实践和发展。

2020 年 8 月 31 日，深圳人大常委会通过《深圳国际仲裁院条例》，允许在深圳临时仲裁，这是我国仲裁制度的进一步发展。

2020 年 10 月 15 日，作为"一带一路"国际合作高峰论坛的成果清单之一，国际商事争端预防与解决组织在中国主导下成立，其业务范围非常广，主要业务范围是处理争端的预防问题，用多种途径推动争端的解决。具体的业务范围包括宣传培训、对话磋商、合规建设、预警防范、标准合同推广多元化解决，并预计举办会议论坛，进行信息的交流和共享，推动争议的具体解决。

但是，为实现该组织的进一步发展，应进一步聚焦，由此，可发挥该组织在中俄投资争端解决机制建设上的作用，在该组织框架下建立中俄投资争端预防与解决中心。

4.3.3 中俄商事仲裁制度对比

（1）在仲裁的立法模式上

中国采取的是"单一制"的立法模式，即国内仲裁和涉外仲裁统一由一部《中华人民共和国仲裁法》调整，《中华人民共和国仲裁法》只在单独章节内对涉外仲裁做出说明；俄罗斯采取的是"双轨制"的立法模式，即《俄罗斯联邦仲裁（仲裁程序）法》调整国内仲裁，《俄罗斯联邦国际商事仲裁法》调整国际商事仲裁。这种差异的主要根源还在于两国历史背景和国情的不同。《中华人民共和国仲裁法》是在建设社会主义市场经济的时代大背景之下通过和实施的，其在制定的过程中充分考虑了建立社会主义市场经济体制的要求。通过总结既往涉外仲裁和国外涉外仲裁的实践经验，力求推行仲裁立法的国际化和本土化结合，从而营造良好的外商投资环境和法治氛围，彰显改革开放的时代精神。而俄罗斯现有的仲裁机制在很大程度上是对苏联仲裁成果的继承与改革。1992年苏联解体后，俄罗斯进入了一个由社会主义制度向资本主义制度全面转型的时期。其中关于转型期的司法改革，俄罗斯保留了60%~70%的原有法律传统。与此同时，为适应市场经济发展变化的需要，俄罗斯引入了现代商事仲裁制度。在旧制与新制冲突与融合的情势下，俄罗斯逐渐形成了现有的"双轨制"仲裁制度。

（2）在现有的仲裁体系上

中国的司法体系与仲裁体系相对独立，虽然法院对仲裁的程序性事项具有一定的影响力，但法院与仲裁机构的界限较为明显。而俄罗斯的仲裁体系在很大程度上受到了苏联时期的行政仲裁模式的影响。行政仲裁模式最主要的特点是行政权与仲裁权交叉、混淆，仲裁委员会既非普通意义上的法院，也不属于独立的仲裁机构，其实质是带有准司法性质的仲裁机构。苏联解体后，全苏仲裁委员会和其他仲裁委员会发展演变成了俄罗斯现有体系下的仲裁法院。根据《俄罗斯联邦宪法》和《俄罗斯联邦仲裁（仲裁程序）法》的规定，仲裁法院隶属于联邦法院系统，受理特定的经济纠纷案件。而具有现代商事仲裁性质的仲裁机构主要是俄罗斯联邦工商会国际商事仲裁院、俄罗斯联邦工商会海事仲裁委员会等常设仲裁机构。值得注意的是，2015年通过的《俄罗斯联邦商事仲裁法》修正案对常设仲裁机构的设立由登记制变更为审批制，并将设立主体限定为非营利组织，力求通过规范化管理有效解决"口袋式"仲裁机构现象，保障仲裁机构的公正性与独立性，防止大型公司自设仲裁机构谋取非法利益。

（3）审级制度上

中国法律施行的是二审终审制。关于仲裁司法审查的案件，包括申请和执行外国仲裁裁定案件的法律规定，人民法院在仲裁司法审查案件中作出的裁定，除不予受理、驳回申请、管辖权异议的裁定外，一经送达即发生法律效力。当事人申请复议、提出上诉或者申请再审的，人民法院不予受理，但法律和司法解释另有规定的除外。也就是说，外国仲裁裁决申请在中国承认和执行，只要经过有管辖权的中级人民法院进行程序性审查，裁定予以承认和执行的，作出的裁定一经送达立即生效。比如（2013）穗中法民四初字第12号的判例，申请人俄罗斯欧凯有限公司与被申请人中国广东南方富达进出口有限公司因货款交付纠纷一案，申请人向中国广东省广州市中级人民法院申请承认和执行俄罗斯联邦工商会国际商务仲裁院作出的仲裁裁决，2013 年 12 月 3 日，法院裁定对俄罗斯联邦工商会国际商务仲裁院作出的仲裁裁决予以承认和执行，裁定送达后立即生效。

俄罗斯仲裁法院实行三审终审制，对一审联邦主体仲裁法院作出的仲裁裁定，如果当事人不服，根据俄罗斯联邦关于"仲裁法院对承认和执行外国法院判决或外国仲裁裁决所作的裁定，可以自裁定作出之日起一个月内向大区仲裁法院提出上诉"的规定，可以向一审法院的主管大区仲裁法院提出上诉，二审决定自作出之日起生效。如果当事人仍然不服，在二审法院决定生效之日起不得超过两个月，可以向俄罗斯联邦最高法院经济纠纷司法委员会提出上诉申请。经济纠纷司法委员会履行监督职能，不审查实体案件，只负责检查遵守法律的正确性以及审查案件过程中是否存在违规行为，在上诉请求发送到最高法院之前对上诉案件进行筛选，这样最后留在俄罗斯联邦最高法院审议的案件数量会明显减少，这种程序类似于美国、瑞典、挪威、奥地利等国的裁量上诉或者上诉许可。三审终审制有利于加强对当事人的权利保障和为当事人获得更多的法律救济机会，有助于营造稳定、公平、透明和可预期的法制化环境，希望我国在今后立法或者修订法律时作为参考、借鉴和选项之一，那样可以从根本上减少申请再审的概率。其不足之处是延长了诉讼时间和降低了司法效率。

（4）在仲裁协议、管辖权、临时保全措施、承认与执行等具体内容上

在仲裁协议方面，《中华人民共和国仲裁法》关于仲裁协议的生效要件要比《俄罗斯联邦国际商事仲裁法》的规定更为严格，且与俄罗斯联邦工商会国际商事仲裁院依法具有管理临时仲裁的职能相比，中国现有的仲裁体制尚缺乏临时仲裁的规定。在管辖权方面，俄罗斯设有独特的强制性仲裁管辖权制度，这与苏联时期的国际商事强制仲裁制度有关。同时在仲裁协议有效性审查一事上，俄罗斯由仲裁庭自主决定是否具有管辖权，《中华人民共和国仲裁法》则赋予了法院的裁判优先权。在临时保全措施方面，中国依法作出临时保全措施的机构仅限于法院，而俄罗斯的法院、仲裁机构、联邦工商会国际商事仲裁院主席均享有作出临时保全措施的权利，二者相比，中国的做法偏于保守。在承认与执行方面，中国与俄罗斯均是《纽约公约》的缔约国，

但俄罗斯仲裁法院设立了繁琐且复杂的承认与执行程序，且在实践中，俄罗斯仲裁法院往往通过扩大解释《纽约公约》的相关规则来拒绝承认与执行外国仲裁裁决。

①临时仲裁规定上

2020年8月26日，深圳人大常委会通过《深圳国际仲裁院条例》，允许在深圳临时仲裁，此前，中国没有临时仲裁制度，临时仲裁只可能发生在自由贸易区内。俄罗斯的仲裁制度跟世界上其他国家的仲裁部门都是非常相近的，包括临时仲裁。然而从2016年9月1日新法通过之后，很多情况基本上都不许再进行临时仲裁，即使进行临时仲裁，在俄罗斯也是无效的，得不到其承认和执行。

②申请人对管辖法院的选择权上

中国法律规定，国外仲裁机构的裁决，需要中华人民共和国人民法院承认和执行的，应当由当事人直接向被执行人住所地或者其财产所在地的中级人民法院申请，人民法院应当依照中华人民共和国缔结或者参加的国际条约，或者按照互惠原则办理。如果两个以上法院均有管辖权的，当事人可以向其中一个人民法院申请执行，当事人向两个以上人民法院申请执行的，由最先立案的人民法院管辖。根据国际私法理论，外国仲裁裁决一旦得到一地法院的承认和执行，若法院辖区内的财产不足以满足申请人债权的，该法院可以委托其他法院代为执行。中国涉外仲裁委员会作出的发生法律效力的仲裁裁决，当事人请求执行的，如果被执行人或者其财产不在中华人民共和国领域内，应当由当事人直接向有管辖权的外国法院申请承认和执行。

俄罗斯仲裁法院基本原则也是原告就被告，申请承认和执行外国法院判决和外国仲裁裁决，由作出裁决有利的一方，向债务人的所在地或居所地，或者如果债务人的所在地或居所地不明，向债务人的财产所在地的俄罗斯联邦主体仲裁法院提出，对位于或居住在外国的被申请人提出索赔，可以向被申请人在俄罗斯联邦境内财产所在地的仲裁法院提出申请，对有管辖权的法院选择权属于申请人。

对财产保全管辖法院的选择，中国法律规定，当事人申请财产保全的，仲裁委员会应当将当事人的申请依照民事诉讼法的有关规定提交人民法院，当事人申请采取保全的，中华人民共和国的涉外仲裁机构应当将当事人的申请提交被申请人住所地或者财产所在地的中级人民法院裁定。俄罗斯联邦法律规定，仲裁法院可以根据涉案申请人的请求，对另一人采取紧急临时措施，以确保申请人的索赔或财产权益，在仲裁过程的任何阶段都允许采取临时措施。应仲裁程序一方当事人的请求，采取临时措施可由仲裁庭所在地、债务人的地址或居住地、债务人的财产所在地仲裁法院进行。然而，申请人在提交财产保全时，按照俄罗斯法律规定，申请书中必须填写被申请人名称、地址、纳税人识别号等信息，否则会被仲裁法院搁置申请或限期消除这种状况。在 A75-9009/2014 判例中，很可能是由于申请人没法填写被申请人地址和纳税人识别号，仲裁法院依据该条款规定作出了搁置申请的决定，以及申请人不能按期满足要求而作出退回申请人申请的裁定。

③被申请人住所地法院与其财产所在地法院之间的关系上

在中国法律上是并列关系，而在俄罗斯却是条件关系，也就是说，被申请人所在地或居所地仲裁法院在俄罗斯具有优先管辖权，申请人向被申请人财产所在地仲裁法院提出申请的前提，必须证明被申请人所在地或居所地不明。这样的规定看似很简单，实际上对申请人来说是非常麻烦和棘手的。在 A70-9435/2014 判例中，应该说申请人已经提供了被申请人所在地或居所地不明和被申请人在俄罗斯秋明州秋明市共和国街 59 号的"SGK-钻井"有限责任公司拥有 100%份额财产的证明，但法院仍然认为，申请人缺乏秋明州仲裁法院对本案拥有管辖权的适当证据。那么究竟什么情况才属于被申请人所在地或居所地不明呢？作者检索和查阅了很多俄罗斯法律资料，没有找到任何关于被申请人所在地或居所地不明的定义及其解释，或许这取决于法官的自由裁量权，那样的话，就意味着剥夺了申请人对有管辖权法院的选择权。如果被申请人故意提供了虚假地址，申请人根本不知道或无法查到，而法院一定要求申请人提供被申请人所在地或居所地不明的证据，否则不予受理，这将为被申请人创造一个逃脱法律责任的机会。对于此类问题，中华人民共和国最高人民法院曾作出批复，人民法院不得仅以原告不能提供真实、准确的被告住址为由裁定驳回起诉或者裁定终结诉讼。这样即使被申请人所在地或居所地无法确定，法院也可以采用公告送达等方式通知被申请人和发送法律文书，或者申请人选择被申请人财产所在地法院提出申请，都可以有效地阻止被申请人钻法律空隙和逃避法律责任的企图。

④上诉人和被上诉人缺席开庭问题上

按照中国法律，第二审人民法院一般仍适用第一审普通程序规定，原告经传票传唤，无正当理由拒不到庭的，可以按撤诉处理；被告经传票传唤，无正当理由拒不到庭的，可以缺席判决；除非人民法院裁定不准许撤诉的，原告经传票传唤，无正当理由拒不到庭的，可以缺席判决。但按照俄罗斯联邦法律规定，上诉当事人有权通知仲裁法院，在他们缺席的情况下可以审理案件[1]。

外国投资国际法律调节的主要文件是国际公约和多边条约，以及国家之间关于促进和相互保护投资的双边条约。探讨中俄投资争端解决的相关法律基础，需将其置于中俄全面战略协作伙伴关系大背景下来审视。

进入21世纪，俄罗斯和中国之间关系的特点是巨大的活力和专注于解决许多世界问题。作为全面战略协作伙伴关系，俄罗斯和中国在不断变化的世界中占据了一个全新的地位，特别是在世界格局进入深度调整的开始时期。在这一时期，俄罗斯和中国正在积极发展在许多领域的合作，具有战略性和互利性。这种合作的具体情况取决于以下因素：俄罗斯是世界领土最大的国家，中国是世界人口最多的国家；俄罗斯和中国都有核潜力；俄罗斯拥有巨大的自然资源，中国拥有巨大的市场；此外，中国拥有巨大的生产能力和完备的产业链。双方合作的基础是相互信任的态度，即在平等互利的原则上。

2015年5月，中国国家主席习近平访问莫斯科期间签署的关于各领域合作的文件，对中俄伙伴关系的延续、两国战略合作与发展具有重要意义。这些文件表明双方将在以下领域优先开展合作：加强能源伙伴关系、基础设施发展、银行业和贷款合作、网络空间合作。

在能源合作领域，中俄两国签署了一系列重大商业合同，特别是关于俄罗斯通过"西线"向中国供应天然气的条款。在基础设施项目领域，中俄签署了关于欧亚经济联盟和丝绸之路经济带建设一体化合作的联合声明。同时，俄罗斯和中国政府签署的关于国际信息安全领域合作的协议已成为各国在网络空间合作的基础。而银行部门和贷款领域的主要文件是：中俄贸易融资文件、关于开放信贷额度的协议，以资助中国和俄罗斯之间的贸易业务等。此外，在俄罗斯直接投资基金会（RDIF）和中国公司中信商人之间的投资合作领域也签署了一份文件，即关于建立一个中俄投资银行，吸引中国资本进入

---

〔1〕 王源泉：《涉华仲裁裁决在俄罗斯承认和执行的案例分析及思考》，载《商事仲裁与调解》2020年第4期。

俄罗斯公司。俄罗斯直接投资基金会还签署了一些其他双边协议。预计中国方面将在远东地区的农业部门进行大规模投资，俄罗斯将向中国航空公司提供多达 100 架苏霍伊超级喷气飞机。

俄罗斯直接投资基金会负责人基里尔·德米特里耶夫（Kirill Dmitriev）预计，与中国的合作将带来投资热潮。然而，正如他正确地指出，中俄投资合作目前发展速度不够快，两国之间的投资量不允许我们谈论一个有利的投资环境，特别是在俄罗斯，并没有完全满足两国之间现有的政治和贸易关系的水平。

俄罗斯和中国之间的投资合作发展速度显然是不够快的。俄罗斯经济的投资下降是经济危机的结果，但这不是唯一的原因。事实上的一个主要原因是，各种评级的结果显示，俄罗斯的投资环境在恶化。不利的投资环境的原因主要是国内立法的复杂性、模糊性和不完善。

根据中国有关方面的评估，对外国商品、资本、商人和劳动力的忽视阻碍了俄罗斯投资的发展。由于俄罗斯政策的不一致，许多中国企业家担心在俄罗斯的长期投资。例如，中国公司在到俄罗斯联邦后，俄方可能取消先前承诺的优惠政策。

4.4 中国现有国际投资争端解决机制的不足

我国与"一带一路"国家已签订 56 个国际投资条约，其中 45 个属于 20 世纪 80、90 年代签订的第一代 BIT。我国与"一带一路"国家签订的最新国际投资条约是 2015 年《中华人民共和国与东南亚国家联盟关于修订〈中国—东盟全面经济合作框架协议〉及项下部分协议的议定书》。通过对上述条约中投资者—东道国投资争端解决条款的梳理，整体情况如下：第一，条约主要规定了三种争端解决方式，首先是通过友好协商解决，条约规定的友好协商期限以 6 个月为主，个别条约约定为 5 个月或 1 年；其次是投资者可以将争议提交东道国行政机关或有管辖权的法院，通过国内行政复议程序或诉讼程序解决；再次，可以通过国际投资仲裁解决。第二，有 31 个国际投资条约规定了岔路口条款，即如果投资者已经将争议提交东道国有管辖权的法院，则不得再将争议提交国际仲裁庭。第三，有 5 个国际投资条约规定了"用尽当地救济原则"，即东道国可以要求投资者在提交国际仲裁之前，用尽东道国法律和法规所规定的国内行政复议程序。第四，在提交国际投资仲裁解决争议方面，有 40 个国际投资条约中限制仅"涉及征收补偿的争议"可以提交国际投资仲裁。第五，国际投资仲裁的方式主要分为两种：一种是提交 ICSID 进行机构仲裁；另一种是根据联合国国际贸易法委员会（UNCITRAL）、ICSID 或斯德哥尔摩商会仲裁院（SCC）的规则组成临时仲裁庭进行仲裁。可以看出，我国已经与绝大多数"一带一路"国家签订了国际投资条约，对我国企业赴"一带一路"国家投资提供了基本保障。但是这些条约签订的时间较早，投资者保护水平已与现今的全球经济发展以及国际投资趋势存在差距，特别是争端解决方面，除了当地程序和国际投资仲裁外，尚未给投资者提供其他争端解决方式。此外，鉴于我国早期主要是外国资本的输入国而非输出国，在大多数国际投资条约中对投资者将投资争端提交国际仲裁解决设置了限制，如设置了"用尽当地救济"以及"仅征收补偿可提交国际投资仲裁"等，不利于我国投资者的权利救济。

我国与"一带一路"国家现有争端解决机制主要包括东道国国内救济和国际投资仲裁，上述机制对解决我国投资者与"一带一路"国家投资争端、维护我国投资者合法权益存在一定的缺陷。其一，东道国国内救济途径有限。投资争端的救济方式主要包括东道国国内救济和国际投资仲裁两种。有理论认为对于投资者权益的保障不必然通过国际投资保护协定和仲裁等国际机制，也可以通过国内投资保障机制来达成。国际投资保护协定中往往包含岔路口条款，规定"对于投资争端，投资者有权进行选择当地救济或国际仲裁机制；但一旦选定了其中的一种方式，就不能诉诸另外一种"，这既是为了尊重投资者的选择，也是为了提高国际投资争端解决的效率和公允，防止出现平行程序。但"一带一路"中的大部分国家法律体系与我国存在较大差异，且国内法制不够完善，投资者很难通过东道国国内立法和司法程序保障权益。因此，有必要完善投资者在国际法上的救济途径以补充东道国国内救济的不足。

其二，国际投资仲裁机制不利于争端的解决。一是，时间和费用成本过高。根据经济合作与发展组织（OECD）的统计，国际投资仲裁案件平均结案时间为 3.6 年，各项律师费用高达 500 万至 1000 万美金。从涉及"一带一路"国家为被申请人的案件来看，2015 年立案的案件几乎都处于审理阶段，2014 年仍有部分没有结案。二是，救济途径单一且执行困难。金钱赔偿作为投资仲裁的主要救济途径并未取得良好效果。一方面，金钱赔偿对于发展中国家而言是非常大的负担。本书统计案件中共有 66 件案件仲裁庭作出了支持投资者的裁决并要求东道国进行金钱赔偿，赔偿金额总计 1062.17 亿美元，其中 2005 年 Hulley Enterpris 诉俄罗斯政府案赔偿金最高，达 400 亿美元。另一方面，东道国可以申请撤销裁决或者拒绝执行仲裁裁决。如果东道国不主动执行裁决，那么因为涉及主权豁免等因素，执行将变得非常困难。三是，我国和"一带一路"国家在投资仲裁领域的专家匮乏。国际投资仲裁制度最先是由西方发达国家发起并主导，尽管仲裁员名册本身是多元化的，但实际参与投资仲裁案件审理的仲裁员却非常有限，仲裁当事人及 ICSID 秘书处倾向于选任来自发达国家的仲裁员，美国籍和英国籍仲裁员的选任数量位居前两位，代理案件较多的律师则以美国律师为主。我国和"一带一路"国家的律师和仲裁员在国际投资仲裁中没有优势，而西方国家仲裁员缺乏对发展中国家实际情况的了解，不适合主导裁决我国投资者与"一带一路"国家间的投资争议。四是，国际投资仲裁可能影响国家间友好关系。虽然国际投资仲裁制度的设计初衷是替代投资母国对本国投资者的外交保护，减弱投资母国和东道国之间可能存在的紧张关系。但事实上由于国际投资争端不同于普通商事贸易纠纷，包含更多的政治因素，国际投资仲裁的对抗性和高额赔偿会引发公众舆论，也会间接影响两国之间的关系。五是，我国投资者败诉率可能较高。在统计的 395 件涉"一带一路"投资争端仲裁案件中，122 件仍在审理过程中，107 件案件裁决国家胜诉，65 件案件裁决投资者胜诉，61 件案件双方达成和解，25 件案件因各种原因终止，9 件案件裁决没有支持任何一方，6 件案件的数据未知。虽然学术界一直认为 ICSID 仲裁裁决多以支持投资者为主，但从"一带一路"国家投资仲裁案件的结果来看，裁决支持东道国胜诉的案件比例较高，达到了 39.2%，而支持投资者的案件仅占比 23.8%，反映出通过仲裁解决"一带一路"国家的投资争端，投资者败诉可能性较大[1]。

4.4.1 双边投资争端解决机制问题

通过对中国与"一带一路"共建国家所签订的双边投资协定中有关投资者与东道国间争端解决相关规定的分析，当前的"一带一路"双边投资争端

---

〔1〕　明瑶华：《"一带一路"投资争端调解机制研究》，载《南通大学学报（社会科学版）》2018 年第 1 期。

解决机制存在制度碎片化严重、管辖权范围不明、法律适用缺乏规定等问题。

4.4.2 区域投资争端解决机制问题

实施效率不高、管辖权扩大、裁决不一致等。"一带一路"涉及众多区域性组织，如：上海合作组织、欧亚经济联盟、欧盟、东盟、中国—东盟自由贸易区、阿拉伯联盟、中国—阿拉伯国家合作论坛、南亚联盟等。各个区域性组织并非都涵盖了"一带一路"沿线的各个国家。

4.4.3 多边投资争端解决机制问题

ICSID 投资争端解决机制是当前全球最为重要的能够专门解决投资者与东道国之间投资争端的多边投资争端解决机制。但是，"一带一路"沿线的很多国家对 ICSID 接受程度很低，俄罗斯仅签署《华盛顿公约》并未交换批准书，该公约并未对俄罗斯生效。而且 ICSID 在"一带一路"沿线的适用存在忽略东道国公共利益、东道国与投资者之间权利责任不平衡的问题，导致沿线国家对 ICSID 有抵触情绪，适用率不高；管辖权范围的不断扩大与《华盛顿公约》对争端当事方有权自由选择投资争端解决机制的规定相背离；缺乏有效的上诉机制、救济监督机制不完善、高昂的仲裁费、缺乏透明度等问题都致使 ICSID 机制对于"一带一路"投资争端的效用很有限。

4.5 俄罗斯现有国际投资争端解决机制的不足

俄罗斯法律体系相当独特，法律制度也留存较多问题。就程序法而言，俄罗斯涉外民事诉讼制度存在着司法效率低、程序复杂等缺陷。就实体法而言，俄罗斯实体法律条文亦存在着变动频繁、内容冗杂的弊端。因此，相较于诉讼而言，仲裁的自治性、保密性的制度优势异常显著。

仲裁制度是两国间行之有效的纠纷解决方式，但尚未臻于完备。目前，中俄间的民商事仲裁存在成本较高、执行困难、司法协助机制不完善等问题。为了打造两国间自由便利、公平公正的营商环境，应完善中俄商事仲裁机制，推进多元、高效、专业的涉外纠纷解决机制之构建。

4.5.1 ICSID 投资仲裁解决机制不足

投资仲裁指的是通过 ICSID 解决投资争端，商事仲裁指的是通过各国国内设立的商事仲裁机构解决争端。中国加入了 ICSID，虽然早在 1992 年俄罗斯已签署《ICSID 公约》，但迄今为止，俄罗斯仍未就《ICSID 公约》交存批准书，《ICSID 公约》尚未对俄罗斯正式生效。所以涉中俄的投资争端一般很少通过 ICSID 来解决。

4.5.2 商事仲裁解决机制不足

（1）他国（中国）仲裁裁决在俄执行困难

对于中国企业而言，在现行的中俄商事仲裁机制下，选择本国仲裁机构能够规避法律冲突风险和高昂的差旅费用，节约时间成本。然而实践表明，虽然中俄均为《纽约公约》缔约国，他国仲裁机构的裁决未被俄罗斯仲裁法院承认执行的情况也屡有发生，如中联重科股份有限公司申请承认执行裁决一案。该案件申请人中联重科股份有限公司（以下简称中联重科）就与被申请人阿尔玛汽车封闭式股份公司（以下简称阿尔玛公司）间的合同纠纷向中国贸仲提交仲裁申请，2017 年 8 月，中国贸仲裁定阿尔玛公司向中联重科交付欠款、违约金以及仲裁费用。因阿尔玛公司怠于执行裁决，中联重科向被申请人所在地的莫斯科市仲裁法院申请执行仲裁裁决。而莫斯科市仲裁法院以运单底单无被申请人签名，无法认定阿尔玛公司收到仲裁文件为由裁定驳回申请人中联重科的申请。由于不服一审裁定，申请人提起上诉，二审法院依旧裁定了驳回上诉请求。申请人再次上诉至俄联邦最高法院，最高法院重新审查后，认为中国贸仲已将仲裁通知邮寄至涉案合同中写明的被申请人的登记地址，邮件回执中亦留存有两名俄罗斯公民的签字，由此断定仲裁文件的送达符合《俄罗斯国际商事仲裁法》第 3 条第 1 款的规定，此二人均有签收该份邮件的权利。同时，双方的合同内容显示，如果一方变更地址，应在 7 个工作日内通知合同相对方。被申请人阿尔玛公司在合同订立后变更登记地址，但并未通知申请人中联重科，与合同约定不符。综上所述，俄联邦最高法院认定，中国贸仲已经履行了合理通知的义务，一审和二审法院驳回中联重科执行申请的裁定有误，应予撤销，并裁定承认与执行中国贸仲作出的裁定。此时距仲裁裁决的作出已逾二年，虽然俄罗斯法律规定，仲裁执行申请按照一审程序由独任法官审理，审理期限不得超过一个月[1]，但实践中审理效率低下、执行困难的问题仍有发生。据悉，俄罗斯法院针对此类案件的惯常应对为发回原审法院重新审理，若如此，当事人的诉讼成本较之本案现状还会上升[2]。

（2）俄罗斯仲裁机构主体规定不明

当合同履行地在俄罗斯境内时，也有企业倾向于选择俄罗斯仲裁机构。然而俄罗斯仲裁法对仲裁主体之规定存在漏洞，可能导致仲裁裁决无法获得执行。在涅夫斯基特许权公司与圣彼得堡市的仲裁裁决执行申请一案中，合同双方选择临时仲裁的方式解决纠纷，约定适用联合国贸法会仲裁规则，仲裁庭由巴黎国际商会指定并在巴黎组成，仲裁地则是在俄罗斯境内。圣彼得堡市仲裁法院认为，据《俄罗斯联邦特许协议法》第 17 条之规定，特许权出让人和特许权受让人之间的争议应向俄罗斯法院或仲裁机关起诉或申请仲裁。由于《俄罗斯联邦特许协议法》没有明确"俄罗斯联邦仲裁机构"的定义，圣彼得堡市仲裁法院对"俄罗斯联邦仲裁机构"作出的解释：由俄联邦常设仲裁机构进行审理，并适用其仲裁规则，仲裁员应由俄罗斯的组织或人士指定，并且仲裁地应为位于俄罗斯境内的仲裁机构。这一裁定实际上否定了特许协议合同纠纷适用临时仲裁的可能性。而实际上，《俄罗斯国际商事仲裁法》第 35 条第 1 款之条文显示：只要符合俄罗斯法律规定，无论商事仲裁机构位于何地，作出的裁决都应予以承认和执行。同时，俄罗斯作为《纽约公约》缔约国，本有承认其他缔约国仲裁机构作出的临时裁决的义务。即便如此，俄罗斯国内法有关仲裁主体规定的模糊仍为部分奉行地方保护主义的法院留下可乘之隙，使其能够对法律规定作出有利于己的解释，造成仲裁裁决不能执行的情形。

（3）存在的其他问题

面对选择俄罗斯仲裁机构所带来的不确定性，中国企业也会寄希望于本

---

[1] 周广俊：《外国仲裁裁决如何在俄罗斯申请承认与执行》，载 http://www.chinaruslaw.com/CN/LawsuitArbitrate/002/2018111293844_970562.htm，最后访问日期：2024 年 4 月 23 日。

[2] 《俄罗斯联邦最高法院"亲自"承认中国国际经济贸易仲裁委员会仲裁裁决》，载 http://iidps.bit.edu.cn/gatsw/b171984.htm，最后访问日期：2024 年 4 月 23 日。

国的涉外仲裁机制，然而中国的涉外商事仲裁机制的制度设计也并非尽然完善，临时仲裁制度与《中华人民共和国仲裁法》的抵触成为该制度在我国建成的一大阻碍[1]。《中华人民共和国仲裁法》第16条之规定仍要求仲裁协议必须约定常设仲裁机构，从而否定临时仲裁制度在中国境内的合法性。据《纽约公约》第3条有关承认执行缔约国仲裁裁决之规定，我国法院不能拒绝执行其他缔约国仲裁机构作出的临时裁决，但我国境内作出的临时仲裁却可能因我国国内法的规定被其他缔约国法院拒绝执行，这不免使得我国仲裁机构与《纽约公约》的良性互动受到限制。随着"一带一路"倡议的提出、仲裁机制建设的不断发展，我国法律亦对临时仲裁的限制逐渐产生放宽的趋势。2016年，《最高人民法院关于为自由贸易试验区建设提供司法保障的意见》出台，该文件向自贸区内注册的企业开放临时仲裁作为其解决商事纠纷的选择[2]，从而成为我国引入临时仲裁制度的契机[3]。然而，其中展现的内容均为原则性规定，较为宽泛，在付诸实践的过程中必须加以细化。同时，该文件显示，若人民法院认为临时仲裁协议无效，应逐层上报至最高人民法院由其定夺。针对临时仲裁协议的多层级审查固然是我国仲裁制度完善过程中的谨慎尝试，但是也会造成诉讼成本升高、效率降低的弊端，对仲裁申请人不利。

---

〔1〕　陈磊：《中国自由贸易区临时仲裁制度的实践与制度构建——以〈横琴自由贸易试验区临时仲裁规则〉为切入点》，载《对外经贸实务》2019年第8期。

〔2〕　《最高人民法院关于为自由贸易试验区建设提供司法保障的意见》。

〔3〕　赖震平：《我国商事仲裁制度的阙如——以临时仲裁在上海自贸区的试构建为视角》，载《河北法学》2015年第2期。

中国企业对俄投资争端的国际仲裁
解决机制构建

　　俄罗斯在没有批准《华盛顿公约》的情况下，将争端转移到国际投资争端解决中心的条款中关于促进和相互保护投资的双边协定，并没有为外国投资者提供与解决投资争端有关的任何新的额外保障。因此，俄罗斯不能无视《华盛顿公约》，不使用其中规定的方法来解决投资争端。俄罗斯不参加这一多边条约的事实实际上意味着外国投资者使用其中规定的解决投资争端的方法的权利受到重大限制。为了加强国家的投资声望，俄罗斯正计划启动批准《华盛顿公约》的进程。有鉴于此，我们在尝试构建中俄联合投资争端解决机制时，应不与《华盛顿公约》的原则相悖，而且能在处理中俄投资争端的特殊性上发挥作用，克服《华盛顿公约》规则在处理中俄投资争端上的短板。

　　目前，中国对俄投资规模整体高位增长，投资行业结构不断优化。根据中国商务部统计，2018 年末，中国企业在俄联邦设立境外企业超 1000 家，行业分布广泛，涉及采矿、农林牧渔、制造业、租赁和商务服务业、批发和零售业等。其中总投资约 200 亿美元的亚马尔液化天然气项目成为中国公司积极参与实施的最大项目，也是中国提出"一带一路"倡议后在俄实施的首个特大型能源合作项目。与此同时，随着我国对俄投资快速发展，跨国并购逐渐成为我国企业走向俄罗斯市场的重要方式，且投资不再仅限于能源和矿业，比如华为就斥资 5000 万美元收购莫斯科安防技术企业 Vokord。

　　自加入世贸组织后，俄罗斯放宽了对国内外投资商投资领域的限制，降低了税率，在保障外国投资者国民待遇、外国投资者资产和合资企业资产在国有化被征用时有权得到补偿等方面制定了许多优惠政策。《俄罗斯联邦外国投资法》为外国投资者在俄罗斯实体经济部门进行投资活动提供了基本保障。

同时，世界银行公布的 2019 年营商环境报告显示，俄罗斯在 190 个经济体中排名 31 位，营商环境较好。

根据专家的预测，在理想状态下，俄罗斯未来十年的平均经济增速可维持在较高水平。这些都为中国企业在俄发展提供了良好的"土壤"。中俄两国经贸合作互补性强，待释放空间巨大，但也应注意到两国贸易和投资合作的不平衡性。中俄之间的合作多由政府首脑进行自上而下的战略引导，因此具体执行环节可能出现地域性差别。专家认为，中俄经贸合作的机制化和制度化水平低，贸易争端解决机制和合作机制过度依赖政府部门的对话协商机制，这往往会造成对话磋商耗时长、交易成本高等现象。

中国企业出海俄罗斯要特别注意防范各类风险。首先是知识产权风险，俄罗斯知识产权法律制度经历了飞跃式发展，2006 年已形成了系统的法律框架，知识产权保护力度不断深化，而中俄在知识产权保护和法律法规及标准上存在诸多差异。其次是物流风险，中国企业对俄投资大量使用实物贸易，而俄罗斯国土面积辽阔，交通设施相对落后，加上中国国际物流体系的多元化程度远低于实际发展要求，造成了物流费用高、部分商品不能实现运输的风险，这制约了在俄投资企业规模扩张。最后，投资环境及货币结算风险、企业融资和投资风险、汇率风险等，以及美国和欧洲对俄罗斯经济的制裁将给在俄投资的中国企业的收益率带来较大波动。

对此，专家建议首先要健全保障有力的双边投保协定顶层设计，完善跨境税收争议解决规程。中国与俄罗斯的投资关系多为中国对俄罗斯的单向流出，俄罗斯对中国的投资规模较小，与俄罗斯双边投资协定的签订可以保护我国海外投资的利益。

而时任中国外交部欧亚司参赞于骏则认为，中俄投资合作应坚持更加开放的理念，提供更加完善的政策保障。他表示，中方愿秉持互利共赢的理念，与俄方共同为企业合作营造良好的外部环境，在签证、劳务、海关标准等方面相互予以支持，进一步简化审批手续，提高政策优惠度，更好保护投资者合法权益。

中俄投资合作还应坚持政府推动、企业主体、市场运作原则的有机结合。中俄两国建有最全面、最完善的政府间合作机制，定期总理会晤以及下设的中俄投资合作委员会，这些机制都将投资领域作为重点的合作方向，双方要利用好政府间的合作平台，加强政策沟通协调，发挥在资源、市场、技术、资金、人才等方面的互补优势，共同研究提出扩大投资合作的政策举措。双方应抓好合作项目的落实工作，不断开拓投资合作的新领域。两国政府间合作机制都已经确定了不同形式的重点项目清单，双方应不断完善工作和创新机制，及时解决推进项目工作中遇到的难点问题。能源资源投资在两国间合作中仍占着相当大的比重，双方还是应改善投资结构，向装备制造、农业等领域倾斜，将两国投资合作水平提升到新高度。同时要增强国家安全审查力度，帮助企业应对安全审查机制。比如，与俄方协商，要求给予我国同等待遇；密切跟踪俄罗斯相关法规和政策调整，对企业进行风险提示并做好海外舆论引导，积极推广中国投资企业的正面形象。最重要的是，集中优势力量在俄罗斯投资的合作重点领域，着力打造富含中国理念的品牌形象，政府层面要进一步引导投融建一体化，加强企业合规管理。

在国际法律层面，应当加快完善双边投资保护协定和区域性投资保护协定，两国应从经贸合作实际出发，尽早协商制定法律效力更高、内容更为具体全面的双边投资保护条例。加快完善双边税收协定体系，在对双边税收协定进行修订时，应充分考虑俄方税收法律变化，符合其税收规则和避税行为动向。当投资纠纷发生且不得不提起诉讼或仲裁时，建议首选仲裁的方式；同时为避免地方保护主义侵害我国投资者权益，可协商建立中俄联合仲裁机构或选择异地仲裁。

我国企业对俄投资时务必提高法律意识，要全面研判可能遭遇的各种法律问题。一是要加强对俄罗斯法律体系的研究，在正式投资前对投资领域进行全方位考察，了解和防范法律方面可能遇到的风险。可通过政府部门、对俄法律研究机构等了解其外资经营活动相关的法律法规，进而分析相关的法律风险，从而制定最佳的投资方案，减少投资风险。二是条件允许的大型企业，可派考察团对相关投资环境进行调研或设立专门的法律部门，由掌握专业法律技能的人员处理公司在俄投资过程中可能会遭遇的法律风险和法律纠纷。三是在公司的生产经营活动中，应当及时修改和完善公司的管理结构和治理结构，建立合理的风险转移机制。四是实施本土化经营战略，做好企业的跨文化管理。

为避免我国在俄投资企业违反俄罗斯反垄断法，应当充分利用双方现行经贸领域的沟通机制，同俄方加强反垄断领域的监管合作，了解俄方反垄断机构的执法动态，明确其反垄断规制的重点内容。同时应当进一步加大我国反垄断审查力度，加强政策公平竞争审查，同俄方积极交涉表达我方合理诉求，可要求对方政府反垄断机构恪守反垄断法的基本精神，主动解释敏感性问题，沟通协商对相似领域给予同等待遇，为企业赴俄投资创造良好的外部环境。此外，国家、地方相关部门应当加强与驻俄商务、外交部门的交流合作，以便于及时掌握俄罗斯经贸市场和反垄断政策变化情况，指导和帮助企业了解相关规定，尽量避开被反垄断规制的风险。

近年来，在国家推进"一带一路"建设大背景下，中国自身仲裁机制也逐步趋于完善。越来越多的企业在处理投资争端，特别是国际投资争端时选择了仲裁解决途径。中国政府高度重视涉"一带一路"国际商事的发展，从国家层面提出意见，为"一带一路"国际商事争端解决机制的构建提供支持。

2018年1月23日，中央全面深化改革领导小组会议，审议通过了《关于建立"一带一路"国际商事争端解决机制和机构的意见》。该意见计划打造诉讼、仲裁、调解相衔接的"一站式"争端解决中心。

2020年10月15日，作为"一带一路"国际合作高峰论坛的成果清单之一，在中国主导下成立了国际商事争端预防与解决组织，其主要业务范围是处理争端，运用多种途径推动争端的解决。具体包括：预防服务、宣传培训、对话磋商、合规建设、预警防范、标准合同推广、争端的多元化解决、会议论坛的举办、信息的交流共享等。但是从目前来看，为实现该组织的进一步发展，工作重点仍应进一步聚焦，例如可发挥该组织在中俄投资争端解决机制建设上的作用，在该组织框架下建立中俄投资争端预防与解决中心。事实上，近年来越来越多赴俄投资的中资企业选择仲裁作为解决纠纷、维护权益的重要途径，因此在中俄投资争端预防与解决中心的建设上，仲裁机制的优化尤为重要[1]。

---

[1]　Гао Ю., Мурашова Е. В. Некоторые вопросы развития проекта «один пояс‑один путь». В сборнике: Современные проблемы экономического развития предприятий, отраслей, комплексов, территорий Материалы Международной научно‑практической конференции: в 2 томах. Под редакцией М. В. Ивашкина, А. В. Колесникова. 2019. С. 66‑69.

中俄两国的国际仲裁实践

（1）ICSID 投资仲裁实践

长期以来，中俄两国均缺乏 ICSID 投资仲裁经验，相关国际投资仲裁实践中，ICSID 业已受理的涉中国投资争端仲裁案件共有 5 起。尚未有外国投资者针对俄罗斯向 ICSID 提起仲裁的案件。较少的 ICSID 投资仲裁实践根源于发展中国家和新兴市场国家对于 ICSID 投资仲裁机制普遍不信任。[1]

（2）国际商事仲裁实践

在中国，深圳国际仲裁院（SCIA）以及中国国际经济贸易仲裁委员会（CIETAC）相继出台投资仲裁规则，但现阶段中国商事仲裁机制管辖投资人国家间争端仍存在一定的法律障碍，只有配套法律制度完善后，SCIA 以及 CIETAC 投资仲裁机制才能真正合法地发挥制度作用，为"一带一路"推进和实施提供保障。

深圳国际仲裁院 2019 年新版仲裁规则正式施行，它将东道国与投资者争端纳入受案范围，进一步推动了中国国际投资仲裁的实践和发展。

5.1 完善基于商事仲裁路径的投资争端仲裁解决机制

5.1.1 中国企业对俄投资争端的商事仲裁解决机制法律依据

《俄罗斯联邦仲裁（仲裁审理）法》第 241 条第 1 款规定，外国法院就经营和其他经济活动中产生的争议和其他事由所作出的裁决、商事仲裁院和国际商事仲裁庭于其他国家境内就经营和其他经济活动中产生的争议和其他事由所作出的裁决，如果俄罗斯联邦订立的国际条约和联邦法律规定应予以承认和执行的，则其在俄罗斯联邦由仲裁法院承认和执行。

俄罗斯和中国均是《承认及执行外国仲裁裁决公约》（1958 年《纽约公

---

〔1〕 刘晓红、朱怡：《国际投资仲裁的"商事化"与中国进路》，载《上海对外经贸大学学报》2019 年第 6 期。

约》）缔约国。该公约第 3 条："各缔约国应承认仲裁裁决具有拘束力，并依援引裁决地之程序规则及下列各条所载条件执行之。承认或执行适用本公约之仲裁裁决时，不得较承认或执行内国仲裁裁决附加过苛之条件或征收过多之费用。"

1992 年 6 月 19 日，中国与俄罗斯在北京签订《中华人民共和国和俄罗斯联邦关于民事和刑事司法协助的条约》，该条约第 21 条规定，缔约双方应根据 1958 年 6 月 10 日在纽约签订的《关于承认与执行外国仲裁裁决》的公约，相互承认与执行在对方境内作出的仲裁裁决。综上所述，中国仲裁裁决在俄罗斯的承认与执行有法可依。

在实践中，包括中国国际经济贸易仲裁委员会在内的中国仲裁机构的裁决被俄罗斯仲裁法院承认和执行的几率是比较高的。根据北京信达立律师事务所发布的《2018 年中国仲裁裁决在俄罗斯承认和执行案例分析报告》所列举的 12 个案例中，有 8 例得到俄法院的承认和执行。

根据俄罗斯联邦工商会下属国际商事仲裁院（Международный коммерческий арбитражный суд）公布的统计数据，该仲裁院于 2015 年仲裁的案件为 317 起，2016 年仲裁的案件为 271 起，2017 年仲裁的案件为 363 起，仲裁案件的数量赶超了斯德哥尔摩仲裁院。其中，俄罗斯联邦工商会下属国际商事仲裁院在 2017 年仲裁的涉外案件中，34%案件的一方当事人为独联体国家，33%案件的一方当事人为欧盟国家，17%案件的一方当事人为亚洲国家。由此可见，2016 年改革之后的俄罗斯仲裁制度，在解决国际纠纷方面日益扮演着举足轻重的角色，俄罗斯国际仲裁中心的建成，亦指日可待。这对于走出国门向"一带一路"沿线发展的中国企业而言，亦是一份利好消息。

中俄间经贸关系随"一带一路"倡议的推进而不断深化，这必然要求两国间商事仲裁纠纷解决机制的革新。面对中俄之间的法律差异、两国商事仲裁机制的不完善、他国仲裁裁决在俄执行难等问题，需要完善双边协商机制、创立"一带一路"仲裁机构与相应仲裁规则。

为有效化解中俄两国商事纠纷解决机制的现存矛盾，中俄两国之间应加强双边协商机制的实效性。双方可以在已有总理定期会晤机制的基础上继续协商签署双边条约，构筑双边司法互信，提升"一带一路"法治化水平。在缔约的过程中，应针对性地就双方的民商事司法协助条约进行协商，尤其注重搭建健全的双边仲裁条约框架，加强仲裁法律规则的互信认可度。这能够在解决我国仲裁机构的裁决在俄认可度低这一问题的基础上，鼓励两国民商事主体形成意思自治，选择仲裁途径解决可能产生的争端。同时，如果争端仍不能通过法律途径消弭，可通过外交磋商方式作为后置手段。仲裁作为纠纷解决方式更注重当事个体利益的保护以及双方意思自治，而外交磋商方式借由双方政府的协商平台，能对仲裁争端解决方式提供必要补充，两种方式的根本目标都在于维护双边民商事主体的合法利益。由此，企业间仲裁合同与两国间国际条约能以严格的法律约束力为两国间经贸往来提供双重保障。以出台投资者—东道国仲裁规则的商事仲裁机构为依托打造具有影响力和国际竞争力的中国投资仲裁机制。

依据俄罗斯政府以往在国际仲裁和 WTO 争端解决机构的实践分析，俄罗斯政府在争端解决机制中表现比较复杂，一方面表现得不太"屈服不正当裁决"，但另一方面，俄罗斯政府在解决相关争端和之后的执行中，原则上还是尊重了国际法的基本要求。有鉴于此，在俄罗斯新的仲裁制度改革背景下，适度运用国际商事仲裁机制仍是目前中国企业解决涉俄投资争端的重要途径[1]。

在中俄两国较为缺乏 ICSID 投资仲裁经验的境况下，商事仲裁机制管辖投资争端不失为一种路径选择，应当以中国商事仲裁机构出台投资仲裁规则为契机打造具有影响力以及国际竞争力的中国投资仲裁机制，以期在保护对外投资和保持国家规制权之间寻求平衡，并利用该机制保障中国在"一带一路"共建国家特别是在俄罗斯的投资安全。

此外，2018 年 6 月，《最高人民法院关于设立国际商事法庭若干问题的规定》为"一带一路"国际商事争端解决机制之国际商事法庭的建构创设出了模型。有理由相信国际商事法庭亦可为投资人国家间争端解决服务。[2]

在此理念下，我国正努力将上海打造成为面向全球的亚太仲裁中心。近年来，随着亚太地区经济的迅速发展，国际争议解决法律服务市场正由传统的欧美地区向亚太地区转移，为上海建设国际争议解决中心、打造面向全球

---

〔1〕 Юэ Цян. Исследование и обсуждение вопросов об урегулировании инвестиционных споров между китайскими компаниями в отношении России посредством международного арбитража〔J〕. Современная наука：актуальные проблемы теории и практики Серия экономика и право，2019（8）：146-150.

〔2〕 刘晓红、朱怡：《国际投资仲裁的"商事化"与中国进路》，载《上海对外经贸大学学报》2019 年版第 6 期。

的亚太仲裁中心创造了难得的机遇。

5.1.2 上海的商事仲裁事业发展现状

中国现有仲裁机构 282 家。如：深圳国际仲裁院引入了以理事会为核心的管理机制，确立了法人治理模式，从运行方式上向国际知名仲裁机构看齐。上海国际仲裁中心与南部非洲仲裁基金会、南部非洲仲裁员协会、非洲替代性争议及解决中心一同发起设立了"中非联合仲裁上海中心"，尝试开展区域性国际商事仲裁中心之间的合作。

近年来，上海的商事仲裁事业得到了迅速的发展。2013 年 4 月，中国国际经济贸易仲裁委员会上海分会更名为上海国际经济贸易仲裁委员会，同时启用"上海国际仲裁中心"的名称。作为中国首批纳入最高人民法院"一站式"国际商事纠纷多元化解决机制的仲裁和调解机构之一，上海国际仲裁中心的 30 多人团队，是上海打造亚太仲裁中心的实践者。上海国际仲裁中心是最早从事国际商事仲裁服务的中国仲裁机构之一，不仅在案件数量和争议金额方面逐年提升，其近年来开展的一系列推动中国仲裁事业发展的举措，包括设立中国（上海）自由贸易试验区仲裁院并制定《中国（上海）自由贸易试验区仲裁规则》、设立上海国际航空仲裁院并制定《上海国际经济贸易仲裁委员会（上海国际仲裁中心）航空仲裁规则》、设立金砖国家争议解决上海中心、中非联合仲裁上海中心及产权交易仲裁中心等，获得了国内外仲裁界的广泛认可，并获得《环球仲裁评论》（Global Arbitration Review）2015 年最受关注仲裁机构大奖。

统计数据显示，上海国际仲裁中心在过去几年内处理的涉外案件占总量的 18%；2018 年受理的案件比 2016 年翻了一倍，达 1118 件；涉及当事人的国别数量，也从前几年相对平稳的 23 个国家增加到 28 个国家。

另据不完全统计，上海国际仲裁中心受理的案件已经在 50 多个国家和地区得到了承认和执行。2018 年争议案件的增幅较大，这跟经济形势有关。另一方面，受理案件不断增加的背后，也凸显出上海已经具备的基础和优势。

上海国际仲裁中心目前正通过进一步加强自身建设、坚持国际化的发展方向，与国外法律机构进行多层次、全方位的宣传推广活动，不断深化与其他国际仲裁机构的交流合作等方式，不断提高上海仲裁法律服务的国际化水平，进一步发挥仲裁在法治营商环境建设中所发挥的保障和支撑作用，全面贯彻中央"五位一体"总体布局和"四个全面"战略布局、全面助力上海"五个中心"建设和"一带一路"国际仲裁中心建设。

5.1.3 国际仲裁机构纷纷进驻上海自贸区

加快打造面向全球的亚太仲裁中心，根本意义就在于能够为中外企业提供高质量且便捷的仲裁服务，大幅度降低中外企业的仲裁成本，包括费用成本和时间成本，而做到这些需要完善现有仲裁制度，适度扩大仲裁对外开放，加强境内外仲裁机构的合作。

2015 年 4 月，在上海自贸区扩区之际，国务院宣布支持国际知名商事争议解决机构入驻，以提高上海商事纠纷仲裁国际化程度，建立亚太仲裁机构交流合作机制，加快打造面向全球的亚太仲裁中心。

2018 年，上海市司法局出台《优化营商环境行动方案》，紧紧围绕形成法治化、国际化、便利化营商环境的目标，提出了 35 条切实可行的具体举措。该行动方案提出，要推动适度扩大本市仲裁行业对外开放，加快打造面向全球的亚太仲裁中心。

在 2018 年，香港国际仲裁中心、新加坡国际仲裁中心、总部位于法国巴黎的国际商会仲裁院、韩国大韩商事仲裁院等 4 家全球知名的国际仲裁机构已在中国（上海）自由贸易试验区设立了代表处。这也是这些国际仲裁中心在中国内地的唯一代表处。同时，瑞典的斯德哥尔摩商会仲裁院也表示有意向在中国（上海）自由贸易试验区设立代表处。目前，上海已经成为中外仲裁机构资源最为丰富的中国内地城市，初步具备了国际商事中心城市的硬性条件。

此外，本地仲裁机构在与国际接轨方面也作了很多努力。上海国际仲裁中心与深圳国际仲裁院、天津仲裁委员会、珠海仲裁委员会、福州仲裁委员会、南沙国际仲裁中心联合发起设立了中国自贸区仲裁合作联盟。上海国际仲裁中心还与美国仲裁协会、韩国商事仲裁院、日本商事仲裁协会、瑞士仲裁协会、南部非洲仲裁员协会等机构签署了合作协议，初步构建了亚太仲裁机构交流合作机制。

5.1.4 上海打造亚太仲裁中心的优势

（1）全方位的政策支持

上海之所以能得到国际仲裁界的关注，得益于一直以来国家层面对于上海对标国际最高标准、最高水平发展国际仲裁事业的重视与支持。2015年，国务院发布《关于印发进一步深化中国（上海）自由贸易试验区改革开放方案的通知》，明确要求上海加快打造面向全球的亚太仲裁中心；2016年，上海市人民政府发布《"十三五"时期上海国际贸易中心建设规划》，提出要打造亚太国际商事争议解决中心；2017年，上海市发布《上海服务国家"一带一路"建设发挥桥头堡作用行动方案》，进一步明确提出要建设"一带一路"国际仲裁中心。2019年初，上海市委全面深化改革委员会首次会议审议通过了《关于完善仲裁管理机制提高仲裁公信力加快打造面向全球的亚太仲裁中心的实施意见》。

（2）良好的营商环境

商事仲裁是推进营商环境法治化、国际化、便利化建设的重要因素。在涉及跨境投资和贸易的国际商事领域，仲裁是最主要的方式之一。随着我国开放力度持续加大，经济愈加趋向全球化，就越需要法治的保障以及与国际接轨的争议解决方式。

法律是为实体经济服务的，哪里的交易频繁、投资密度大，法律服务的需求就会多，也会随之产生法律服务机构的集聚。上海的法律服务无论是从业人数、业务收入，还是律师行业的人均创收，都在全国位列第一方阵。

2019世界银行营商环境报告显示，中国营商环境在全球的排名一次性提升了32位，跃居第46位。其中占据55%权重的上海功不可没，从2017年开始，上海推出了一系列大力度的营商环境改革专项行动，大幅提高了市场主体的营商便利度。

5.1.5 上海打造亚太仲裁中心的面临的挑战

上海在司法环境、人才集聚、仲裁机构、城市战略和仲裁服务需求等方面都具有一定的优势，打造国际仲裁中心不乏底气。但对标中国香港、新加坡、伦敦等国际仲裁中心，仍有不少亟待补足的空间。

首先，国际上发达的仲裁中心往往不是经济体量最大的国家或地区，而是一些相对中立、法律服务水平高的国家或地区。比如欧洲的瑞士、亚洲的新加坡、中国香港等，它们本身的体量并不大但仲裁业发达。美国虽然是全球第一大经济体，但其仲裁往往是本国仲裁，而非真正的国际仲裁。跨国交易的当事人很少选择美国作为仲裁地。经济体量同样巨大的中国，在打造国际仲裁中心方面也面临着类似的客观情况。仲裁是以协议管辖为基础，和中国大陆没有关系的国际交易合同中，当事人订立在中国大陆进行仲裁的仲裁协议的可能性不大。在外国企业与中国企业进行交易时，中国企业愿意选择境内仲裁机构，而外国企业则常常倾向于选择在其他国家或地区进行仲裁，所以最终的选择要看哪一方处于优势谈判地位。

其次，《中华人民共和国仲裁法》于 1995 年生效，和国际上的仲裁法相比具有一定的滞后性。目前国际上 80 个国家已经实施了联合国《国际商事仲裁示范法》为蓝本的仲裁立法，因此这些地方的仲裁法大同小异。而中国的仲裁法和它们相比还有较多区别，国际性不足。这为上海打造国际化的仲裁中心增加了难度。尤其是根据《中华人民共和国仲裁法》第 16 条、第 18 条的规定，仲裁协议中必须包括选定的仲裁委员会，不约定特定仲裁委员会的仲裁协议无效。也就是说我国国内法不承认临时仲裁，这也是《中国（上海）自由贸易试验区仲裁规则》未规定临时仲裁的原因。然而在国际法层面，依据《纽约公约》，我国有义务承认并执行国外的临时仲裁。这导致根据仲裁裁决地法合法有效的国外临时仲裁裁决可以依据《纽约公约》在中国得到承认和执行，而中国内地作出的临时仲裁裁决却由于仲裁裁决地法的原因无论在中国内地还是境外均属于无效裁决。可见中国在建设国际仲裁中心的竞赛中处于先天弱势地位，大量希望使用临时仲裁方式解决纠纷的当事人，在选择仲裁地时必然会绕开中国。

上海国际争议解决中心已于 2018 年 4 月完成了注册，按照设想，未来所有有意向的争议解决机构都可以进驻这个平台。未来要打造面向全球的亚太仲裁中心，上海必须兼容并包，比如在现有的允许境外仲裁机构在上海自贸区设立代表处的基础上，进一步允许境外仲裁机构在上海建立办案中心，并通过国家立法或者司法解释，将外国机构在华分支机构视为本国机构来同等对待。

5.2 完善多边合作机制框架下区域投资争端解决机制

多边投资争端解决机制的完善：从东道国与投资者利益平衡问题、管辖权问题、上诉机制问题、仲裁员或调解员的选任与行为准则问题方面完善机制。区域投资争端解决机制的完善：从实施效率问题、管辖权问题、裁决性问题方面完善机制。

中国和俄罗斯均为上海合作组织（SCO）、亚太经合组织（APEC）、亚欧会议（ASEM）、亚洲合作对话（ACD）、亚信会议（CICA）等现有多边合作机制的重要成员国，两国在上述机制中发挥着举足轻重的作用。应利用好这些机制平台，加强同俄罗斯及其他成员国的交流沟通，共同探讨降低投资风险、解决纠纷的有效机制，特别是为中俄两国企业在对方国家投资创造良好宏观环境。[1]

实践方面，2015 年 10 月 14 日，"金砖国家争议解决上海中心"在上海成立。该中心与国际主流商事仲裁规则高度接轨，为金砖国家间争端解决多元化提供强有力的保障，也为多边合作机制框架下构建包括中俄在内的区域投资争端解决机制树立了良好示范。

此外，"一带一路"倡议与欧亚经济联盟的对接正以上合组织为载体进行推进，在此背景下，在上合组织框架下建设多边区域投资争端解决平台可为中国企业涉俄语国家投资争端的解决提供一个有利选择。

5.2.1 在上合组织法律服务委员会框架下完善机制

上合组织已成为人口最多、地域最广、潜力巨大的跨区域多边综合性组织，为维护地区安全稳定、促进共同发展繁荣作出了重要贡献。中国与相关国家经济合作持续加速，但由于不同国家拥有不同的政治体制和法律制度，在基础设施建设、国际贸易投资和商业往来、民间交往等方面势必产生争议和法律冲突。司法部牵头成立"中国—上海合作组织法律服务委员会"，就是

---

〔1〕 Алексеенко А. П., Правовое регулирование отношений в сфере прямых иностранных инвестиций в Российской Федерации и Китайской Народной Республике. Сравнительно - правовой аспект：Проспект，2018. С. 5-9.

为了最大程度地解决这些争议和冲突，使上合组织成员国成为利益共同体，打开双赢的合作局面。应利用中国—上海合作组织法律服务委员会平台，建立中国企业对俄罗斯乃至俄语国家的投资争端仲裁解决中心，以便可以为中国企业对俄乃至其他俄语国家投资保驾护航。由中方主导的争端解决中心可以在争端解决中掌握话语权，赢得主动。该中心可以促进法律服务委员会的发展，为进一步发展成为上合组织法律服务委员会奠定基础。此外，中心的建立可以上合组织为依托，促进"一带一路"与欧亚经济联盟的对接。

另外，该平台除了兼具智库、培训、论坛三大功能外，还应致力于培养中国乃至上海合作组织俄语国家法律翻译人才，因为在对外交往中，特别是经贸法律磋商中，翻译至关重要。还应建立中国企业俄语国家投资案例数据库，为争端解决机制完善提供案例参考。

5.2.2 聚焦"一带一路"国际商事争端预防与解决中心

2020年10月15日，在中国主导的"一带一路"国际合作高峰论坛上，成立了国际商事争端预防与解决组织。该组织致力于预防和解决争端，业务涵盖培训、磋商、合规建议、预警防范合同标准化和多元化解决策略。此外，还计划举办会议论坛，促进信息交流和共享，推动争端解决。为促进组织发展，建议专注于中俄投资争端解决机制的完善。

据俄罗斯"生意人报"报道，中国天狼星控股集团有限公司旗下子公司Sherwood Energy 与俄远东吸引投资和出口支持署于2019年9月在东方经济论坛上签署了有关建设全球最大甲醇生产厂的协议，计划使用雅库特西部气田的天然气作为原料。该项目计划在距阿扬迈斯基区3.5公里处建设一个工业综合体，并建造一条长1200公里、年流通量为200亿立方米的天然气管道。项目评估价值为100亿美元。然而，俄哈巴罗夫斯克居民不支持中国公司甲醇厂建设项目。根据3月21日进行的当地居民投票，中国公司天狼星控股集团有限公司在哈巴罗夫斯克边疆区阿扬迈斯基区甲醇厂建设项目未获通过。超60%的阿扬迈斯基区居民参与投票。90%的投票参与者反对该企业建设，约10%的人赞成。居民们担心，该项目建设先会对环境产生负面影响。哈巴罗夫斯克边疆区行政长官米哈伊尔·杰格佳廖夫在其Telegram上写道："在不问当地居民对此有何想法的情况下，无法开始大型项目。这在战略上是错误的方法。结果阿扬迈斯基区 90% 的投票者反对在其地区建设甲醇厂。"行政长官强调："我们在作出接下来的决定时将以这一意见作为出发点。"同时他指出，边疆区需要投资，但标准应该是统一的，即为当地居民提供新工作岗位和安全的环境。上述案例直接反映了建立商事争端预防机制的重要性和迫切性。

"一带一路"投资争端解决机制的构建（公约设计）：对公约的基本原则、模式选择、运行基础等进行明确；明确仲裁庭裁决的强制性效力，有助于裁决的承认与执行；赋予争端双方提起仲裁的权利，使投资争端能够更加公平合理地解决；明确法律适用，尊重争端双方的意思自治，提供适用东道国国内法律的可能；限制管辖权扩张；关注东道国公共利益与私人利益的平衡；完善仲裁员和调解员的选任与行为准则；设立上诉机制等。

5.3 新型中俄在线联合投资争端解决平台

双边投资争端解决机制的完善：从前置性程序问题、管辖权问题、法律适用问题方面完善机制。

线上投资争端解决机制（ODR）及投资争端案例库的构建：通过信息化方式将投资争端的预防和解决进行对接。借鉴上海国际仲裁委员会经验，运用电脑网页端与微信端同步网上办案，SSL 加密传输、二维码、微信小程序、微信公众号、手机短信、数字签名、混合云等新科技、新安全手段。同时，在案例库的建立上，通过建立行业数据、企业名录、通讯录网络，跟踪企业投资过程中遇到的问题，提前建立预警。同时，通过跟踪案例库中的通讯录网络，可跟踪投资企业发展过程中的法律需求，事前提供有针对性的法律服务，预防投资争端的产生，实现投资争端预防与解决过程有机衔接。

在现有中俄双边投资合作委员会机制的基础上，探索新型中俄在线联合投资争端解决平台。"一带一路"倡议为中俄间经贸往来提供了发展契机。但中俄两国间的民商事纠纷解决机制存在一定问题，针对这些问题，我国应在现有基础上加强双边协商以完善机构与制度设计，通过积极与俄合作建立仲裁中心并发展在线纠纷解决机制等举措，为企业提供多元化纠纷解决路径。这要求建构符合两国实际的纠纷解决理论，结合仲裁在两国经贸往来实践中的基本功用与价值内容，推动中俄两国商事仲裁机制的完善与对接，在保护我国海外利益的同时推动两国经贸往来蓬勃发展。

在线纠纷解决机制（ODR）是替代性纠纷解决方式（ADR）的线上运用。ODR 模式下，申请人通过网络提起申诉，当事人通过网络参与审理，裁定作出后于网络公布。这种"屏对屏"的纠纷解决方式大大降低了传统诉讼中时间与空间对审理过程的限制，针对中俄司法环境不同和地理距离较远等问题所导致的仲裁执行程序繁琐、耗费时间长的困境，在线仲裁纠纷解决机制提供了一种显见的优化方式，并能够为矛盾纠纷解决机制多元化作有益补充。

但是，ODR 机制也存在局限性，除却技术条件的制约，ODR 作为新生制度，还存在社会认知度和信任度不足，以及缺乏法律制度支撑的问题。目前在线仲裁纠纷解决机制尚处于起步阶段，中俄两国在立法层面均未对其作相关规定。欲使 ODR 发挥应有的快速、便捷解决纠纷之作用，就必须在立法层面给予支撑，出台相关法律法规以保障程序的有效性与公正性。

中俄联合仲裁线上系统不仅可以帮助在仲裁法院找到案件的决议，还可以回答与"仲裁"概念相关的所有问题。该网站包含个人和法律实体可以使用的服务：关于法律框架、监管文件、仲裁系统结构、程序、法规、规则的完整信息；通过网站提交索赔、其他上诉的可能性，包括电子投诉；服务"仲裁案件卡文件"可以访问仲裁法院的决定银行，可以了解法庭行为，跟踪案件的进展情况，订阅电子邮件。建立这样的在线平台可以帮中俄两国律师了解涉中俄相关仲裁案件的特性，为未来我国投资仲裁纠纷的胜诉起到基础分析作用。

目前，俄罗斯已经研制出一套在线搜索仲裁案件的系统，这将有助于建立中俄仲裁案件数据库。而我国在建设智慧法院、线上调解、互联网法院等方面取得的成果，同样可以运用在建立"一带一路"争端预防解决机制过程中。这一信息系统可以通过相关机构的网站来实现，并将投资问题及时集中反馈到投资反应系统的核心机构。

鉴于中俄双边关系以及双边投资争端的特殊性，中俄间在选择仲裁途径解决投资争端时，可以不局限于 ICSID 投资仲裁以及国际商事仲裁框架下解决投资争端，而是尝试构建一个新型的中俄联合投资争端解决平台，该平台的原则与现有 ICSID 原则不发生冲突，并且能够克服现有仲裁机制的短板。[1]

---

〔1〕 Юэ Цян. Новый прогресс в китайском инвестиционном арбитраже на фоне инициативы "Одного пояса и одного пути", Социально-политические науки.

在两国不断增强互信和增加民间商贸往来的基础上，以 2018 年启动的《欧亚经济伙伴关系协定联合可行性研究》为契机，探讨新型中俄联合投资争端解决平台的构建；同时可以发挥中俄两国作为"一带一路"和"欧亚经济联盟"倡议国的影响，在制定区域性国际商事仲裁公约方面进行探索和尝试。

在具体操作层面上，可以利用上海在构建亚太仲裁中心、上海合作组织发源地的优势，将新型中俄联合投资争端解决平台的构建地选在上海。上海作为中国最大的经济中心城市，始终高度重视法治建设。目前，上海已经成为中国大陆地区中境外律师事务所和律师聚集度最高的地区。律师、公证、仲裁等业务也延伸到越来越多的国家和地区。在"一带一路"倡议的指引下，针对"一带一路"沿线重要国家俄罗斯，在上海构建新型中俄联合投资争端解决平台既可利用上海已有的优势和基础，又可以为上海构建亚太仲裁中心提供进一步支持。[1]

上海作为社会主义现代化大都市，随着其经济社会的发展，对法律服务也提出了新要求，需要大力发展涉外法律服务业，有序扩大法律服务的对外开放。2019 年 9 月上合组织国家法律服务国际论坛在上海举办，提出应建设优质高效法律服务平台，服务上合组织国家间经贸合作。中俄联合投资争端解决平台的设立同样顺应上海本土经济社会的发展需求[2]。

5.3.1 建设中俄国际投资仲裁智库

目前中国在国际投资法、投资仲裁等领域已经具备一定的理论研究基础，但中国仍需不断深化研究，进而在国际投资协定谈判以及国际投资争端解决领域表明中国立场，发出"中国声音"。建议以中俄两国关系提升为"新时代全面战略协作伙伴关系"为契机，设立中俄国际投资仲裁智库，并将其打造为国际投资仲裁领域的专业性研究平台，汇聚两国在相关领域具有深厚理论

---

〔1〕 Юэ Цян. Состояние, преимущества и проблемы создания Азиатско – Тихоокеанского арбитражного центра в Шанхае, Евразийский юридический журнал.

〔2〕 Юэ Цян. Состояние, преимущества и проблемы создания Азиатско – Тихоокеанского арбитражного центра в Шанхае, Евразийский юридический журнал.

积累和实践经验的专业人士，积极促进国际投资仲裁领域的深入研究和交流。[1]

在智库的基础上，建设中俄国际投资争端预防机制，为在俄投资中企提供线上法律咨询服务、法律辅导，起到预防争端出现的作用。特别在突发情况下，应建立应急投资争端解决机制，最终形成集预防、常规投资争端解决、突发公共卫生事件时的投资争端解决为一体的机制。可以在上合组织法律服务委员会交流合作基地的框架下，建立完善该一体化机制，并可以将该机制扩展到上合组织俄语国家。

5.3.2 完善法律监管

各国一直是而且仍然是全球经济进程的主要行动者。此外，随着经济的复杂性加剧，国家的作用不会缩小，而是扩大。国际法和国内法对外国投资的监管相结合是一种符合公共利益的机制，因为其目的是促进国家投资政策的落实。它有利于资本出口国的法律实体和个人在东道国设立投资。

与外国投资有关的一个主要问题是公法原则和私法原则在其管理中的关系问题。这个问题相当复杂，并不意味着一个明确的解决办法，特别是因为它不仅涉及外国投资，而且涉及一般的国际私法。

А. Г. Богатырев 认为，投资过程作为一套规范投资活动各种参与者之间关系的法律规范，从投资过程监管主体的统一来看，在单一和相互依存的世界的条件下，投资法由两种类型和法律监管领域组成——国内法和国际法。

著名的比较主义者 R. David 非常正确地指出，"公法的重要性越来越大，往往使私法越来越依赖它。"

М. М. Богуславский 强调，如果没有一个有效的国家政策的实施，既没有办法考虑国家的安全利益，也无需考虑保护环境问题。关于环境保护，发展中国家的负面经验不应重演。

国家的经济政策是由可用的原材料、经济结构、技术装备、财政资源、与邻国历史上建立的关系（区域内和普遍水平）等因素形成的。经济的结构

---

〔1〕　Юэ Цян. Исследование механизма международного арбитражного урегулирования инвестиционных споров между китайскими предприятиями и Россией в рамках инициативы "Один пояс и один путь", Журнал правовых и экономических исследований.

变化不可避免地影响到人口的就业，造成诸如工资不平衡、工作人员再培训、失业和人口的相关移徙等问题。

5.4 多元化涉外投资争议机制的选择

国际商事法庭多元化纠纷解决机制，即国际商事法庭构建平台下纠纷解决各要素结构之间的相互关系以及各要素之间相互配合的运行过程，包括组织架构、争议解决路径衔接、程序规则等方面的制度设计。而从个案审判的角度上看，涉外商事案件处理结果的公正与否及其与机制公信力正向循环的持续，取决于裁判人员是否严格按照法律推理技术与论证程序，并且遵循国际法的适用规则，准确定位准据法，作出合乎法律的基本价值理念的判决。而以宏观争议解决的视角而言，健全的纠纷解决机制可确保过程中每个要素有序运作，诉讼、仲裁、调解的争议解决衔接路径通畅，系统自洽高效运转。对法庭纠纷解决机制的健全与完善，是保障程序与结果公正，保证争议有效化解的制度基础[1]。

而另一方面，诉讼之外的调解、仲裁争端解决方式为高效率解决涉外投资争议提供了多元选择。调解被视为协商过程的延续，可以提高争端解决效率，避免资源浪费，因此也被誉为"东方瑰宝"。仲裁凭借着"一裁终局"和保密性优势也获得当事方的青睐，成为颇受欢迎的非诉讼争端解决方式。非诉讼争端解决机制不仅应当通过立法予以确认，而且应重点关注非诉讼争端解决方式相关配套制度的完善。以调解为例，和解协议审查制度需要设立并运行。根据中国现行法律，如果要让调解产生的和解协议具有强制执行力，需要完成司法确认程序，由申请司法确认的当事方自协议生效之日起 30 日内共同向调解组织所在的基层人民法院申请。据此，中国和俄语国家目前并没有采纳关于和解协议直接执行的模式，因而难以符合《新加坡公约》由申请人直接启动强制执行的程序要求。为此，中国应尽快确立国际和解协议的审查机构如各人民法院涉外审判庭，进而能够为未来引入直接执行模式做好准

---

〔1〕 Юэ Цян, Хань Минь, международный коммерческий суд китая：инновации ипрактика диверсифицированного механизма разрешения споров. Проблемы экономики и юридической практики. 2021（4）：230–239.

备。国际和解协议的审查应当围绕该协议成立的基本要素进行，可考虑充分吸收《新加坡公约》对国际和解协议以及调解概念规范的灵活方式，为和解协议的执行提供便捷高效的境内服务平台。

在制度创新方面，投资争议解决机制未来将考虑东道国与投资者利益的平衡，充分尊重国家的规制权，尤其是在社会、环境、劳工等公共利益领域中的管制功能，实现国际投资管制的可持续发展。此外，近期国际投资规则制度的修订更加关注仲裁透明度与公众及第三方的参与程度。当前投资协定发展过程中另一个值得关注的方向是仲裁透明度的提高，表现为公众以及非争端方获得仲裁裁决和资料的便利性。中国未来在国际投资协定谈判的过程中可以进一步强调争端解决机制的透明度，提高国家对投资争议解决机制的参与程度。

结　论

　　本研究旨在通过对中俄投资特点和争端解决机制的深度剖析，为中企在俄投资提供有效的风险管理策略和争端解决路径，并为改进和完善现有的法律机制提供理论依据和实践指导。

　　书中详细分析了俄罗斯在全球欧亚经济中的作用以及中国对俄直接投资的现状和发展趋势。指出中国企业投资俄罗斯存在多种风险，包括非商业风险、执行仲裁裁决的风险以及知识产权、税务、环保、管辖权等方面的法律风险。深入探讨了中企在俄投资中常见的争端类型，如仲裁裁决执行难的问题，通过实例揭示了即使在获得有利仲裁裁决的情况下，也可能遭遇俄罗斯或其他国家司法系统的不承认或不执行。此外，还讨论了知识产权争议，特别是在俄乌冲突背景下俄罗斯调整相关法规对国际知识产权保护产生的挑战，以及这对中企在俄投资的影响。介绍了中企解决投资争端可能求助的司法、仲裁、税务等各种机构，并探讨了特定类型的专属管辖案件应诉诸的相关机构。分析了国际投资相关制度和中俄投资相关的法律制度，对比了中俄仲裁法律制度，并指出了中国和俄罗斯各自现有国际投资争端解决机制存在的不足之处。提出了完善商事仲裁路径的投资争端解决机制，加强多边合作机制下的区域投资争端解决，并倡导建立新型中俄在线联合投资争端解决平台和多元化涉外投资争议解决机制。此外，研究还提及上海在构建亚太仲裁中心方面的优势，建议以上海为基地，结合"一带一路"倡议和"欧亚经济联盟"的背景，创建新型中俄联合投资争端解决平台，并提议成立中俄国际投资仲裁智库，强化对国际投资仲裁领域的研究和实务能力，以此服务于中企在俄投资的法律保障和争端预防。

　　通过研究，可以得出以下结论：

俄罗斯投资环境虽然经历了一系列改善，但仍存在一定的风险点，尤其是对中国投资者而言，包括投资政策变动、法律法规执行、资本安全、投资保障不足等问题。这些问题影响着中国企业在俄罗斯的投资信心，进而可能引发经济、政治、社会舆论及国家安全等多维度风险。

中俄投资争端主要体现在仲裁裁决执行争议、知识产权争议、税务争议、环保争议以及管辖权、征收及补偿争议等方面。这些问题的解决不仅关乎投资者的直接经济损失，还可能导致高昂的法律费用支出，甚至演变为国际政治争端，对中俄双边关系产生负面影响。

现行的中俄投资争端解决机制在实践中暴露出诸多问题，如不能完全满足中国投资者的需求，尤其在投资争端解决的理念和制度规则上存在不适应性，则无法有效地化解中国投资者在俄投资中面临的各类风险。

为解决这些问题，研究建议构建一个更为国际化且能多元化解纠纷的新机制，比如借鉴国际先进经验和制度，设立符合中俄双方国情特点并被广泛接受的国际投资争端解决新机制，建立"一站式"纠纷解决平台，以增强争端解决的效率和公正性。

需要在总体国家安全观的指导下，综合考虑经济、政治、社会等因素，构建既能保障中国投资者权益又能促进中俄双方合作共赢的投资环境。具体举措包括完善投资争端的商事仲裁机制、推动区域投资争端解决机制的建立、加强线上纠纷解决平台的建设和使用、提倡调解和仲裁等多种争端解决方式，并在制度设计中注重公平、透明和高效原则。

同时，应当加强中俄两国在国际投资法律制度上的交流与合作，包括但不限于通过国际投资协定谈判提高争端解决机制的透明度，以及在双边或多边框架下共同推进投资争端解决机制的创新和完善。

参考文献

1. Алексеенко А. П. , Правовое регулирование отношений в сфере прямых иностранных инвестиций в Российской Федерации и Китайской Народной Республике. Сравнительно-правовой аспект: Проспект, 2018. С. 5−9.

2. Арбитражный процессуальный кодекс Российской Федерации

3. Ахмадова Марьям Абдурахмановна. Гражданско−правовой механизм регулирования инвестиционной деятельности в странах БРИКС (на примере Индиии, Китая, ЮАР). Москва, 2019. 29 с.

4. Богуславский М. М. Связь третейских судов с государственными судами. Международный коммерческий арбитраж: современные проблемы и решения: Сборник статей к 75−летию Международного коммерческого арбитражного суда при Торгово−промышленной палате Российской Федерации / Под ред. А. С. Комарова; МКАС при ТПП РФ. − М. : Статут, 2007. С. 61−74.

5. Ван Ялин. Девелоперская деятельность иностранных компаний в России: на примере китайских инвестиционных корпораций: диссертация … кандидата экономических наук. Рос. ун−т дружбы народов. − Москва, 2011. 163 с.

6. Гао Ю. , Мурашова Е. В. Некоторые вопросы развития проекта «один пояс−один путь». В сборнике: Современные проблемы экономического развития предприятий, отраслей, комплексов, территорий Материалы Международной научно−практической конференции: в 2 томах. Под редакцией М. В. Ивашкина, А. В. Колесникова. 2019. С. 66−69.

7. Гражданский процессуальный кодекс Российской Федерации

8. Грешников И. П. , Международный коммерческий арбитраж и вопросы частного права. Сборник статей: Статут, 2018. С. 5−11.

9. Данилевич А. С. Международный коммерческий арбитраж: курс лекций в 2 ч. Ч. 1. Минск: Академия управления при Президенте Респ. Беларусь, 2005. 151 с.

10. Жилищный кодекс РФ и ст. 209 ГК РФ

11. Закон Российской Федерации 《 О приватизации жилищного фонда в Российской Федерации》(в редакции Закона Российской Федерации от 23 декабря 1992 г.)

12. Закон Российской Федерации от 4 июля 1991 г. "О приватизации жилищного фонда в Российской Федерации"

13. Инвестиционные битвы на Дальнем Востоке. Что происходит с китайскими и другими инвестициями регионе. https://dzen. ru/media/chetyrepera/investicionnye – bitvy – na – dalnem– vostoke – chto – proishodit – s – kitaiskimi – i – drugimi – investiciiami – v – regione – 5e675aab6cd0d25723ea6f45? utm_referer=yandex. com

14. Международный коммерческий арбитраж и вопросы частного права: Сборник статей/ Сост. и отв. ред. И. П. Грешников. М. : Статут, 2019. 303 с.

15. Николюкин С. В. Специфика признания и исполнения решений третейских судов. Исполнительное право. 2010 № 3. С. 21–27.

16. Постановление Пленума Верховного Суда Российской федерации от 18 октября 2012 года № 21 – О применении судами законодательства об ответственности за нарушения в области охраны окружающей среды и природопользования

17. Постановление Пленума Верховного Суда Российской Федерации от 23. 04. 2019 № 10 《 О применении части четвертой Гражданского кодекса Российской Федерации》

18. Постановление Пленума Верховного Суда Российской Федерации от 24 августа 1993 года № 8 — Верховный Суд Российской Федерации

19. Постановление Пленума Верховного Суда Российской Федерации от 27 сентября 2016 года № 36 – О некоторых вопросах применения судами Кодекса административного судопроизводства Российской Федерации

20. Постановление Пленума Верховного Суда Российской Федерации от 30 ноября 2017 г. N 49 г. Москва "О некоторых вопросах применения законодательства о возмещении вреда, причиненного окружающей среде"

21. Постановление Пленума Высшего Арбитражного Суда Российской Федерации от 08. 10. 2012 № 60 《О некоторых вопросах, возникших в связи с созданием в системе арбитражных судов Суда по интеллектуальным правам》

22. Система и функции налоговых органов, https://glavkniga. ru/situations/k503818#: ~ : text = Система% 20налоговых% 20органов% 20РФ% 20включает, Правительства% 20от% 2030. 09. 2004% 20№% 20506)

23. Статья 26. Специализированные федеральные суды (garant. ru) https://base. garant. ru/ 10135300/3ac805f6d87af32d44de92b042d51285/

24. Федеральный закон «Об иностранных инвестициях в Российской Федерации»

25. Структура ФНС России ｜ ФНС России ｜ 77 город Москва（nalog. gov. ru）https：//www. nalog. gov. ru/rn77/about_fts/fts/structure_fts/

26. Структурные подразделения центрального аппарата ФНС России ｜ ФНС России ｜ 77 город Москва（nalog. gov. ru），https：//www. nalog. gov. ru/rn77/about_fts/fts/structure_fts/str_podr_ca/

27. Фархутдинов И. З. Россия и Китай：взаимные инвестиции（опыт правового регулирования для евразийской интеграции）. Евразийский юридический журнал, № 6（73）2014г. с. 16–29.

28. Федеральный закон "О несостоятельности（банкротстве）", N 127–ФЗ. СТ. 33

29. Федеральный закон от 10 января 2002 г. N 7–ФЗ "Об охране окружающей среды"

30. Федеральный конституционный закон «Об арбитражных судах в Российской Федерации»

31. Хотели как лучше, а получилось ли：как идет реформа третейских судов. https：//pra-vo. ru/review/view/146918/？ ysclid = lvcgkry7px876413332.

32. Эксперт：привлечение инвестиций Китая в инфраструктуру России требует новых моделей. https：//tass. ru/ekonomika/5877191？ ysclid = lvcgnhp4jl483189666.

33. Юэ Цян, Подготовка специалистов по юриспруденции русскому языку в китайских вузах, на примере Шанхайского политико – юридического университета », Успехи гуманитарных наук, 2020（3）.

34. Юэ Цян. Исследование и обсуждениевопросов об урегулировании инвестиционных споров между китайскими компаниями в отношении России посредством международного арбитража. Современная наука：актуальные проблемы теории и практики Серия экономика и право, 2019（8）.

35. Юэ Цян. Исследование механизма международного арбитражного урегулирования инвестиционных споров между китайскими предприятиями и Россией в рамках инициативы "Один пояс и один путь", Журнал правовых и экономических исследований.

36. О защите прав и законных интересов физических лиц при осуществлении деятельности по возврату просроченной задолженности и о внесении изменений в Федеральный закон "О микрофинансовой деятельности и микрофинансовых организациях"

37. Соглашение между Правительством Российской Федерации иПравительством Китайской Народной Республики об избежании двойного налогообложения и предотвращении уклонения от налогообложения в отношении налогов на доходы"（Заключено в г. Пекине 27. 05. 1994）（с изм. от 13. 10. 2014）（вместе с "Протоколом"（Подписан в г. Пекине

27. 05. 1994）)

38. "Соглашение между Правительством Российской Федерации и Правительством Китайской Народной Республики о поощрении и взаимной защите капиталовложений" (вместе с Протоколом от 09. 11. 2006)

39. Проект Федерального закона N 828237-7 "О защите и поощрениикапиталовложений и развитии инвестиционной деятельности в Российской Федерации"

40. Федеральный закон от 10 января 2002 г. N 7-ФЗ "Об охране окружающей среды"

41. Договор между Российской Федерацией и Китайской Народной Республикой о правовой помощи по гражданским и уголовным делам от 19 июня 1992 г.

42. Договор о добрососедстве, дружбе и сотрудничестве между Российской Федерацией и Китайской Народной Республикой (Москва, 16 июля 2001 г.)

43. Закон Российской Федерации от 4 июля 1991 г. " О приватизации жилищногофонда в Российской Федерации" (с изменениями, внесенными Законом Российской Федерации от 23 декабря 1992 г № 4199-1, Федеральными законами от 11 августа 1994 г. № 26-ФЗ, от 28 марта 1998 г. № 50-ФЗ, от 1 мая 1999 г. № 88-ФЗ, от 15 мая 2001 г. № 54-ФЗ, от 20 мая 2002 г. № 55-ФЗ, от 26 ноября 2002 г. № 153-ФЗ, от 29 июня 2004 г. № 58-ФЗ, от 22 августа 2004 г. № 122-ФЗ и от 29 декабря 2004 г. № 189-ФЗ)

44. Закон РФ от 7 июля 1993 г. N 5338-I "О международном коммерческом арбитраже" (с изменениями и дополнениями)

45. Земельный кодекс Российской Федерации / Федеральный закон от 25 октября 2001 г. № 136-ФЗ

46. Лесной кодекс Российской Федерации от 4 декабря 2006 г. N 200-ФЗ (ЛК РФ)

47. Меморандум между Правительством Российской Федерации и Правительством Китайской Народной Республики о сотрудничестве в области модернизации экономики (Пекин, 11 октября 2011 г.)

48. Налоговый кодекс Российской Федерации (НК РФ)

49. Подсудность дел о возмещении вреда окружающей среде могут изменить. https://www. garant. ru/news/1180378/

50. Подсудность дел о приватизацииПостановление Пленума Верховного Суда Российской Федерации от 24 августа 1993 года № 8 — Верховный Суд Российской Федерации (vsrf. ru) https://www. vsrf. ru/documents/own/7727/

51. Положение об Общественном примирителе на финансовом рынке (Финансовом омбудсмене)

52. Постановление Пленума Верховного Суда Российской федерации от 18 октября 2012

года № 21 – О применении судами законодательства об ответственности за нарушения в области охраны окружающей среды и природопользования (vsrf. ru) https://www. vsrf. ru/documents/own/8308/

53. Постановление Пленума Верховного Суда Российской Федерации от 30 ноября 2017 г. N 49 г. Москва "О некоторых вопросах применения законодательства о возмещении вреда, причиненного окружающей среде" — Российская газета (rg. ru) https://rg. ru/2017/12/11/okrujsred-dok. html

54. Соглашение между Правительством Российской Федерации и Правительством Китайской Народной Республики об окончательном урегулировании задолженности бывшего СССР и Российской Федерации перед Китайской Народной Республикой

55. Соглашение между Правительством Российской Федерации и Правительством Китайской Народной Республики о сотрудничестве в совместном освоении лесных ресурсов

56. Соглашение между Правительством Российской Федерации и Правительством Китайской Народной Республики о временной трудовой деятельности граждан Российской Федерации в Китайской Народной Республике и граждан Китайской Народной Республики в Российской Федерации

57. Соглашениемежду Правительством Российской Федерации и Правительством Китайской Народной Республики о торгово-экономических отношениях

58. Соглашение между Правительством Российской Федерации и Правительством Китайской Народной Республики о сотрудничестве в области оценки соответствия импортируемой и экспортируемой продукции (Пекин, 25 апреля 1996 г.)

59. Соглашение между правительством РФ и правительством КНР о торгово-экономических отношениях России и Китая

60. Жилищный кодекс РФ и ст. 209 ГК РФ

61. Закон Российской Федерации « О приватизации жилищного фонда в Российской Федерации» (в редакции Закона Российской Федерации от 23 декабря 1992 г.)

62. Торговое соглашение между Правительством Российской Федерации и Правительством Китайской Народной Республики на 2001 – 2005

63. Федеральный закон «О валютном регулировании и валютном контроле» от 10. 12. 2003 N 173-ФЗ

64. Федеральный закон от 10 января 2002 г. N 7-ФЗ «Об охране окружающей среды»

65. Федеральный закон от 23 ноября 1995 г. N 174-ФЗ «Об экологической экспертизе»

66. Федеральный закон от 29 октября 1998 г. N 164-ФЗ «О финансовой аренде (лизинге) »

67. Федеральный закон от 17 августа 1995 г. N 147-ФЗ «О естественных монополиях»

68. Федеральный закон от 22 июля 2005 г. N 116-ФЗ «Об особых экономических зонах в Российской Федерации»

69. Федеральный закон от 26 декабря 2008 г. N 294-ФЗ «О защите прав юридических лиц и индивидуальных предпринимателей при осуществлении государственного контроля（надзора）и муниципального контроля»

70. Федеральный закон от 29 декабря 2015 г. N 382-ФЗ "Об арбитраже（третейском разбирательстве）в Российской Федерации"

71. Федеральный закон от 31 мая 1999 г. N 104-ФЗ «Об Особой экономической зоне в Магаданской области»

72. Федеральный закон от 5 марта 1999 г. N46-ФЗ «О защите прав и законных интересов инвесторов на рынке ценных бумаг»

73. Федеральный закон от 2 августа 2019 г. N259-ФЗ "О привлечении инвестиций с использованием инвестиционных платформ и о внесении изменений в отдельные законодательные акты Российской Федерации"（с изменениями и дополнениями）

74. Федеральный закон от 24 июля 2002 г. N 102-ФЗ "О третейских судах в Российской Федерации"（с изменениями и дополнениями）

75. Юэ Цян. Новый прогресс в китайском инвестиционном арбитраже на фоне инициативы "Одного пояса и одного пути" Социально-политические науки, 2019（4）：116-119.

76. Юэ Цян. Состояние, преимущества и проблемы создания Азиатско-Тихоокеанского арбитражного центра в Шанхае, Евразийский юридический журнал, 2019（7）：63-65.

77. Юэ Цян, Хань Минь, международный коммерческий суд китая: инновации ипрактика диверсифицированного механизма разрешения споров. Проблемы экономики и юридической практики. 2021（4）：230-239.

78. 程钰淮：《中国企业对外直接投资的风险分析及对策》，载《中国商贸》2012 年第 30 期。

79. 董欣：《俄罗斯利用外资政策与法律的演变》，载《对外经贸》2014 年第 3 期。

80. 殷敏：《"一带一路"倡议下中国对俄投资的法律风险及应对》，载《国际商务研究》2018 年第 1 期。

81. 常玢等：《非正规贸易向正规贸易转变的途径探索——访中国·欧洲商业开发投资管理中心主任蔡桂茹》，载《俄罗斯中亚东欧市场》2006 年第 3 期。

82. 陈福勇：《建设涉外法律人才培养体系满足国际合作需要》，载 http：//www. moj. gov. cn/pub/sfbgw/fzgz/fzgzggflfwx/fzgzggflfw/202103/t20210316_349972. html.

83. 陈磊：《中国自由贸易区临时仲裁制度的实践与制度构建——以〈横琴自由贸易试验区临时仲裁规则〉为切入点》，载《对外经贸实务》2019 年第 8 期。

84. 《第五届中俄投资促进会议举行 签署机制备忘录》，载 http：//news. cctv. com/china/

20090327/106662. shtml.

85. 董欣：《俄罗斯利用外资政策与法律的演变》，载《对外经贸》2014 年第 3 期。

86. 俄当地居民投票反对中资项目落地受阻，载 https://new.qq.com/rain/a/20210324A051ZP00

87. 《俄罗斯法院体系介绍》，载 http://www.dehenglaw.com.cn/CN/tansuocontent/0008/014057/7.aspx？MID=0902.

88. 《俄罗斯联邦最高法院"亲自"承认中国国际经济贸易仲裁委员会仲裁裁决》，载 http://iidps.bit.edu.cn/yjal/b171984.htm.

89. 《俄罗斯有关外商投资合作的法规和政策》，载 https://wenku.baidu.com/view/6721331ef211f18583d049649b6648d7c1c70890.html？_wkts_=1730342544220.

90. 《俄罗斯政府发布决议禁止某些种类外国工业品进入政府采购市场》，载 http://cacs.mofcom.gov.cn/article/gnwjmdt/gw/om/202005/164025.html.

91. Подсудность дел о возмещении вреда окружающей среде могут изменить. https://www.garant.ru/news/1180378/

92. 方俊：《俄罗斯仲裁制度新发展述评》，载《东南司法评论》2017 年第 00 期。

93. 胡明、李彦：《新时代中国企业对俄投资挑战及对策研究》，载《国际贸易》2019 年第 11 期。

94. 黄道秀：《俄罗斯仲裁法院、公断庭和争议的公断审理》，载《〈苏联法学对中国法学与法制的影响〉学术研讨会、〈俄罗斯法制与法学〉国际学术研讨会论文集》2001 年版。

95. 赖震平：《我国商事仲裁制度的阙如——以临时仲裁在上海自贸区的试构建为视角》，载《河北法学》2015 年第 2 期。

96. 李瑞敏：《俄罗斯入世后的"灰色清关"问题研究》，对外经济贸易大学 2013 年硕士学位论文。

97. 梁敏燕：《俄罗斯仲裁法院评析》，载《长春理工大学学报（社会科学版）》2007 年第 2 期。

98. 刘晓春、赵嘉珩：《中国企业出海俄罗斯须防范多层次风险》，载《中国对外贸易》2019 年第 12 期。

99. 刘晓红、朱怡：《国际投资仲裁的"商事化"与中国进路》，载《上海对外经贸大学学报》2019 年第 6 期。

100. 明瑶华：《"一带一路"投资争端调解机制研究》，载《南通大学学报（社会科学版）》2018 年第 1 期。

101. 王光宇等：《中俄在俄罗斯远东地区的合作发展规划》，载《商业文化》2019 年第 10 期。

102. 王源泉：《涉华仲裁裁决在俄罗斯承认和执行的案例分析及思考》，载《商事仲裁与调解》2020 年第 4 期。

103. 杨雅茹：《"一带一路"背景下中国对俄罗斯直接投资的现状与经济风险分析》，载《今日财富》2020 年第 1 期。

104. 姚远：《浅谈俄罗斯商事争端解决机制》，载 https://m.thepaper.cn/baijiahao_4533618.

105. 《"一带一路"对俄合作税收服务与管理指引》，载 https://www.baidu.com/link? url =
V3qaORRb2qpSyt-jlLI-_K8a67GBpOg7il07qKdUtnk0Qf3opC-Gk9aSAerk-m4WSq7YpiDOg
7VlfGNR2jazT5VwW7NVmPxKgWd7LsQEcyQkRVh8bAsCI92NTmM6h6DtEn12j8r9REAeOC4
mPiugQUuGOooWFNKoPc3xcDZLSVG&wd =&eqid =dd5640c8001dbc6c0000000464136077.

106. 《在中国"俄罗斯年"已拉开帷幕之际，"俄罗斯年"将成为两国关系的润滑》，载
https://www.docin.com/p-251872056.html.

107. 张冬：《评述俄罗斯工商会国际商事仲裁院的组织特点》，载《北京仲裁》2006 年第
4 期。

108. 张丽娜：《"一带一路"国际投资争端解决机制完善研究》，载《法学杂志》2018 年
第 8 期。

109. 《俄罗斯联邦仲裁制度探究》，载 https://www.dehenglaw.com/CN/tansuocontent/0008/
012900/7.aspx? MID =0902，最后访问日期： 年 月 日，《中俄在俄罗斯远东地
区合作发展规划（2018-2024）》，载 http://images.mofcom.gov.cn/oys/202011/2020
1112171704288.pdf

110. 《中俄总理第二十五次定期会晤联合公报》，载 https://www.sohu.com/a/435898553_26
7106

111. 周广俊：《外国仲裁裁决如何在俄罗斯申请承认与执行》，载 www.chinaruslaw.com/CN/
LawsuitArbitrate/002/2018111293844_970562.htm.

112. 朱南平：《〈中俄保护投资协定〉评析》，载《西伯利亚研究》2011 年第 5 期。

113. 《最高人民法院关于为自由贸易试验区建设提供司法保障的意见》，载 https://
cicc.court.gov.cn/html/1/218162/409/410.html。

114. Федеральный закон от 30.12.1995 N 225-ФЗ «О соглашениях о разделе продукции»

115. Федеральный закон от 08.02.98 N 14-ФЗ «об обществах с ограниченной ответственно
стью»

116. Федеральный закон от 25.02.99 N 39-ФЗ «об инвестиционной деятельности в Российс
кой Федерации»

117. Федеральный закон от 09.07.1999 № 160-ФЗ «Об иностранных инвестициях в Росси
йской Федерации»

118. Закон о БанкротствеN 127-ФЗ от 26.10.2002

119. Положение о ФНС, утв. Постановлением Правительства от 30.09.2004 № 506

120. Федеральный закон от 29.04.2008 N 57-ФЗ "О порядке осуществления иностранны х инвестиций в хозяйственные общества, имеющие стратегическое значение для обеспечения обороны страны и безопасности государства"

121. Федеральный закон от 29.04.2008 N 57-ФЗ "О порядке осуществления иностранны х инвестиций в хозяйственные общества, имеющие стратегическое значение для обеспечения обороны страны и безопасности государства"

122. Федеральный закон от 07.05.2013 № 78-ФЗ «Об уполномоченном по защите прав предпринимателей в Российской Федерации»

123. Федеральный закон от 29.12.2015 г. № 409-ФЗО внесении изменений в отдельные законодательные акты Российской Федерации и признании утратившим силу пункта 3 части 1 статьи 6 Федерального закона «О саморегулируемых организациях» в связи с принятием Федерального закона «Об арбитраже (третейском разбирательстве) в Российской Федерации»

124. Федеральный закон от 21.07.1997 N 122-ФЗ (ред. От03.07.2016) «О государственной регистрации прав на недвижимое имущество и сделок с ним»

125. 《2018 年对外投资合作国别（地区）指南-俄罗斯》，载 https://www.yidaiyilu.gov.cn/p/6664.html.

126. 《2020 年中俄贸易额下降 2.9%》，载 ru.mofcom.gov.cn/article/jmxw/202102/20210203035817.shtml.

127. 米哈伊尔·莫罗佐夫：《俄媒总结 2020 年：中国的成长为俄带来机遇》，柳玉鹏译，载 https://oversea.huanqiu.com/article/41lymbxrood.

128. Федеральный закон от 26.12.1995 N 208-ФЗ (ред. от 31.07.2020) «Об акционерных обществах»

129. Федеральный закон от 21.07.2005 N 115-ФЗ (ред. от 08.12.2020) О концессионных соглашениях

130. Федеральный закон от 25.02.1999 N 39-ФЗ (ред. от 08.12.2020) «Об инвестиционной деятельности в Российской Федерации»

131. Федеральный закон от 08.08.2001 N 129-ФЗ (ред. от 27.10.2020) «О государственной регистрации юридических лиц и индивидуальных предпринимателей»

132. 《2021 年中俄贸易额达 1468.87 亿美元》，载 https://petersburg.mofcom.gov.cn/jmxw/2022/art_d44a701af20548a793a63025ab5c408f.html.

133. Федеральный закон от 26.10.2002 N 127-ФЗ (ред. от 20.04.2021) "О несостоятельности (банкротстве)"

134. 《商务部：预计 2021 年全年中俄贸易规模有望再创新高》，载《中国证券报》2021

年 5 月 13 日。

135. 《中国连续 12 年稳居俄罗斯第一大贸易伙伴国——中俄经贸合作成果丰硕》，载 https://www.gov.cn/xinwen/2022-02/09/content_5672647.htm.

136. Указ Президента РФ от 16.08.2004N 1083（ред. от 07.10.2022）"Вопросы Федеральной службы по военно-техническому сотрудничеству"

137. Указ Президента РФ от 16.08.2004 N 1083（ред. от 07.10.2022）"Вопросы Федеральной службы по военно-техническому сотрудничеству" https://www.consultant.ru/document/cons_doc_LAW_48910/64b75ef2cc585fbd5ba2d0ca54f63cd2d7e26c53/.

138. 《中国驻俄大使：中俄双边贸易保持强劲增长势头》，载 https://baijiahao.baidu.com/s?id=1752872310599281615&wfr=spider&for=pc.

139. 《能源务实合作助力中俄战略协作》，载 https://m.gmw.cn/baijia/2021-07/25/35022366.html.

中俄商贸纠纷案例汇编

山东兴达商贸有限公司，齐齐哈尔昊然石油化工有限公司合同纠纷二审裁定书

齐齐哈尔市中级人民法院

民事裁定书

（2015）齐立商终字第 5 号

上诉人（原审被告）：山东兴达商贸有限公司，住所地：山东省东营市广饶县经济开发区

法定代表人：王法堂

被上诉人（原审原告）：齐齐哈尔昊燃石油化工有限公司

法定代表人：陈德祥

上诉人山东兴达商贸有限公司对黑龙江省齐齐哈尔市梅里斯达斡尔族区人民法院作出的（2014）梅商初字第 41 号-6 民事裁定不服，向本院提起上诉。上诉人山东兴达商贸有限公司上诉称，被上诉人齐齐哈尔昊燃石油化工有限公司在民事起诉状中明确的诉求是要求上诉人承担 2013 年 4 月 10 日签署的《联合经营进口燃料油战略合作协议》（以下简称《合作协议》）和 2013 年 4 月 11 日签署的《俄罗斯产 M100 燃料购销合同》（以下简称《购销合同》）两份合同的违约责任，两份独立的合同均对争议管辖问题有所约定，一审法院应当对两份合同的管辖问题一并进行审查，一审法院只对《合作协议》的管辖权予以审查，未对《购销合同》的管辖权予以审查是错误的，《合作协议》虽然约定是齐齐哈尔昊燃石油化工有限公司、山东兴达商贸有限公司和华信化工有限公司，但该协议中还包括俄罗斯联邦亿利达进出口经贸

公司，俄罗斯联邦亿利达进出口经贸公司系外国企业，一审法院审理涉外案件有可能违反关于涉外案件的管辖问题的规定；根据《中华人民共和国民事诉讼法》第三十四条的规定，本案中《购销合同》明确约定了争议管辖法院为合同签订地暨山东省东营市广饶县人民法院，《合作协议》约定了"三方可在当地法院提起诉讼、仲裁解决"，该约定不明确，请求驳回被上诉人的起诉或撤销原审裁定，将本案移送至山东省东营市广饶县人民法院审理。

经审理查明，被上诉人齐齐哈尔昊燃石油化工有限公司在法院审理的过程中，向法院递交了变更诉讼请求书，被上诉人在变更诉讼请求书中重申本案的诉讼标的核心是《联合经营进口燃料油战略合作协议书》，上诉人与被上诉人签订的《俄罗斯产 M100 燃料购销合同》、三方与铁笼公司的纪要书、三方往来的电子邮件、上诉人至被上诉人的函，被上诉人至上诉人的函，上诉人与俄罗斯联邦亿达利进出口经贸公司签订的合同等，只能作为本案诉讼中的证据，鉴于华信化工有限公司难以找到，诉讼文书无法送达，请求法院仅审理上诉人与被上诉人之间的民事纠纷，待找到华信化工有限公司后，被上诉人再另行起诉华信化工有限公司，同时变更对上诉人经济损失赔偿额为199.72 万元。

本院认为，2014 年 3 月 10 日，被上诉人齐齐哈尔昊燃石油化工有限公司（甲 1 方）与上诉人山东兴达商贸有限公司（乙方）、华信化工有限公司（丙方）及俄罗斯联邦亿利达进出口经贸公司（甲 2 方）签订了《联合经营进口燃料战略合作协议书》，虽然俄罗斯联邦亿利达进出口经贸公司注册在俄罗斯联邦布里亚特共和国乌兰乌德市，属涉外企业，但是被上诉人齐齐哈尔昊燃石油化工有限公司并未起诉俄罗斯联邦亿利达进出口经贸公司，齐齐哈尔昊燃石油化工有限公司的诉求是要求山东兴达商贸有限公司承担违约责任，齐齐哈尔昊燃石油化工有限公司的诉求不存在涉外主体，且上诉人在一审提出管辖权异议时并未对本案是否存在涉外因素提出异议。现双方当事人签订的《联合经营进口燃料战略合作协议书》中第十条规定，甲乙丙三方在执行合约时，如出现不可调解情况，三方可在当地法院提起诉讼、仲解裁决。"当地"是指本地，人或物所在的地方，事情出现的地方。本案中相对于双方当事人而言的"当地"应指双方各自住所地。最高人民法院 1994 年 11 月 27 日《关于合同双方当事人协议约定发生纠纷各自可向所在地人民法院起诉如何确定管辖的复函》中答复：合同双方当事人约定，发生纠纷各自可向所在地人民法院起诉，该约定可认定为是选择由原告住所地人民法院管辖，如不违反有关级别管辖和专属管辖的规定，则该约定应为有效。若当事人已分别向所在地人民法院提起诉讼，则应由先立案的人民法院管辖；若立案时间难于分清先后，则应由两地人民法院协商解决；协商解决不了的，由他们的共同上级人民法院指定管辖。本案中，被上诉人齐齐哈尔昊燃石油化工有限公司的住所地在黑龙江省齐齐哈尔市梅里斯达斡尔族区梅里斯乡大八旗村，因此黑龙江省齐齐哈尔市梅里斯达斡尔族区人民法院对本案有管辖权。因被上诉人已向法院递交了变更诉讼请求书，对上诉人与被上诉人签订的《俄罗斯产 M100 燃料购销合同》仅作为证据，对《俄罗斯产 M100 燃料购销合同》的权利义务关系不予主张，因此本院对《俄罗斯产 M100 燃料购销合同》中涉及的管辖问题不予审查。上诉人的上诉理由不成立，本院不予支持。原审裁定认定事实和适用法律正确，本院予以维持。依照《中华人民共和国民事诉讼法》第一百七十条第一款第（一）项之规定，裁定如下：

驳回上诉，维持原裁定。

本裁定为终审裁定。

审判长　邢桂荣

审判员　张国栋

审判员　宋艳华

二〇一五年一月十五日

书记员　郝冬雪

黑龙江新洲材源市业有限责任公司、刘春贵合同纠纷二审民事判决书

哈尔滨市中级人民法院

民事判决书

（2018）黑 01 民终 8168 号

上诉人（一审被告、反诉原告）：黑龙江新洲材源木业有限责任公司，住所地：哈尔滨利民开发区（北京路北）

法定代表人：傅建中，男，董事长

委托诉讼代理人：朱学智，黑龙江铃兰律师事务所律师

被上诉人（一审原告、反诉被告）：刘春贵，男，汉族，伊春市翠峦区贵升林业服务站负责人

委托诉讼代理人：王春辉，黑龙江兴福律师事务所律师

一审被告：新洲集团有限公司，住所地杭州市西湖区公元大厦南楼303室

法定代表人：王晓夏，董事长

上诉人黑龙江新洲材源木业有限责任公司（以下简称新洲材源木业公司）因与被上诉人刘春贵，一审被告新洲集团有限公司（以下简称新洲集团公司）合同纠纷一案，不服黑龙江省哈尔滨市南岗区人民法院（2016）黑0103民初3713号民事判决，向本院提起上诉。本院于2018年11月1日立案后，依法组成合议庭，开庭进行了审理。上诉人新洲材源木业公司的委托诉讼代理人朱学智，被上诉人刘春贵及其委托诉讼代理人王春辉到庭参加诉讼，新洲集团公司经本院传票合法传唤无正当理由拒不到庭参加诉讼，本案现已审理终结。

新洲材源木业公司上诉请求：1. 撤销黑龙江省哈尔滨市南岗区人民法院（2016）黑0103民初3713号民事判决第一、二、四项，改判驳回刘春贵的全部诉讼请求，支持新洲材源木业公司的反诉诉讼请求；2. 维持黑龙江省哈尔滨市南岗区人民法院（2016）黑0103民初3713号民事判决书第三项；3. 一、二审诉讼费、鉴定费由刘春贵承担。事实与理由：一审法院判决驳回新洲材源木业公司的反诉请求错误。1. 新洲材源木业公司垫付的设备款、维修款、运费、签证费及借款等款项均属于民间借贷，双方在《木材采运生产劳务合同》第五条设立了借款条款，约定了借款用途用于刘春贵购置运材车和集材拖拉机，金额不超过300万元人民币，刘春贵须按照实际借款金额的10%作为还款保证金；还款期限为三年内还本付息。同时《木材采运生产劳务合同》第2条第五款中明确约定了刘春贵在俄所需设备的过境费、运输费等所有费用均由其承担。事实是上述借款和费用均由新洲材源木业公司支付和垫付。依据法律规定，双方通过《木材采运生产劳务合同》的借款条款设立了借款合同，虽然借款合同包含在劳务合同中，但是在内容上和性质上却是独立于劳务合同的，二者是独立的法律关系，独立的合同，同时新洲材源木业公司通过垫付设备款、运费、过境费、维修款、签证费等方式向刘春贵实际支付了借款，新洲材源木业公司作为出借人履行了支付借款的义务，即借款合同

成立并生效，因该借款合同系双方真实意思表示且不违反法律规定，故该借款合同合法有效，各方应予遵守，在新洲材源木业公司履行了付款义务后，作为借款人，新洲材源木业公司只享有收取借款的权利，无任何义务，负有还款义务的是刘春贵，其无任何理由不偿还借款。一审判决认定因为设备被俄罗斯监察、税务部门查封，导致设备灭失，是由于新洲材源木业公司原因造成的理由不是刘春贵不偿还借款的理由，设备被俄方查封是不可抗力，非新洲材源木业公司原因造成；2. 关于借款及还款数额问题。既然借款必须偿还，诉讼中，新洲材源木业公司申请了司法鉴定，黑龙江利瑾海纳会计师事务所出具了鉴定意见，该意见认为：2005 年至 2007 年新洲材源木业公司共支付给刘春贵借款 3 724 231. 36 元，刘春贵未提出异议，亦未申请重新鉴定，应作为认定借款事实的依据。一审虽认可了鉴定意见，却将其中 413 413. 99 元的借款认定为劳务费错误，不仅鉴定意见明确将此笔款项认定为借款，刘春贵对新洲材源木业公司反诉的答辩中亦承认新洲材源木业公司国外垫资 413 413. 99 元，无需新洲材源木业公司另行举证证实。关于还款数额问题，鉴定意见明确：由于刘春贵无法提供偿还新洲材源木业公司借款的原始证据，故无法确定刘春贵偿还新洲材源木业公司的还款数额。刘春贵无证据证明其还款事实和数额，应依据现有证据判决刘春贵偿还新洲材源木业公司借款 3 724 231. 36 元。一审判决没有合情、合理、合法地处理该案，作出了错误的判决。综上，请求支持新洲材源木业公司的上诉请求。

刘春贵辩称，一、一审判决认定事实基本清楚，适用法律正确。2005 年 6 月 5 日，新洲材源木业公司与刘春贵签订《木材采运生产劳务合同》，合同约定 "因新洲材源木业公司取得了俄罗斯哈巴罗夫斯克边疆区木兴镇森林资源采伐权，在互惠互利、共同发展、等价有偿的原则下，刘春贵在新洲材源木业公司提供的木兴林场施业区内从事木材采伐，运输经营活动。双方约定了权利与义务，为了进行生产，新洲材源木业公司提供必要的项目启动资金，为刘春贵垫资购进采运生产所需的机械设备，进入俄境内全部以甲方注册资金形式注入，但是不享有股东权利，也不承担股东义务，乙方在偿还完垫资款后，设备的所有权归乙方所有，在使用期内不得有偿转让或变卖。生产经营的具体结算与支付办法是俄境内的结算与支付截至每月 25 日产量为当月产量，在扣除当月的材料、配件、燃油等费用，在次月 10 日前，扣除刘春贵在俄方所发生的费用后，其余部分在中国境内支付给刘春贵。新洲材源木业公司给刘春贵垫付的设备购置款，刘春贵必须三年还本付息。……在本息未还清新洲材源木业公司之前，所购机械设备产权归新洲材源木业公司所有，又明确了违约责任"。2007年，新洲材源木业公司在俄罗斯设立木兴公司所有的机械设备、配件、木材被俄罗斯检察机关、税务机关查封，后收缴。导致劳务合同终止。双方签订的劳务合同没有完全履行，是因为新洲材源木业公司的原因导致的，是因税收等因素与俄罗斯没有交涉清楚，合同未完全履行，新洲材源木业公司应当承担全部的违约责任。刘春贵使用的机械设备是新洲材源木业公司垫资购买的，按照合同约定，劳务期三年之后，刘春贵按照合同约定，按照生产量，逐步偿还垫资设备款，机械设备归刘春贵所有。可是，合同履行了二年，刘春贵按照生产量，偿还了垫资设备款 1 058 043.71 元，有新洲材源木业公司的财务总监出庭予以证实。设备被俄罗斯没收，设备是属于新洲材源木业公司的，刘春贵偿还的垫付款当然应当返还给刘春贵。合同不能继续履行，违约责任在新洲材源木业公司，合同保证金应予返还。一审法院依据《合同法》第一百二十一条作出判决适用法律正确。在俄罗斯生产期间的财务账目应由新洲材源木业公司提供。因为刘春贵是提供劳务人员，相对于公司来说，刘春贵个人无法提供账目及原始证据，与财务总监的对账就是劳务人员的直接证据。况且，在开庭审理时，新洲材源木业公司的第二任财务冯某培哲出庭证明刘春贵举证的《对账单》系其书冯某培哲将财务账目交给公司，《对账单》形成时间是在俄罗斯采伐结束后，在国内最后对账。根据《最高人民法院关于民事诉讼证据的若干规定》第七十五条规定："有证据证明一方当事人持有证据无正当理由拒不提供，如果对方当事人主张该证据的内容不利于证据持有人，可以推定该主张成立"。新洲材源木业公司应提供在俄罗斯生产期间的财务账目，因为公司管理账目的冯某培哲作为证人出庭时，已经证实其将财务账目交付给公司。新洲材源木业公司却在鉴定时不提供所有的账目，仅提供对自己有利的国内账目，按《最高人民法院关于民事诉讼证据的若干规定》可以推定刘春贵的主张成立。刘春贵的十项诉讼请求均是按照劳务合同的约定，逐项分列的，由于国内国外的地域、语言等因素，证据的收集问题，一审法院认为刘春贵的证据不充分，才仅支持刘春贵的一项诉讼请求。新洲材源木业公司下设的木兴公司当时主持工作的负责人刘井坤及多名到俄生产的工人出庭作证，对延误解关影响生产、下雪封道影响生产、回采伐区每立方米增加劳务费、生产等外材应支付劳务费、滞留木兴林场库存配件的处理、2007 年机械检修费用等问题都没作出相应的判决，但刘春贵认为一审法院判决是公正的，判决赔偿刘春贵的部分损失已经满意。事件已经过去十多年，刘春贵至今还拖欠一起去俄罗斯打工的人员工资，刘春贵实在没有精力进行诉讼；二、新洲材源木业公司的上诉理由不能成立，应予以驳回。1. 木材采运生产劳务合同合法有效，新洲材源木业公司应对违约行为承担违约责任。双方均以《木材采运生产劳务合同》作为证据向法庭提供，说明该合同合法有效。合同中对双方的权利义务做了明确的约定，对生产费用如何结算，合同的期限，借款与还款时间和方式以及未还清借款之前所购置的汽车、机械设备所有权归新洲材源木业公司所有、发生误工费的计算标准等都做了详细约定。2012 年 8 月 2 日，黑龙江省林区中级人民法院（2009）黑林民终字第 162 号民事判决书已经确认新洲材源木业公司与新洲集团公司出资设立的木兴公司在 2007 年因违规拖欠税款，木兴公司的车辆及所有财产被俄罗斯政府相关部门予以查封没收。刘春贵是与该案件中的新鹤公司同时和新洲材源木业公司签订劳务合同，工作性质一样，都是在木兴公司从事木材采伐作业，只是所在采伐区域不同。该生效判决确认了导致劳务合同不能全面履行是新洲材源木业公司的原因，是新洲材源木业公司违约造成的。2016 年 12 月 30 日，黑龙江省哈尔滨市中级人民法院作出的（2016 年）黑 01 民终 4440 号民事判决书，再一次确认新洲集团公司控股新洲材源木业公司，新洲材源木业公司注册木兴公司，新洲材源木业公司因其子公司在履行与俄方合同时产生纠纷，俄方对木兴公司进行处理，导致机械设备被俄政府强行征收、拍卖，致使合同不能履行，新洲材源木业公司应承担违约责任；2. 在俄被收缴的木材、汽车以及机械设备所有权属于新洲材源木业公司所有，在《木材采运劳务合同》中第二条，乙方权利义务条款中第六款约定，乙方（刘春贵）自购设备和甲方（新洲材源木业公司）垫资购进设备，进入俄境内全部以甲方注册资金形式注入，但是不享有股东权利，也不承担股东义务，乙方在偿还完垫资款后，设备的所有权归乙方所有，在使用期内不得有偿转让或者变卖。该条款说明：在俄生产期间，刘春贵使用的设备均属于木兴公司，而俄方扣押收缴的也是木兴公司的财产。被扣押、收缴的汽车、机械设备所有权属于木兴公司，在俄期间，刘春贵对汽车、机械设备仅有使用权，在偿还完垫付款之后，所有权才发生转移。因此，2007 年，刘春贵的所有人员签证到期，无法管理汽车、机械设备及配件时，才移交给木兴公司，木兴公司派人员清点与接收。刘春贵采运的木材也都交付给木兴公司。《木材采运劳务合同》第七条违约责任条款中第五款约定，乙方无权销售伐区的木材及剩余物，如乙方偷拉私运甲方伐区木材，甲方有权处罚。这说明刘春贵采运的 1942 立方米等外材的所有权也属于木兴公司，后期被俄收缴其财产也是属于木兴公司的；3. 对于偿还的部分垫资设备款应该返还给刘春贵。刘春贵组织的人员在 2005 年 12 月份设备解关后开始劳务生产，在刘春贵的生产费用中逐步扣新洲材源木业公司的垫付设备款，是从每立方米 95 元运费的 40% 中提取，提取比例可以从新洲材源木业公司在俄罗斯生产时第一任财务总监林浩记载的 2006 年 1—3 月为公司制作的汇总中明确体现。截止到 2007 年 3 月份，刘春贵已经偿还新洲材源木业公司设备垫付款 1 058 043.71 元，林浩记载的账目中有 306 993.16 元、管理费 185 780 元、2006 年 4 月份的 4376.8元、冯某培哲记载的账目中 560 893.73 元，共 1 058 043.70 元。汽车等所有设备如果能按照合同约定交付给刘春贵，刘春贵具有所有权，那么偿还垫付款是应当的，但现在汽车等设备在保留所有权期间，被俄方收缴已经灭失，新洲材源木业公司就无法再交付给刘春贵，刘春贵与新洲材源木业公司签订的《木材采运生产劳务合同》无法履行，新洲材源木业公司的原因导致解除合同，违约责任应由新洲材源木业公司承担，运费应全额支付，扣运费 40%偿还的部分垫资设备款应该返还给刘春贵，也就是应该返还刘春贵 10 580.71元。关于新洲材源木业公司的反诉问题。1.《木材采运生产劳务合同》约定是垫付设备款，2005 年 6 月 5 日，刘春贵与新洲材源木业公司签订《木材采运生产劳务合同》，在合同中约定了双方的权利与义务，第一条甲方（新洲材源木业公司）权利与义务中第八款约定：协助乙方联系购买机械设备配件、生活必需品，保证机械设备所需燃料（燃料费用由乙方承担）。第十三款约定：甲方向乙方提供必要的项目启动资金。第二条乙方（刘春贵）权利与义务中第六款约定：乙方自购设备和甲方垫资购进设备，进入俄境内全部以甲方注册资金形式注入，但是不享有股东权利，也不承担股东义务，乙方在偿还完垫资款后，设备的所有权归乙方所有，在使用期内不得有偿转让或变卖。该合同的第九条合同的期限约定为三年，即从 2005 年 6 月开始到 2008 年 3月。合同第五条借款与还款中第四款约定了具体的还款时间，是分三年还本付息：2006 年 3 月末、2007 年 3 月末、2008 年 3 月末分别还款。并约定在本息未还清甲方之前，所购机械设备产权归甲方所有。实际情况是甲方出资购买了八台前四后八轮的解放车，甲方将款转入长春一汽汽车厂及改装厂，刘春贵自费购买六台集材拖拉机和二台发电机组。刘春贵认可新洲材源木业公司为其垫资 3 135 168.99 元，其中国内垫资 2 721 755 元，国外垫资 413 413.99 元。但是在俄罗斯生产经营过程中，按照生产费的比例已经扣减了部分垫付款，新洲材源木业公司却对垫付款没有减少，反而增加了，是将刘春贵在国外的工人工资都计入垫付款内，明显是错误的记账法；2. 设备所有权是新洲材源木业公司，设备因新洲材源木业公司的原因被俄方扣押收缴，不存在垫付设备款的问题。刘春贵前期缴纳 5 万元保证金之外，刘春贵在 2007 年末之前共偿还新洲材源木业公司垫资设备款 1 058 043.71 元。可是由于新洲材源木业公司的原因，所有权为新洲材源木业公司的所有设备（有新洲材源木业公司购买的、也有刘春贵购买的）都被俄罗斯检察机关查封，为保证生产，2007 年 6 月应新洲材源木业公司要求刘春贵对所有的机械设备检修，之后移交给新洲材源木业公司。设备是新洲材源木业公司购买，所有权保留，在还清垫付款之前，设备属于新洲材源木业公司，这时欠款是不能成立的；如果设备的所有权属于刘春贵，欠款才能成立。而这些设备因新洲材源木业公司的原因被俄方扣押收缴，新洲材源木业公司向刘春贵主张权利的理由是不能成立的。一审法院驳回其反诉请求是正确的。

新洲集团公司未到庭，亦未提交书面答辩意见。

刘春贵向一审法院起诉请求：1. 新洲材源木业公司应付刘春贵在 2005 年机械设备延误解关造成误工费 105 840 元；2. 新洲材源木业公司应付刘春贵在 2005 年人员过境误工费 273 420 元；3. 新洲材源木业公司应付刘春贵因雪大封路停产误工费 30 100 元；4. 新洲材源木业公司应付刘春贵回采伐区每立方米增加劳务费 10 元的费用 213 200 元；5. 新洲材源木业公司应付刘春贵生产等外付支付劳务费 285 000 元；6. 新洲材源木业公司应付刘春贵在滞留木兴林场机械设备等事宜的处理金额 207 600 元；7. 新洲材源木业公司应付刘春贵在滞留木兴林场库存配件 491 047 元；8. 新洲材源木业公司应付刘春贵未足额支付原告劳务费 47 901 元；9. 新洲材源木业公司应返还刘春贵已经偿还的设备垫款 1 058 043.71 元；10. 新洲材源木业公司应付刘春贵机械检修费用 326 071.20 元；以上合计 3 038 222.91 元。

新洲材源木业公司向一审法院反诉请求：1. 驳回刘春贵在本诉中的诉讼请求；2. 判决刘春贵返还新洲材源木业公司 2005 年、2006 年为其垫付的设备款、维修款、运费、签证费以及借款共计人民币 3 674 631.36 元；3. 案件受理费由刘春贵承担。

一审法院认定事实：2004 年 5 月 24 日，经国家商务部批准，新洲材源木业公司在俄罗斯投资设立全资子公司木兴公俄罗斯××林业采伐队林采伐和木材加工。因木兴公司在俄罗斯需要林业采伐队伍，2005 年 6 月 5 日，新洲材源木业公司（甲方）与刘春贵（乙方）签订《木材采运生产劳务合同》，合同约定："因甲方取得了俄罗斯哈巴罗夫斯克边疆区木兴镇森林资源采伐权，在互利互惠、共同发展、等价有偿的原则下，乙方在甲方提供的木兴林场施业区内从事木材采伐、运输经营活动。一、甲方权利与义务。3、负责为乙方了解采伐、清林、运输所涉及的俄罗斯自然保护和自然资源合理利用法规，甲、乙双方协商制定具体采伐、打枝、集材、造选材、归楞、清林、运输等实施细则。4、派驻工地代表对采伐进度、质量进行监督，协助办理中间竣工的伐区验收手续。6、保证生产运输木兴镇至采伐区主干道路畅通。13、甲方向乙方提供必要的项目启动资金。二、乙方的权利与义务。4、乙方到甲方进行木材采运生产所需的机械设备均由甲方垫资购进，车型由甲、乙双方协商确定。5、乙方在俄所需设备的过境费、运输费（不含关税）等所有费用均由乙方承担。6、乙方自购设备和甲方垫资购进设备，进入俄境内全部以甲方注册资金形式注入，但是不享有股东权利，也不承担股东义务，乙方在偿还完垫资款后，设备所有权归乙方所有，在使用期内不得有偿转让或变卖。三、生产费用结算与支付。5、结算的原则：甲方按乙方缴库原木数为准，采取每月结算制，甲方每月只支付给乙方费用的 85%，待伐区小班验收合格后再支付剩余的 15%。6、具体结算与支付办法（2）俄境内的结算与支付截至每月25 日产量为当月产量，在扣除当月材料、配件、燃油等费用，在次月 10 日前，扣除乙方在俄方所发生的费用后，其余部分在中国境内支付给乙方。五、借款与还款：1、甲方同意借给乙方购置运材车和集材拖拉机不超过 300 万元人民币（借款数额以实际发生额为准、下同），其中运材车 10 台 200 万元，购买甲方现有集材拖拉机六台，装载机二台，乙方可以优先在甲方现有的采伐设备中选购，具体价格双方根据车辆状况在木兴林场确定；2、乙方必须按甲方实际借给设备款总额的 10% 作为还款保证金。如乙方不能按规定时间还款，该保证金归甲方所有，如乙方按规定时间偿还设备借款，该保证金甲方将按年息 12% 还本付息。庭审中，双方认可乙方向甲方预交保证金 5 万元。

4、甲方借给乙方的设备购置款，乙方必须三年还本付息。具体还款时间及数额如下：2006 年 3 月 31 日前分六次归还借款总额 40% 及应付利息（2005 年 10 月、11 月、12 月和 2006 年 1 月、2 月、3 月，每月末各归还六分之一）；2007 年 3 月 31 日前还借款总额 30% 及应付利息（2006 年 10 月、11 月、12 月和 2007 年 1 月、2 月、3 月，每月末各归还六分之一）；2008 年 3 月 31 日前还借款总额 30% 及应付利息（2007 年 10 月、11 月、12 月和 2008 年 1 月、2 月、3 月，每月末各归还六分之一），该借款从实际发生之日起按年息 12% 计息，在本息未还清甲方冯某所购机械设备产权归甲方所有。经庭审查明及证人冯某培哲出庭证实：乙方已经偿还甲方垫付设备款 1 053 666 元。七、违约责任。1、甲方未在 2005 年 9 月 1 日前办理劳务人员邀请函，造成乙方人员无法过境，甲方应按影响乙方过境人数和天数，按每人每天 60 元误工费作为赔偿。3、因甲方原因使道路堵塞、燃油供应和卸车不及时，造成乙方连续停产 72 小时以上的，甲方应按影响乙方伐区工人（50 人）每人每天 60 元误工费，运材车驾驶人员（20 人）每人每天 100 元误工费赔偿给乙方，并相应降低乙方产量指标。6、因甲方（或乙方的原因提前终止合同造成损失的，由甲方或乙方）负责。九、合同期限。1、本合同期限为三年，每一年为一个合同履行期，一个合同履行期满后，双方根据实际情况，协商重新修订合同。十一、合同生效。本合同经甲、乙双方代表签字，并加盖公章之日起生效。合同生效后三个工作日内，乙方需向甲方交纳 5 万元保证金，如乙方不履行，合同保证金归甲方所有，如乙方按时履行合同，甲方按年利率 12% 归还乙方保证金和利息"。

2007 年俄罗斯检察、税务等部门以木兴公司存在违规拖欠税款行为等理由，查封木兴公司生产设备和生产场所，征收木兴公司，刘春贵的机械设备因系木兴公司注册资本的原因，被俄罗斯政府相关部门予以查封、没收，现已拍卖。导致劳务合同终止。另认定，2003 年 12 月，新洲集团公司和辰能公司共同出资设立新洲材源木业公司，其中辰能公司出资 750 万元（占 30% 股权），新洲集团公司出资 1750 万元（占 70% 股权），分别由哈尔滨高科技集团股份有限公司垫付 1000 万元，黑龙江正阳河房地产开发有限公司垫付 750 万元。2003 年 12 月 19 日，新洲材源木业公司收到新洲集团公司上述出资。2003 年 12 月 26 日，新洲材源木业公司将上述出资转出，又分别转给为新洲集团公司垫付出资的两个公司。2004 年 10 月 10 日，新洲集团公司将上述款项逐步以归还借款的形式全部还清。新洲材源木业公司在诉讼过程中，申请对 2005 年至 2007 年刘春贵在国内与新洲材源木业公司借款情况及 2005 年至 2007 年刘春贵与俄罗斯木兴林场借款、还款情况进行审计。黑龙江利瑾海纳会计师事务所有限公司出具鉴定意见书，鉴定意见为："新洲材源木业公司 2005 年至 2007 年支付给刘春贵借款金额为 3 724 231. 36 元，刘春贵国内偿还新洲材源木业公司 1 053 666. 73 元。2005 年至 2007 年，刘春贵从俄罗斯木兴林场借款金额为 413 413. 99 元，由于刘春贵无法提供偿还新洲材源木业公司借款以及从俄罗斯木兴林场借款的原始证据，无法确认刘春贵偿还新洲材源木业公司还款数额以及从俄罗斯木兴林场借款数额的真实性"。

一审法院认为，2005 年 6 月 5 日，新洲材源木业公司与刘春贵签订《木材采运生产劳务合同》，为双方当事人真实意思表示，不违反法律法规的强制性规定，合法有效，应受法律保护。关于刘春贵要求新洲材源木业公司返还车辆设备款 1 058 043. 71 元的诉讼请求，根据刘春贵与新洲材源木业公司的约定，将其所有的车辆设备交给新洲材源木业公司，办理去俄罗斯过境事宜，新洲材源木业公司注入其子公司的注册资本注入木兴公司，致使该设备被俄罗斯检察、税务等部门查封拍卖，导致涉案车辆设备灭失。新洲材源木业公司将刘春贵的设备作为其注入子公司的注册资本，最终导致刘春贵财产灭失的行为，属于侵权行为，新洲材源木业公司作为侵权人应当承担侵权责任，因此，新洲材源木业公司应当将从刘春贵劳务费中扣留的设备款 1 058 043. 71 元及保证金 50 000 元予以返还。关于刘春贵的其他诉讼请求无事实及法律依据，不予支持。刘春贵要求新洲集团公司与新洲材源木业公司承担连带赔偿责任的诉讼请求，因新洲集团公司有限公司、新洲材源木业公司是独立经营的企业法人，公司之间不存在业务、人员、财务混同，因此，刘春贵要求新洲集团公司承担连带责任无事实及法律依据，不予支持。对新洲材源木业公司提出要求刘春贵返还其垫付的设备款、维修款、运费、签证费及借款的诉讼请求，虽然鉴定意见确认新洲材源木业公司 2005 年至 2007 年支付给刘春贵借款金额为 413 413. 99 元，根据新洲材源木业公司提供的证据显示，借款凭证上刘春贵已标注系劳务费，因此，该笔款项性质不属于借款，而是支付给刘春贵的劳务费，对于新洲材源木业公司垫付的设备款、维修款、运费、签证费，因为木兴公司的原因，致使设备被俄罗斯检察、税务等部门查封拍卖，导致涉案车辆设备灭失，由于其自身的原因造成的损失需要由新洲材源木业公司自行承担，因此，对其反诉请求不予支持。判决：一、新洲材源木业公司于本判决生效后十日内返还刘春贵合同保证金 50 000 元；二、新洲材源木业公司于本判决生效后十日内返还刘春贵车辆设备款 1 058 043.71 元；三、驳回刘春贵其他诉讼请求；四、驳回新洲材源木业公司反诉请求。如未按判决指定的期间履行给付金钱义务，应当按照《中华人民共和国民事诉讼法》第二百五十三条之规定，加倍支付迟延履行期间的债务利息。案件受理费 31 105 元，由刘春贵承担 14 772 元，由新洲材源木业公司承担 16 333 元；反诉费 18 099 元，鉴定费 40 000 元，由新洲材源木业公司自行承担。

二审中，当事人没有提交新证据。本院对一审查明的事实予以确认。

本院认为：新洲材源木业公司主张"垫付的设备款、维修款、运费、签证费及借款等款项均属于民间借贷"问题。双方签订的《木材采运生产劳务合同》约定履行期限为三年，为此双方约定了"刘春贵自购设备和新洲材源木业公司垫资购进的设备全部以新洲材源木业公司注册资金注入，但不享有股东权利，也不承担股东义务，刘春贵偿还完垫资款后，设备所有权归刘春贵所有，在使用期内不得有偿转让或变卖"，该约定是双方对设备使用完后所有权归属的约定，且双方对维修款、运费、签证费等款的约定均属履行合同中对相关费用承担的约定，在双方签订的《木材采运生产劳务合同》没有履行完毕的情况下，刘春贵未能偿还完垫资，亦不能依约取得上述约定设备的所有权的责任不在刘春贵，一审认定"新洲材源木业公司应当将从刘春贵劳务费中扣留的设备款、保证金、予以返还"无不当。新洲材源木业公司主张上述款项属《木材采运生产劳务合同》中的"民间借贷"没有法律依据，该主张不能成立，本院不予支持。

新洲材源木业公司主张"设备被俄方查封是不可抗力，非新洲材源木业公司原因"的问题。虽然《木材采运生产劳务合同》中对"不可抗力"作了详细约定，但导致该《木材采运生产劳务合同》不能履行的根本原因并非出现了双方约定的不可抗力情形，而是新洲材源木业公司注资成立的木兴公司在俄罗斯境内经营违反了所在国的相关法律，致使俄罗斯检察、税务等部门查封拍卖了车辆设备等，故原审认定"导致涉案车辆设备灭失造成的损失需由新洲材源木业公司自行承担"无不当，新洲材源木业公司的该主张不成立，本院不予支持。

新洲材源木业公司主张"一审认定 413 413.99 元为劳务费错误"的问

题。由于给付刘春贵的劳务费不是即时清结，而是在国内结算，因此不排除劳务费下账科目出现偏差情况，一审法院根据新洲材源木业公司提供的《借款凭证》上刘春贵已标注系劳务费的事实认定款项性质是支付给刘春贵的劳务费亦无不当，新洲材源木业公司的该主张亦不成立，本院不予支持。

综上所述，新洲材源木业公司的上诉请求不成立，应予驳回；一审判决认定事实清楚，适用法律正确，应予维持。依据《中华人民共和国民事诉讼法》第一百七十条第一款第一项规定，判决如下：

驳回上诉，维持原判。

二审案件受理费 31 105 元，由新洲材源木业公司负担。

本判决为终审判决。

审 判 长 　郑兴华

审 判 员 　刘 　春

审 判 员 　王爱军

二〇一八年十二月二十四日

法官助理 　张荣欢

书 记 员 　张春天

俄罗斯海事检验检测有限公司、环球维萨有限公司海上、通海水域货物运输合同纠纷再审审查与审判监督民事裁定书

中华人民共和国最高人民法院民事裁定书（2020）最高法民申 4750 号

再审申请人（一审被告、二审上诉人）：俄罗斯海事检验检测有限公司（Russian Inspector's&Marine Surveyor's Corporation）。住所地：俄罗斯滨海边疆区海参崴市卡特莱特街 1 号

代表人：波罗恩斯基·德米特里·叶夫根尼叶维奇

委托诉讼代理人：殷建，上海四维乐马律师事务所律师

委托诉讼代理人：吴蕾，上海四维乐马律师事务所律师

被申请人（一审原告、二审被上诉人）：环球维萨有限公司（Globle Visa Co.，Ltd.）

代表人：姚羽，该公司董事长

再审申请人俄罗斯海事检验检测有限公司（Russian Inspector's&Marine Surveyor's Corporation）（以下简称检验公司）因与被申请人环球维萨有限公司（Globle Visa Co.，Ltd.）（以下简称环球公司）海上货物运输合同纠纷一案，不服辽宁省高级人民法院（2019）辽民终663号民事判决，向本院申请再审。本院依法组成合议庭进行了审查，现已审查终结。

检验公司申请再审称：原判决事实认定不清，法律适用错误，程序不当。理由如下：（一）本案系海上货物运输合同纠纷，提单及其它运输单证未对交货时间作出明确约定，案涉运输不构成延迟交付，检验公司不应承担延迟交付的赔偿责任，不适用《中华人民共和国海商法》（以下简称海商法）第五十条规定关于迟延交付的规定。航运实践中，该类型运输船舶通常会装载多票不同提单项下的货物，避免亏舱，不排除船舶前往不同目的港进行卸货，抵达部分目的港时间比正常航线长。一审判决以环球公司提交的原产地证书载明的航程路线正常时间为基础，认定案涉运输构成延迟交付，明显不当。（二）原判决关于船舶的适航性，以及适航性与案涉损失之间因果关系的认定错误，导致检验公司不能援引海商法第五十七条项下的责任限制。即便案涉船舶的入级证书载有"船舶在未有1号辅助发电机的情况下仅能在2015年6月4日前航行"的批注，但检验公司在二审阶段提交的船级社检验报告、冷藏设备证书以及俄罗斯船级社函件等证据，证明案涉船舶的其他发电辅机、冷藏设备正常，满足适航性要求，足以推翻上述批注，证明船舶在1号发电辅机不工作的情况下完全可以正常运营。为证明上述观点，检验公司向俄罗斯船级社致征询函，俄罗斯船级社书面回复确认案涉船舶可自2015年6月2日起在1号发电辅机不工作的情况下正常运作，船级保留。原判决不应以船舶入级证书的批注作为定案依据。二审法院未给予俄罗斯船级社中国分社专家辅助人出庭接受质询的机会，并否定检验公司上述证据，未予质证机会，明显不当。（三）案涉船舶在航次中遭遇极其恶劣的天气及海况，被迫前往釜山开展相应修理，不构成不合理绕航，不应承担延迟交付货物的赔偿责任。即便承担赔偿责任，也应以运费为限。（四）环球公司申请扣押船舶时，检验公司已处于破产程序中，经由俄罗斯法院作出裁决指定管理人，根据《中华人民共和国和俄罗斯联邦关于民事和刑事司法协助的条约》，该裁决应得到中国法院的承认与执行，但一、二审法院未对此予以充分考量，导致检验公司丧失相关破产法保护，程序不当。

本院经审查认为，本案系再审审查案件，应当根据《中华人民共和国民事诉讼法》第二百条的规定对检验公司的申请理由进行审查。

根据原判决查明的事实，环球公司购买的太平洋鲱鱼由检验公司光租的"米科夫教授"轮进行载运。俄罗斯联邦政府机构于 2015 年 8 月 7 日就案涉货物签发了原产地证书，该证书载明运输方式和路线为"米科夫教授"轮按"白令海-俄罗斯海参崴-中国大连"航线由水路运输。实际运输中，检验公司驾驶案涉船舶于 2015 年 7 月 28 日自俄罗斯海出发；于同年 8 月 15 日抵达俄罗斯海参崴港，停留 17 天后起航；于同年 9 月 13 日抵达韩国釜山港，停留69 天后起航；同年 11 月 28 日抵达目的港即中国大连港。

首先，在案涉船舶是否构成不合理绕航、迟延交付的问题上，原判决根据具体履约行为对运输路线、运输时间等作了合理性分析：第一，检验公司的代理大连盈丰船务代理有限公司告知收货人环球公司的代理大连祥云食品有限公司，货物将于 2015 年 8 月中旬前到达卸货港大连，环球公司据此安排了加工出口事宜的情况，可视为双方对货物到达的大致时间作了约定；第二，货物装船起运后签发的货物原产地证书记载的运输方式和路线，可作为出口商与承运人共同确定的航线，也应当作为通常习惯的或地理上的航线。案涉船舶偏离上述航线绕至韩国釜山港，在其不能提供充分证据证明上述绕行系因恶劣天气被迫开展修理所致的情况下，原判决适用海商法第四十九条关于"承运人应当按照约定的或者习惯的或者地理上的航线将货物运往卸货港"，第五十条关于"货物未能在明确约定的时间内，在约定的货港交付的，为迟延交付。除依照本章规定承运人不负赔偿责任的情形外，由于承运人的过失，致使货物因迟延交付而灭失或者损坏的，承运人应当负赔偿责任。除依照本章规定承运人不负赔偿责任的情形外，由于承运人的过失，致使货物因迟延交付而遭受经济损失的，即使货物没有灭失或者损坏，承运人仍然应当负赔偿责任"等规定，认定检验公司历时 4 个月之久的运输行为构成了不合理绕航和迟延交付货物，并判令其承担赔偿责任，理据充分。

其次，在案涉船舶是否处于适航状态的问题上，"米科夫教授"轮为俄罗斯籍冷藏船舶，检验公司提交俄罗斯船级社出具的函件打印件，载明船舶运作和船级保留的内容，但该内容与原判决所查明的俄罗斯海事注册机构在该轮船舶入级证书上批注"1 号发电辅机无法正常工作""船舶在未有 1 号辅助发电机的情况下仅能在 2015 年 6 月 4 日前航行"内容相矛盾。考虑到检验公司在明知俄罗斯海事注册机构就案涉船舶的设备故障专门作出航行限制的批注内容后，未积极进行设备修复以获取船舶检验部门重新签发的"清洁"船级证书，而是径行驾驶案涉船舶运输案涉货物的行为，不符合最大程度保证航行安全的要求。原判决依据俄罗斯海事注册机构在船舶入级证书上的批注内容，认定案涉船舶在 2015 年 7 月 28 日开航时处于不适航状态，具有一定理据。结合前述的认定，原判决适用海商法五十九条关于"经证明，货物的灭失、损坏或者迟延交付是由于承运人的故意或者明知可能造成损失而轻率地作为或者不作为造成的，承运人不得援用本法第五十六条或者第五十七条限制赔偿责任的规定"的规定，认定检验公司不能援用上述限制赔偿责任的规定，并无不当。检验公司关于原判决认定事实不清，法律适用错误的再审理由不成立。

另，案涉海上货物运输的目的港在中华人民共和国辽宁省大连市，根据《中华人民共和国民事诉讼法》第二百六十五条的规定，一、二审法院对本案享有管辖权。检验公司关于其在俄罗斯处于破产程序中的主张，不影响环球公司依据中华人民共和国法律提起本案诉讼主张赔偿的权利，亦不影响一、二审法院对本案进行审理裁判。检验公司关于一、二审法院程序不当的再审理由亦不成立。

综上，检验公司的再审申请不符合《中华人民共和国民事诉讼法》第二百条规定的情形。依照《中华人民共和国民事诉讼法》第二百零四条第一款、《最高人民法院关于适用〈中华人民共和国民事诉讼法〉的解释》第三百九十五条第二款之规定，裁定如下：

驳回俄罗斯海事检验检测有限公司的再审申请。

审判长　　李桂顺

审判员　　郭载宇

审判员　　王蓓蓓

二〇二〇年十二月十一日

书记员　　叶晨阳

俄罗斯仲裁法院首次在判决中援引新冠病毒疫情

近日，俄罗斯阿穆尔州仲裁法院作出判决，驳回了中俄合资企业俄方股东要求责令合资企业召开非例行股东会的诉讼请求。

在该中俄合资企业中，俄罗斯股东持有 10% 的股权，另外两名中国公民相应持有 60% 和 30% 的股权。因为需要收购其他股东的股权，俄罗斯股东要求合资企业总经理召开非例行股东会，以便决定对合资企业 2015–2019 年度的财务状况进行审计。总经理回复并建议将该问题交由年度股东会决定，因为股东之一在 2020 年 2 月 20 日之前一直在治病。法院认为，作为拥有合资企业 10% 股权的股东，不仅可以要求召开股东会，也可以自行召开股东会，如果总经理没有依照法律规定召开股东会，合资企业要予以协助，承担相关的会议费用。在本案中，俄罗斯股东提出会议议题是审计公司财务状况，实际上是为了获取公司的相关信息和文件（知情权），其可以通过自行召开股东会来实现这一股东权利，这才是其在这种情况之下适当的维权方式，但俄罗斯股东没有行使这一权利，而是诉至法院要求责令公司召开股东会，实际上是想通过法院强制公司召开股东会，以保证两名中国股东出席股东会。因此，俄罗斯股东提起诉讼的目的已经不是维护其受到损害的权利（知情权），也没有提供证据证明其已经采取了可以解决问题的一切手段（自行召开股东会），因此，法院驳回其诉讼请求。

同时，法院认可合资企业总经理的意见，由于目前中俄远东边境关闭，中国股东无法入境俄罗斯，召开股东会的日期无法确定，如果判决召开股东会，可能会导致判决在客观上无法执行。

2020 年 3 月 16 日，俄罗斯政府作出决定，自 2020 年 3 月 8 日至 2020 年 5 月 1 日临时限制外国人入境，导致中国公民无法入境俄罗斯（持有长期居留证的除外）。

《俄罗斯联邦有限责任公司法》规定，有限责任公司必须在每年的 3 月 1 日至 4 月 30 日期间召开例行年度股东会，并且就公司经营的重大问题作出决议，包括批准年度财务报告和年度资产负债表。而且，针对前述问题作出决议的股东会必须以现场会议的形式进行，而不能以抽签表决的方式进行。如果股东都是中国公司或者中国公民还好，如果是合资企业就会比较麻烦。在目前的形势之下，不论在中国还是俄罗斯，中俄双方股东代表很难召开现场股东会议，可能会导致年度财务报告和年度资产负债表在 3 月 31 日之前无法批准，更加无法在 4 月 30 日之前提交。

如果不能按时提交年度财务报告和年度资产负债表，属于行政违法行为，将会面临罚款处罚，而中资企业的负责人可能会同时承担行政违法责任，并对其后续在俄罗斯的合法居留造成潜在风险。如果有限责任公司未召开例行年度股东会议或者违法召开年度股东会议，根据《俄罗斯联邦行政违法行为法典》第 15.23.1 条第 11 款，对公司可以处以 50 万-70 万卢布罚款，负责人可以处以 2 万-3 万卢布罚款。

俄罗斯电厂股东起诉中方总经理失职，主张总经理赔偿股东损失

案件编号：A82-5483/2018
受理法院：雅罗斯拉夫州仲裁法院
判决时间：2018 年 7 月 25 日（已生效）
原告：第二地区电力公司
被告：中国公民李某
案情概要：原告公司是中俄合资企业华电-捷宁斯卡娅电厂的俄方股东，原告指出合资公司总经理（中方指派）在电厂施工过程中发现承包方没有按照合同预定工期完成施工任务，应当索赔却不索赔，是失职行为，损害了股东的权益，因此向法院起诉。后来双方达成和解，原告撤诉。

赴俄务工人员神秘死亡，其妻柴雅芝起诉中华人民共和国外交部

案件编号：（2018）京行终 3136 号
受理法院：北京市高级人民法院（二审法院）
判决时间：2018 年 7 月 25 日（已生效）
原告：柴雅芝
被告：中华人民共和国外交部
原告丈夫殷某于 2012 年赴俄罗斯圣彼得堡上海建工集团（西北）有限公司工地务工，2014 年 2 月 18 日失联，2018 年外交部向原告发出了殷某于

2014 年 2 月 20 日死亡的证明书，且死亡原因和具体地点不明。柴雅芝诉请中国外交部提供领事保护，协助查找殷某尸体并调查死亡原因等。两审级法院认为，本案所诉事项属于外交部负责领事保护和协助工作、保护境外中国公民和机构合法权益的外交行为范畴，不属于人民法院受案范围（《中华人民共和国行政诉讼法》第 13 条第 1 项），裁定不予立案。

中俄跨境运输货物超载罚金过高，法院判决减少罚金

案件编号：A50-29271/2016
受理法院：彼尔姆边疆区仲裁法院（一审法院）
判决时间：2018 年 9 月 20 日（已生效，三审结案）
原告：俄罗斯铁路开放型股份公司
被告：乌拉尔卡里开放型股份公司

被告作为发货人与原告订立合同，以铁路运输方式将货物运往中国绥芬河。被告在运单上填写的货物重量比实际轻 1460 千克。原告依据《国际铁路货物联运协定》（2018 年）诉请被告按照超载货物的运费支付 5 倍的罚金。法院根据被告提出的降低罚金的申请，依据《俄罗斯联邦民法典》第 333 条，判决减少罚金，即被告实际需支付应付罚金的一半。

船舶代理合同争议，俄罗斯当事人以中国法院未有效送达法律文书为由主张撤销一审判决

案件编号：（2018）辽民终 265 号
受理法院：辽宁省高级人民法院（二审法院）
判决时间：2018 年 5 月 28 日（已生效）
上诉人（原审被告）：俄罗斯海事检验检测有限公司
被上诉人（原审原告）：大连盈丰船务代理有限公司

上诉人以一审法院未向原审被告有效送达法律文书为由（上诉理由之一），诉请撤销一审判决。二审法院认为，一审法院以相同的方式送达了起诉文书、一审判决书，即向涉案船舶船长送达且船长表示会转交给上诉人，上诉人于一审判决送达后的 21 日内提出上诉意见，因此一审法院法律文书送达

有效。最终，二审法院裁定维持一审判决。

走私货物被扣留收缴，货主刘斌
诉哈尔滨海关、绥芬河海关行政违法

案件编号：（2018）黑行终 150 号

受理法院：黑龙江省高级人民法院（二审法院）

判决时间：2018 年 6 月 13 日（已生效）

上诉人（原审原告）：刘斌

被上诉人（原审被告）：中华人民共和国哈尔滨海关

刘斌在俄罗斯购买琥珀 60 千克、猛犸象牙 219 千克，通过中间人，最终由"伊格里"和"大壮"（绰号）走私到中国。绥芬河海关以刘斌涉嫌走私琥珀和猛犸象牙立案侦查，并依法扣押走私物品。后因走私行为偷逃税款不足 10 万元人民币而撤销刑事立案，改为行政处罚。绥芬河海关于 2015 年 9 月 15 日作出扣留决定书，扣留走私物品期限 1 年。2016 年 3 月 30 日绥芬河海关作出公告，公告期满后，于同年 6 月 30 日作出收缴清单，对已经公告的走私物品予以收缴。刘斌对绥芬河海关作出的上述扣留决定和收缴清单不服，向哈尔滨海关提起行政复议，复议机关维持绥芬河海关行政行为。刘斌向法院起诉称，绥芬河海关扣留收缴涉案货物未向其告知、未听取其陈述申辩，程序违法，应予以撤销。法院认为，本案实施具体走私行为的当事人为"伊格里"和"大壮"，未归案，属于"当事人无法查清"的情形。因刘斌不是具体走私行为人，不是扣留收缴行为所针对的对象，因而海关无需向刘斌告知。两审级法院均判定绥芬河海关行政行为合法。

中国投资者在俄罗斯注册公司违法使用
专有名词"俄罗斯"，税务局起诉要求更名

案件编号：A51-17520/2018

受理法院：滨海边疆区仲裁法院

判决时间：2018 年 12 月 24 日

原告：符拉迪沃斯托克市列宁区税务局（以下简称税务局）

被告：中俄木材加工有限责任公司（公司于 2002 年在俄罗斯注册，公司注册名称：РОССИЙСКО-КИТАЙСКАЯДЕРЕВООБРАБАТЫВАЮЩАЯ КОМПАНИЯ）

中国投资者于 2002 年在俄罗斯设立中俄木材加工有限责任公司。2018 年 8 月 21 日，税务局向法院诉称，被告在公司名称中违法使用专有名词"俄罗斯（РОССИЙСКО）"、"中国（КИТАЙСКАЯ）"，诉请法院强制被告更名。法院查明，被告公司名称违反了《俄罗斯联邦民法典》第 1473 条的相关规定，应予纠正，判令被告在判决生效后的 1 个月内变更公司名称。

独家代理商诉他人进口商品造假，侵犯商标权，被俄罗斯法院驳回

案件编号：A73-7537/2018

受理法院：哈巴罗夫斯克边疆区仲裁法院

判决时间：2018 年 12 月 14 日

原告：俄罗斯 CNH 工业罗斯公司

被告：俄罗斯欧亚集团公司

原告公司是美国 CASE 品牌和 NEW HOLLAND 品牌的俄罗斯独家代理。被告公司将该品牌的机器图标磨掉，换成中国某厂生产，并从中国进口至俄罗斯。原告向法院起诉，要求确认被告的行为属于造假，应将涉案进口机器销毁。法院查明，涉案进口机器确实是美国原厂生产，且在中国境内经过美国原厂代理商由被告合法取得。被告隐瞒进口机器原产地以达到逃税的行为属于行政违法，对此海关已对被告进行了处罚。涉案进口机器是美国原厂生产，而非仿造，且被告在中国合法取得机器所有权，符合平行进口要求，即：已合法进入流通领域的产品，在进口时，无需经过注册商标权利人的许可。所以判定被告的行为不属于伪造，也未侵犯原告的品牌独家代理权。法院判决驳回原告诉讼请求。

伊春市某区林业局诉俄罗斯公司采伐合同争议，因举证不力败诉

案件编号：A73-15022/2017

受理法院：哈巴罗夫斯克边疆区仲裁法院

判决时间：2018 年 12 月 24 日

原告：伊春市乌马河区林业局

被告：利姆布南西扎乌国际有限责任公司

根据原被告间订立的 2011 年 5 月 1 日林木采伐合同，原告作为承揽人，在俄罗斯境内为被告伐木，被告拒绝支付工程款，原告向法院提出约 2.09 亿卢布的索赔要求。原告在举证中，未能提供经双方签署的合同、工程验收单等重要文件的原件或公证件。此外，其提供的翻译公证件（原文件由外文形成），只公证了翻译人员的签名真实性，而未公证复印件与原件内容相符、俄文译文与原文内容相符，因此不予采信。由于存在上述严重的举证缺陷，原告未能证明自己与被告之间存在工程承包关系以及自己实际完成了工程，依法承担举证不力的后果，一审法院驳回原告诉讼请求。

中联重科向俄罗斯法院申请承认和执行中国贸仲仲裁裁决被驳回

案件编号：A40-217055/18-83-1193

受理法院：莫斯科市仲裁法院

判决日期：2018 年 12 月 10 日

原告：中联重科股份有限公司

第三人（被申请执行人）：柴那金融租赁设计制造有限责任公司

原告向俄罗斯仲裁法院申请承认并执行中国国际经济贸易仲裁委员会于 2017 年作出的一项仲裁裁决书。第三人称，涉案仲裁裁决是在自己不在场的情况下作出的，自己并未收到开庭通知。法院查明，中国国际经济贸易仲裁委员会在受案后，将仲裁员名册、仲裁规则、仲裁申请书、开庭通知等文书均通过 THT 快递寄往同一地址，但该地址与涉案合同所注被申请执行人地址（即登记地址）不符，且并未被被申请执行人签收。除邮寄送达外，原告未提供其他证据证明有效送达。由此，法院驳回原告申请。

中方股东起诉确认违反重大交易公司决议程序的交易无效

案件编号：Ф03-2074/2018

受理法院：远东地区仲裁法院

判决时间：2018 年 6 月 4 日（已生效，三审结案）

原告：黑龙江省龙兴瑞凯进出口有限公司（原告一）、俄罗斯龙兴萨哈水泥有限责任公司（原告二）

被告：俄罗斯水泥服务公司、阿尔乔姆 M. E. 、水晶有限责任公司、易兹门齐夫湖有限责任公司

原告一是原告二公司股东，持股 60%。原告二公司经理在短短的 4 个月内，将公司设备分别出售给各被告。原告一向法院起诉，要求确认上述交易是重大交易，并主张重大交易决议程序违法，确认上述交易无效。法院查明，这些交易中向各被告出售的公司资产，都是用于公司主营业务水泥生产的。也就是说，这些交易超出了公司正常运营交易范围，出售资产价值超过了公司资产的 25%，且资产的出售影响了公司的正常运营。法院确认其为重大交易，鉴于上述交易未曾通过股东大会表决，因此，确认交易无效，交易双方应互相返还所得财物。